プロコピオス

秘史

西洋古典叢書

凡例

一、本書はカイサレイアのプロコピオス著『秘史（*Anekdota*）』の全訳である。翻訳に当たってはハウリー版（*Procopii Caesariensis Opera Omnia* recognovit Jacobus Haury. vol. III. *Historia quae dicitur arcana.* Editio stereotypa correctior addenda et corrigenda adiecit Gerhard Wirth. Bibliotheca Scriptorum Graecorum et Romanorum Teubneriana. Lipsiae MCMLXIII）を底本として用いた。他にロウブ版（*Procopius* with an English translation by H. B. Dewing in seven volumes. VI. *The Anecdota or Secret History.* Loeb Classical Library. London, Cambridge, Massachusets 1969）およびトゥスクルム版（*Prokop. Anekdota. Geheimgeschichte des Kaiserhofs von Byzanz.* Griechisch und Deutsch. ed. O. Veh. Sammlung Tusculum. München 1981）を随時参照し、ペンギン・ブック版の英訳（*Procopius The Secret History,* translated with an introduction by G. A. Williamson. Penguin Books. London 1988）も参考にした。

二、訳文は底本にあわせて節ごとに数字を付してある。底本は全体を三〇章に区分しているが、目次はない。読者の便宜を図るために訳文では小見出しを付けた（内容目次を参照）。

三、訳文中の［　］は訳者による補訳である。

四、表記については以下のとおりとする。

(1) 固有名詞の表記は基本的に古代名とするが、慣例に従ったものもある（巻末の固有名詞索引を参照）。

(2) 固有名詞の音引きは基本的に省略するが、慣例を考慮して例外とすることもある。地名は慣例を優先する。

(3) 本文に登場するラテン語圏出身の人物名の表記はラテン語読みとする。たとえばペラギウスは原文ではペラギオスとなっているが、訳文ではこれをラテン語読みにした。

(4) phのカタカナ表記はパ行とする（例、アリストファネス→アリストパネス）。tiのそれはティ、vaのそれはウァ、yのそれはユとし、xのそれは促音（ッ）を入れない。

(5) その他表記全般については、本叢書の通則に従う。

五、訳文の理解を助けるために側註を設けてあるが、側註の枠を超えるものは補註に掲載した。

六、註で著者名を挙げずに引用している作品は、プロコピオスによるものである。

七、巻末に固有名詞索引ならびにビザンツ歴史家名鑑を掲載する。側註および補註において＊を付してある歴史家ならびに著書は、ビザンツ歴史家名鑑に掲載されている。

八、巻末に地図と年表を掲載する。年表はプロコピオス関連、ベリサリオスとアントニナ関連、およびユスティニアノスとテオドラ関連に分けて記載してある。

目次

内容目次……i
秘　史……1
補　註……225
関連地図
解　説……269
あとがき……291
固有名詞索引／ビザンツ歴史家名鑑／年表（逆丁）

内容目次

第一章

執筆の動機（一—一〇）
ベリサリオスの妻アントニナ（一一—一四）
アントニナと養子テオドシオス（一五—二三）
コンスタンティノスの殺害（二四—三〇）
養子テオドシオスと実子ポティオス（三一—四二）

第二章

ポティオスとベリサリオス（一—一四）
ベリサリオスのペルシア領への反撃（一五—二五）
ホスローのコルキス地方への侵入と撤退（二六—三七）

第　三　章

妻アントニナに対するベリサリオスの仕打ち（一―五）
元老院議員テオドシオスの監禁と死亡（六―一一）
テオドラとアントニナ（一二―二〇）
ポティオスの監禁と逃亡（二一―二九）
ペルシア戦線のベリサリオス（三〇―三一）

第　四　章

ペストの流行（一―五）
ブゼスの幽閉（六―一二）
ベリサリオスの一時的解任（一三―一七）
ベリサリオス夫妻の和解（一七―三一）
ベリサリオスの財産没収（三二―三八）
ベリサリオスの二度目のイタリア遠征（三九―四五）

第　五　章

ベリサリオスの不名誉なイタリア撤退（一―七）
テオドラとゲルマノスの確執（八―一七）
ベリサリオスの娘ヨアンニナとテオドラの甥アナスタシオスの結婚（一八―二七）
セルギオスの悪政（二八―三三）
ペガシオス殺害事件（三四―三八）

第　六　章

ユスティノス一世帝の出自と夢のお告げ（一―九）
皇帝としてのユスティノス一世（一〇―一七）
ユスティニアノス一世帝の性格（一八―二八）

第　七　章

青組と緑組（一―七）
フン・スタイル（八―一二）
青組のライヴァル緑組（一三―一九）

首都の混乱（三〇―四二）
第八章
愚かな驢馬ユスティノスと辣腕の甥ユスティニアノス（一―一一）
第二のドミティアヌスたるユスティニアノス（一二―二一）
ユスティニアノスの奴隷根性（二二―二三）
第九章
三人姉妹（一―一〇）
無言劇の踊り子（一一―一六）
遍歴の売春婦テオドラ（一七―三四）
首都総督テオドトスの不運（三五―四六）
ユスティニアノスの叔母エウペミア（四七―五三）
第十章
女帝テオドラ（一―一四）
テオドラとユスティニアノスの共謀（一五―二三）

第十一章
改革の権化ユスティニアノス（一―一二）
蛮族の跳梁（一二―一三）
異端諸派への迫害と強制改宗（一四―三三）
同性愛者への新たな罰（三四―三六）
占星術師への迫害（三七―四一）
第十二章
元老院議員ゼノン（一―四）
元老院議員ヨアンネスおよびその他の事件（五―一一）
人間の皮をかぶった悪魔ユスティニアノス（一二―二三）
悪魔の大王ユスティニアノス（二四―三二）
第十三章
偽善者ユスティニアノス（一―三）
彼の誤った信仰心（四―一一）

変節漢ユスティニアノス（一二―一三二）

第十四章

宮廷法務長官（一―六）
元老院の衰退（七―一〇）
請願取り次ぎ官（一一―一五）
悪徳官吏レオン（一六―二三）

第十五章

妃テオドラの性格（一―一八）
悪逆非道の女帝テオドラ（一九―三九）

第十六章

東ゴート女王アマラスンタの運命（一―五）
文書官プリスコス（六―一〇）
粛清の犠牲者たち（一一―一七）
緑組団員バシアノスの運命（一八―二二）

緑組団員ディオゲネスの運命（二三―二八）

第十七章

属州長官カリニコスの処刑（一―四）
メタノイア修道院（五―六）
仲人テオドラ（七―一五）
テオドラの息子ヨアンネス（一六―二三）
テオドラの横暴（二四―三七）
カッパドキアのヨアンネス（三八―四五）

第十八章

ヴァンダル戦役（一―一二）
東ゴート戦役（一三―二一）
ペルシア戦役（二二―二四）
ユスティニアノスの失政（二五―三五）
悪魔の化身ユスティニアノス（三六―四五）

第十九章

浪費家ユスティニアノス（一―一〇）
臣民の搾取家ユスティニアノス（一一―一二）
蛮族への贈り物（一三―一七）

第二十章

営業税（一―四）
独占販売権（五―六）
市民取り締まり官と監察官の新設（七―一二）
宮廷法務長官（一三―二三）

第二十一章

空気税（一―八）
官職売買（九―一九）
賃貸される官職（二〇―二五）
フン族の跳梁（二六―二九）

第二十二章
両替商人ペトロス・バルシュメス（一―一三）
シュノーネー制度の導入（一四―三二）
国家財政局長の交代（三三―四〇）
第二十三章
免税措置（一―一〇）
シュノーネー制度（一一―一四）
エピボレー制度（一五―一六）
ディアグラペー制度（一七―二四）
第二十四章
兵士に対するユスティニアノスの搾取（一―六）
会計検査官の横暴（七―一二）
国境警備兵の凋落（一二―一四）
宮廷護衛兵（一五―二三）

宮廷儀仗兵と皇帝護衛兵（二四—二九）
年功序列制度の破壊（三〇—三三）

第二十五章

税関の設置（一—一〇）
少額硬貨の切り下げ（一一—一二）
絹産業の国営化（一三—二六）

第二十六章

弁護士（一—四）
医師と教師（五—一一）
執政官（一二—一五）
臣民への虐待（一六—二二）
首都の水道施設の崩壊（二三—二五）
パンの無料配布（二六—三〇）
テルモピュライの監視塔（三一—三四）
アレクサンドリア市長へパイストスの悪行（三五—三九）

小麦の無料配布の停止（四〇―四四）

第二十七章
アレクサンドリア市における異端派信徒の処刑（一―二五）
サマリア派信徒パウスティノス（二六―三二）

第二十八章
エメサ市の文書偽造犯プリスコス（一―一五）
ユダヤ教徒に対する迫害（一六―一九）

第二十九章
ユスティニアノスの二枚舌（一―一一）
エウダイモンおよびその他の人々の遺産相続（一二―二五）
請願取り次ぎ官マルタネスの悪行（二六―三八）

第 三 十 章
駅逓制度の衰退（一―一一）

情報網の崩壊（一二一—一二〇）
跪拝礼の励行（三一一—一三四）

秘史

和田廣訳

第一章

執筆の動機

一　私は、これまでの諸戦役でローマ人の身に何が起きたかを先の著書のなかですでに執筆しておいた[1]。すなわちローマ人の活躍を時代と地域を適切に組み合わせて、私の筆のおよぶかぎりすべて解説してきたところである。しかし私は、今回からは今述べたような執筆方法はとらない。なぜなら本書ではローマ帝国内の至る所で起きたすべての事件を書き留めることにしたからである。二　その理由は、これらの諸事件を起こしたあの張本人たち[2]が現に生きているあいだは、本来あるべき適切な方法で執筆することができないからである。つまり前回のときのような書き方をすれば、本書は数多くのスパイの監視の目を逃れることはできないし、万一私が著者であることが露見したりでもすれば、私は残酷な死を逃れることができないと思われたからである。というのも、私は親戚のうちの最も信頼のおける人々さえも信用できなかったからである。三　私はこれまでの著書[3]では多くの事件に言及はしたが、それらの原因については沈黙を守らざるをえなかった。したがって私は、今まで口にするのを憚られたままになっている事柄や、これまでに述べてきた諸事件の原因を本書ではぜひ明らかにしておく必要があると強く思っている。

四　けれども、ユスティニアノス[4]とテオドラ[5]がいかなる人生を送ってきたかの一つひとつを数え上げてゆくという新たな、危険でしかも非常に困難な試みに挑戦するにあたって、私はくちごもり、この試みからできるだけ遠い所に引き返してしまいたくなった。なぜなら私が本書にこれから書き残すことは、後世の人々には信用もされず、またありそうにもないことと思われるであろうからである。とくに時が大きく過ぎゆき、

---

(1)「先の著書」とはプロコピオスの主著『戦史』(全八巻のうちの第一から七巻まで)を指し、『戦史』(第一―七巻)は五四五から五五〇年のあいだに執筆されたと思われている。第一と二巻はペルシア戦役、とくに五三〇から五三二年までと五四〇から五四九年までを、第三と四巻はヴァンダル戦役、五三三から五三五年までを、第五から七巻は東ゴート戦役、五三五/三六から五五〇年までを扱う。『戦史』の最終巻である第八巻は五五三年までに執筆されたとされている。

(2)ユスティニアノス一世帝と妃テオドラを指す。

(3)『戦史』(第一から七巻)を指す。

(4)皇帝としてのユスティニアノス一世は『ローマ法大全』の編纂、キリスト教正統派教義の確立、旧ローマ帝国西方領の回復、ハギア・ソフィア大教会の再建などの輝かしい業績を挙げて歴史にその名を残した。だがプロコピオスは本書においてはそうした輝かしい業績の影の部分を歴史の真実として伝えようとし、ユスティニアノスを「人間の皮をかぶった悪魔」として描くのである。詳細については補註AおよびJを参照。

(5)ユスティニアノス一世帝の妃テオドラはたぐいまれな美貌の持ち主で、サーカスの踊り子という卑賤の出ながらもユスティニアノスと知り合い、後に妃となる。妃としてのテオドラはその聡明さと意志の強さで夫ユスティニアノスを通じて国政へも影響力を発揮した。だがプロコピオスは本書においては若きテオドラを売春婦、後には悪逆非道の女帝として描いている。詳細については補註Bを参照。

本書の内容も次第に古びたものとなるにつれ、自分がおとぎ話の作者として名を挙げたり、悲劇作家と同列に扱われはしまいかと恐れたからである。**五**　けれども私には明白な証拠が充分すぎるほど揃っているので、本書の内容に自信を持ち、このたびの膨大な量におよぶ執筆計画を見て弱きになったりはすまい。なぜなら、私と同時代を生きてきた人々が過去の事件に最も精通している証人であり、この人たちが今後も本書に書き残されている事件の信憑性を伝えてくれるのに適わしい人々となろう、と私は確信しているからである。

六　しかしそうはいうもののもう一つ別の理由が、本書をぜひ書き上げたいという熱意に燃えていた私の気持ちを何度も、しかも長期にわたって押しとどめてきたのであった。その理由とは、本書が後世の人々にとって有害なものとなるのではないか、と私は考えたからである。というのも、最も悪い行ないというものは、暴君の耳に入るよりはむしろ後世の人々には知られずにすむ方が幸福であろうからである。**七**　なぜなら、大多数の権力者という者は、常に自分自身の未熟さから先人たちの悪行を真似しやすいものであるし、またそれだけに彼らはいっそう気軽かつ安易に先人たちの犯した過ちに未来永劫に惹かれ続けるからである。**八**　けれども、私は後になって次のような考えからこれらの悪行に関する執筆に取りかかることにした。というのも、本書を読めば未来の暴君たちにも悪行の報いは確実に自分たちの身に降りかかってくるのだ、ということがきっと明らかになるにちがいないと考えたからである。現にその報いはかの人物たちの身に起きているではないか。そのうえ、自分たちの行ないや性格が永遠に書き残されることになると、暴君たちも違法な行ないに走るのを躊躇することになろうとも私は考えた。**九**　つまり、もしセミラミスの常軌を逸した生涯やサルダナパロスやネロの狂気が同時代の人々により書き留められず、彼らの記録が残されていなかったなら、後世の人々のうちいったい誰が彼らの悪行を知るというのであろうか。とくに暴君から同じようなひどい仕打ちを受けた人々にとっては、本書に書かれている事柄を知ることはきっと有益であるにちがいない。一〇　なぜなら、人間という者は通例不幸な運命にあっているのは自分たちだけではないと思うことで自分を慰めるものだからである。[1] こうした理由から、私はまずベリサリオス[2]が犯した卑劣な言動のすべてを明らかにし、次にユスティニアノスとテオドラが犯した卑劣な言動を暴露しようと決心した次第である。

ベリサリオスの妻アントニナ

一一　ベリサリオスには妻がいて、彼女[3]については、私は先の著書で触れておいたところである。[4] 彼女の

(1)セネカ著『ポリュビオスへの慰め』二-四からの引用。
(2)オリエント軍区総司令官等々を歴任した百戦錬磨の将軍でユスティニアノス一世帝の右腕として旧ローマ帝国西方領回復の英雄として国民的名声を博した。だがプロコピオスは本書においては夫としてのベリサリオスを無類の恐妻家、家臣としてのベリサリオスを無類の小心者として描いている。詳細については補註Cを参照。
(3)プロコピオスはベリサオスの妻アントニナを『戦史』においては賢夫人として描くが、本書においては彼女を女帝テオドラの親友そして養子テオドシオスと不適切な関係を結んだ姦婦として描いている。詳細については補註Dを参照。
(4)『戦史』三-一-三-二四や六-七-四などを指す。

祖父と父は馬車競技の選手で、ともにビュザンティオン[1]とテッサロニケの競技場でその腕前を披露していた。アントニナの母親は劇場で稼ぐ売春婦の一人であった。**一二**　この女はベリサリオスと再婚する以前には淫奔な生活を送っており、そのふしだらな性格は世間に知られており、父の知り合いの魔術師たちともしばしば寝室をともにし、必要な技術を身につけた。後に彼女は当時すでに何人もの子持ちであったにもかかわらず、ベリサリオスと再婚し、彼の妻となった。**一三**　彼女は結婚当初からあきらかに不倫を行なうことをなんとも思っていなかった。にもかかわらず彼女はこの種の行ないを隠蔽するのに非常な注意を払っていた。それは彼女がこれまでの自分の行ないを恥じていたからでもなく、また夫の目を恐れていたからでもなかった。彼女はこの種の行ないをかつて一度でも恥ずかしいと思ったことはなく、他方では夫を数々の魔法の手だてを使って自分の虜にしていたのである。彼女が恐れていたのは、唯一女帝が下すかもしれない罰だけであった。というのもテオドラはかつて彼女のことで非常に腹を立て、激怒したことがあったからである。**一四**　けれども、あるときテオドラの立場が最悪になったとき、彼女がテオドラの味方をし、テオドラを助けたことがあった。一度はローマ教皇シルベリウス暗殺事件のときであった。教皇がどんなやり方で暗殺されたかについては、後に述べることとしよう[2]。二度目はカッパドキアのヨアンネス[3]失脚事件のときであった。この事件について私はすでに先の著書で述べておいたとおりである[4]。この二つの事件でアントニナがテオドラの味方をしてからというもの、アントニナはありとあらゆる不埒な行ないを何一つ恐れることなく、また何一つ隠すこともなくしでかしても、それを何とも思わなくなったのである。

アントニナと養子テオドシオス

一五　さてベリサリオスの屋敷にトラキア地方出身のテオドシオス[5]という名前の青年がいた。この青年は

(1)帝国の首都コンスタンティノポリスの前身はギリシア植民市ビュザンティオンであった。ビュザンティオンは前六六〇年頃に伝説の王ビュザスとアンテスの二人により建設されたとされている。プロコピオスは古代のギリシア人作家や歴史家の文体や語彙を借用し、彼らの使用した地名を好み、それらを使用している。したがって彼は同時代の国名、民族名あるいは地名などに古代ギリシア時代のそれを使用した。彼は著書『戦史』、『秘史』そして『建築』で同時代人が使用したコンスタンティノポリスという名称を使用するのは一度だけで（『建築』一‐一‐一）、他はすべてビュザンティオンという名称を使用している。コンスタンティノポリスについては補註Eを参照。

(2)プロコピオスはローマ教皇シルベリウス暗殺の真相を後日執筆すると約束するが、その約束は守られていない模様である。それは彼がまったく執筆していないか、あるいは写本が紛失してしまったかのどちらかである。キリスト教正統派と異端派に関する執筆の約束（八五頁註（2）および九三頁註（3）も同様の理由により現存の写本には見あたらない。

(3)カッパドキアのヨアンネスはオリエント道長官としてユスティニアノス一世帝による行政改革に多大の功績を残した。だがそのため彼は市民の反発を買い、妃テオドラを初めとする政敵も多く、失脚した。詳細については補註Fを参照。

(4)『戦史』一‐二五‐三以下を指す。

(5)誕生年等不明。五四二／四三年に没？　ベリサリオス夫妻の養子（五三三年）。トラキア地方出身の人物で、若い頃からベリサリオス家に住む。五三三年頃、同夫妻の養子となる。そのとき彼は代父ベリサリオスの手で再洗礼を受け、エウノミオス派から正統派信者となる。五三三年春、彼は同夫妻と共にヴァンダル戦に出征した。航海の途中で彼と義母は不適切な関係になったとプロコピオスは伝える。彼はリビア、シケリアそしてイタリアに転戦し、夫妻に同行している。二人の関係は、テオドシオスが赤痢で急逝するまで一〇年間続いたという。だが『戦史』および他の史料がテオドシオスについてまったく言及していない点に注目したい。

先祖代々の、いわゆるエウノミオス派の信者であった。一六　ベリサリオスはリビア遠征に出発する直前にこの青年に再洗礼を受けさせ、彼を自分の手で聖なる洗礼盤から取り上げ、キリスト教徒の習慣に従ってテオドシオスを自分と妻の息子とした。それ以後アントニナは、養子となったテオドシオスを聖書の教えに従って当然のことながら彼を自分の息子同様にかわいがり、特別に彼の世話をやき、彼を自分のそばにおいておいた。一七　ところが船が航海を始めると、アントニナは異常にもテオドシオスに恋心を抱き、この上ない情欲の虜となり、神と人に対する畏敬と畏れの念を捨て去ったのであった。彼女は初めは人に隠れてテオドシオスと情を交わしていたが、のちには奴隷や女奴隷たちの前でもそれを行なうようになった。一八　なぜなら彼女は情欲の虜となり、彼女の情熱は燃えんばかりとなっていたので、自分の行動を阻むものは何一つ目に入らなかったからである。ベリサリオスはあるときカルタゴ市内で二人の愛の現場を取り押さえた。だがそのときでもベリサリオスは唯々諾々と妻の言うなりになって、騙されているだけであった。一九　すなわち、ベリサリオスは地下室にいた二人を見つけ、激怒したことがあった。だがそのときでもアントニナはあわてて取り乱したり、また密会を隠蔽しようともせずに、こう言いはなった。「私は戦利品のなかで一番値の張る品物を隠しておくために、ここに息子と来ているのですよ。これらの戦利品が皇帝に嗅ぎつけられないようにね」。二〇　だがそれは彼女の口実にすぎなかった。ベリサリオスは、テオドシオスがはいていた長いズボンのベルトが腰の辺りで解けていたのに気がついていた。にもかかわらず彼は表向きは妻のいいわけを信用することにした。それはアントニナに対するこの男の愛情が非常に強かったので、彼は自分の目で見たことも本当だとはつゆほどにも信じたくはなかったからであった。二一　アントニナの淫らな欲望は口にするのも憚られるほどの醜聞に発展していった。けれども周囲の人々は口をつぐんで黙って見ていた。ただマケドニアという名前の女奴隷だけは例外であった。当時ベリサリオスはカルタゴからシケリアへ転戦し、シケリア全土を制圧したところであった。[1] マケドニアは、シュラクサイ市で主人ベリサリオスに、今後自分を裏切って女主人に売ったりしないという最も神聖な誓いを立てさせた後で、事の成り行きをすべてうち明けた。彼女はその際に証人として二人の若い男性奴隷の名を挙げた。この二人は寝室係であった。二三事の次第を知ったベリサリオスは、数名の従者にテオドシオス暗殺を命じた。二三　だがテオドシオスはこれを事前に察知し、エペソス市に逃れた。というのもほとんどの従者たちは、自分たちの主人がいかに心変わりしやすい性格の持ち主かをよく知っていたからである。そのため従者たちは、ここは主人の意向よりもアントニナに気に入られることの方が大事だと判断したのである。従者たちはそれで自分たちに与えられたテオドシオス暗殺の命令を彼に漏らしたのである。

(1) ベリサリオスがシケリアのシュラクサイ市を征圧したのは五三五年十二月三十一日である。

コンスタンティノスの殺害

二四　コンスタンティノス[1]は、ベリサリオスがこの一連の事態に非常に心を痛めているのを知ると、ことのほかベリサリオスに同情し、「私ならこの青年よりもこの女を亡き者にするだろうに」と言った。二五　これを聞きつけたアントニナは心中コンスタンティノスに激しい怒りを覚えたが、その敵意を彼にはまったく見せなかった。二六　アントニナという女はサソリにも似て自分の怒りを人には見せなかったのである。その後しばらくしてアントニナは、魔法を使ったかあるいは甘言を弄したかして夫を説き伏せて、女奴隷マケドニアの告発は虚偽であったと夫に信じ込ませた。そこでベリサリオスは何のためらいもなく養子テオドシオスをエペソス市から呼び戻し、他方マケドニアと寝室係の二人の奴隷を妻アントニナに引き渡すのに同意した。二七　噂によれば、アントニナはまずこの三名全員の舌を切り落とさせ、次にはその身体を細切れに切り刻み、それらを袋に詰めて、何の躊躇もせずに海に投げ込ませたという。アントニナの召使いの一人であるエウゲニオスという名前の人物こそがこのたびのすべての悪事の手助けをした張本人であった。このエウゲニオスは教皇シルベリウスに残虐な犯行を実施した人物でもあった。二八　ベリサリオスはその後しばらくすると妻の説得に負けてコンスタンティノスをも殺害してしまった。それはちょうどあの「プライシディオスと二本の短剣事件」が起きたときであった。この事件については私はすでに先の著書で触れておいたところである。[2]二九　つまりベリサリオスはコンスタンティノスを許すつもりでいたが、妻アントニナが今私が述べたばかりのコンスタンティノスの発言に対して罰が下されないうちはけっして引き下がろうとはしなかったのである。三〇　ベリサリオスは、コンスタンティノスを殺害した件で皇帝と名のあるローマ人すべてから強い反感を買うことになった。

養子テオドシオスと実子ポティオス

三一　いずれにせよ先の事件は以上のような結末に終わった。さてテオドシオスは、ポティオス[3]が遠ざけられないあいだは、ベリサリオスとアントニナがイタリアに滞在していても自分はイタリアへ行くことはできない、と言明した。三二　それは、もし誰かある人が彼をさしおいて別の人間により多くの権限を与えると、ポティオスという人物は生まれつきそれをすぐに恨みに思う性格だったからである。とはいえテオドシ

（1）誕生年等は不明。五三八年没。トラキア地方出身の勇敢な軍人で、歩兵・騎兵両軍総司令官待遇を得ていたか（五三五―五三七／三八年）。五三七／三八年に貴族爵位を授与される。彼はローマ市滞在中に、ラウェンナ市の名望家プライシディオスが所有する二本の高価な短剣を強奪した。ベリサリオスはコンスタンティノスにその短剣を返還するように命じたが、コンスタンティノスはベリサリオスの命令に従わず、逆にベリサリオスに反抗したため処刑された。これが「プライシディオスと二本の短剣事件」と呼ばれるものである。

（2）『戦史』六-八-一二以下を指す。

（3）誕生年等は不明。五七八あるいは五八五年に没か。名誉執政官（五四一年）、修道院院長（五四四年以後）。ポティオスはアントニナと前夫（氏名等不詳）とのあいだに生まれた男子。アントニナはこの連れ子ポティオスと共にベリサリオスと再婚した。ポティオスは東ゴート戦役に出征し、シケリア遠征（五三五年）、ネアポリス市の包囲戦（五三六年）、ローマ市の防衛戦にも参戦した。五四一年にはベリサリオスの対ペルシア戦にも参戦したが、妃テオドラにより彼女の宮殿内の地下室に軟禁された（五四一―五四四年）。だがポティオスは後に脱出し、イェルサレム市に逃れ、その地の修道院に入り、後日同修道院院長になった。

オスの場合にはポティオスの怒りも当然のことであった。なぜなら、ポティオスの方こそアントニナの実の息子であるのにまったく顧みられず、養子テオドシオスの方が非常な権勢と莫大な財産を手にしていたからである。三三　すなわち噂によれば、テオドシオスはカルタゴ市とラウェンナ市にある二つの宮殿からそれぞれ一〇〇ケンテナリアもの金をわがものにしたと言われている。なぜなら、彼だけにその財宝を自由にする権限が与えられることになっていたからである。三四　アントニナはテオドシオスの決意を知ると、ポティオスの隙を窺い、彼を刺客の手に委ねることをやめなかった。そして彼女はとうとうポティオスに、イタリアを離れてビュザンティオンに帰ることを承知させるのに成功した。それはポティオスが母アントニナの暗躍にそれ以上耐えられなくなったからであった。そしてアントニナはテオドシオスをイタリアにいる自分の手許に呼び寄せた。三五　彼女はイタリアに滞在しているあいだ中テオドシオスとの逢い引きと夫ベリサリオスの愚かさを心ゆくまで満喫した。その後しばらくしてアントニナは二人と一緒にビュザンティオンに帰還した。三六　首都に戻ると、テオドシオスは世間に密通が知られることを恐れた。そしてその考えが彼の心を変えることになった。というのも、テオドシオスはこの女が情熱を隠しておくことはまったくできないということを悟ったからである。彼はそれでこの件を隠し通すことはできず、世間に知られ、それどころかアントニナは世間の人々から公然と姦婦であると見られ、またそう呼ばれても、そうしたことをまったく気にかけないであろうと思ったのである。三七　そこで彼は再度エペソス市に赴き、規則どおりに剃髪してもらい、いわゆる修道士の仲間入りをした。三八　するとアントニナは手がつけられないほど荒れ狂った。彼女は衣服も生活態度も喪中のそれと取り替え、屋敷の中を長いこと嘆き悲しみながら歩き回った。彼女は、まだ夫が亡くなったわけでもないのに、自分はいかによき人、信頼できる人、愛しき人、やさしき人、活力ある人を失ったかを大声で嘆き悲しんだ。**三九**　彼女はついには夫までをもそうした嘆きに引きずり込み、夫を同じような気持ちにさせた。このお粗末な男はそれで泣き出し、テオドシオスを最愛の人と呼ぶ有様であった。**四〇**　それどころかベリサリオスは後日皇帝の許に出かけ、テオドシオスは今もそしてこれから先も自分の家族には必要なので、テオドシオスを説得して、彼を呼び戻してくれるようにと皇帝と妃に懇願した。**四一**　けれどもテオドシオスは、自分は修道士の生活をできるかぎり忠実に守るつもりなので、首都に戻るつもりはまったくないと断言した。**四二**　その返事はむろん上辺だけのものであった。というのも、ベリサリオスがビュザンティオンを離れたら、すぐに人に知られずにアントニナの所へ通うことができるためであった。そして事実そのとおりになった。

第二章

ポティオスとベリサリオス

一　ベリサリオスはその後まもなく[1]ポティオスとともにホスローに対して出征するように命じられた。だがアントニナはそのとき夫に同行しなかった。それは以前のアントニナにはないことであった。**二**　彼女は

（1）「その後」は五四一年春を指す。一七頁註（1）を参照。

それまでは地球上のあらゆる場所に夫と同行するように気を配ってきた。というのも、彼女が夫を一人残しておいて、夫が分別を取り戻し、彼女の魔術の力を軽視し、夫が彼女に対して何らかの対抗手段を思いついたりしないようにするためであった。**三**　アントニナは、テオドシオスが再び自分の許に出入りできるように、あらゆる努力を払ってポティオスを片づけてしまおうとした。**四**　彼女はベリサリオスの家臣たちにあらゆる機会を捉えてポティオスを嘲り、彼に罵声を浴びせるように言い含めた。アントニナはほぼ連日のように手紙を書き、たえずポティオスを中傷し、ありとあらゆる物と人を動員して息子ポティオスに攻撃を仕掛けた。**五**　こうしたやり方に対してこの若者も母アントニナを中傷せざるをえなくなったのである。一人の男がビュザンティオンから彼の許にやってきて、テオドシオスが密かにアントニナと密会していると彼に告げた。ポティオスはこの男をすぐさまベリサリオスの許に連れて行き、一部始終をベリサリオスに報告するように命じた。**六**　ベリサリオスは事の次第を知ると、これ以上ないほど激怒した。彼はポティオスの前で彼の足下にひれ伏して、「私は神をも恐れぬ所行とは何一つ関係がないのに、そうしたことをする人々から苦しみを受けているので、私のために彼らに対してあだを討ってほしいのだ」と懇願した。ベリサリオスはこう言った。「最愛の息子よ、お前はお前の父親が誰であったかを知らない。というのもお前は乳母に育てられ、そのうえお前の父親はお前を一人にしたままでこの世を去ってしまったのだから。むろんお前は父親からは何一つ受け継ぐべき遺産を貰えなかった。それはお前の父親が特別裕福ではなかったからだ。**七**　だがお前は義理の父親である私に育てられ、成人に達し、今や苦しみに遭っているこの私の仇を充分にうてるまでになった。お前は執政官[1]の名誉を得たし、これほど莫大な富をも得た。ゆえに私はお前の父親であり、母親でもあり、また親類のすべてでもあるといえる。最愛の息子よ、私はそう呼ばれても当然といえよう。八　なぜなら、人という者は疑いもなく血の繋がりではなく、その行動によってお互いの愛情を推し量るのが常なのだから。九　今やお前はこの家が破滅に向かい、これほどの富が私の手から失われて行くのを座視している時ではない。他方お前の母親と言えば、彼女は全世界の人間の前でこれほど大きな恥知らずな存在となってしまっている。一〇　考えても見よ、女たちの犯した罪はその夫たちだけにおよぶのではなく、それ以上に彼女らの子供たちにおよぶのだ。つまり、子供たちの名誉がこれ以上はないほど傷つけられることになるのだからだ。なぜなら、子供の性質というものは当然のことながら母親の性質に似るものだからだ。一一　ところで私と言えば、私は私の妻を何よりも愛しているので、もし私がわが家を破滅させた当人を処罰できるなら、私は妻には指一本触れるつもりはないのだ。だがもしテオドシオスが生き延びるようなことになれば、私は妻の罪を許すことはできないであろう」。

一二　これを聞いたポティオスは、自分はあらゆる点でベリサリオスを支援するものである、と彼に同意はしたが、そのために害を蒙ることを恐れもする、とも答えた。なぜならポティオスは、妻に対するベリサ

(1)ローマ共和政期の国家の最高指導者。執政官は皇帝の権力が増大するローマ帝政期さらにはビザンツ時代に入るとそれまでの政治的かつ軍事的実権を失っていった。そのため執政官称号は名誉称号の色彩を強めていった。だが執政官の名前は公式の年号としての執政官暦に記入された。執政官に就任にした人物あるいはとくに功績のあった人物には皇帝が名誉執政官称号を授与した。執政官制度の廃止については一九五頁註（1）を参照。

リオスの考えが変わることはない、とはとてものことに信じられなかったからである。それはポティオスが多くの事件やマケドニアの悲運をこの上なく恐れていたからに他ならない。一三　そこで二人はキリスト教徒のあいだで最も神聖であり、またそう呼ばれてもいる誓いを立て、お互いに身の破滅に至る危険にあっても、お互いを裏切ったりはしないと約束しあった。一四　だが二人は目下のところは何らかの行動に出るのは相応しくないと考えた。けれどもアントニナがビュザンティオンから到着し、テオドシオスがエペソス市に行くようになったら、そのときにはポティオスが、テオドシオスとその財宝をなんなくわがものにできようと考えた。

ベリサリオスのペルシア領への反撃

一五　その頃二人は全軍を率いて、ペルシア領内に侵入し、攻撃をかけていた。[1]だが、一方のビュザンティオンではカッパドキアのヨアンネスの失脚事件が起きたところであって、この事件について私は以前の著書ですでに言及しておいたところである。[2]　一六　先の著書で私は恐怖心から次の一つの点だけには言及していない。すなわち、アントニナは何の考えもなくヨアンネスとその娘[3]を騙したわけではなかったのだ。そうではなくて、アントニナはまず二人に多くの誓いを立てて信用させたのである。その誓いはキリスト教徒のあいだではこれ以上恐るべきものはないとされる誓いだった。そして二人を狡猾な目的の標的にはしない、と二人に信じ込ませた。一七　アントニナはこの計画を実行に移し、今までより以上に女帝テオドラの信頼を確かなものとした。そこでアントニナはテオドシオスをエペソス市に送り出し、障害があるなどとはまったく疑うことなく東方に旅立っていった。一八　アントニナがベリサリオスの許にやってくる途中であると報告があったのは、ちょうどベリサリオスがシサウラノン要塞を陥落させたときであった。(4) するとベリサリオスは何の理由もなくすべてを放擲し、ローマ軍を撤退させた。一九　先に私が述べたように、ベリサリオスには他の理由があって軍を撤退させたということもあろう。だがアントニナ到着の報せこそがベリサリオスに予定よりずっと早い撤退を促したのである。(5) 二〇　本書の冒頭でも述べたように、当時はこうした事態の原因をすべて語るのは、私には非常に危険に思えたのである。二一　この撤退事件によりベリサリオスはすべてのローマ人から、最も重要な国益よりも彼の家の事情を重視した、と非難されたものである。二二　つまり、当初からベリサリオスは妻の不行跡に怒っていて、ローマ領から遠く離れた戦地に行くつもりはまったくなかったのである。それは、アントニナがビュザンティオンから到着したという知らせが入り次第、自分が引き返し、彼女をただちに捉え、罰することができるためであった。二三　そのためベリサリオスはアレタスとその部隊だけにティグリス川をわたるように命じたのである。しかし、アレタスの部隊は述べるに

(1) ペルシア戦役の第二期におけるベリサリオスの反撃（五四一年）を指す。
(2)『戦史』一-二五-三以下を指す。ヨアンネスは五四一年三月に失脚した。
(3) カッパドキアのヨアンネスの一人娘エウペミアを指す。
(4) ベリサリオスがシサウラノン要塞を包囲・占領したのは五四一年春から夏にかけてである。
(5)『戦史』二-一九-二二以下では何よりもローマ軍のあいだで流行っていた疫病を早期撤退の理由としている。しかし本書第二章は撤退の理由をアントニナの東部戦線への到着としている。

値するような戦果を挙げることなく帰還した。他方ベリサリオス自身はローマ領の国境から一日の行軍距離以上は離れないようにつとめた。二四　確かにシサウラノン要塞はニシビス市を通り抜けてゆくと、頑健な男子でもローマの国境から一日以上の距離がある。だが他のルートを行けば、その距離の半分ですんだ。二五　だが私の考えによれば、そもそもベリサリオスに初めからティグリス川をわたるつもりがあれば、彼はアッシリア(1)の地をすべて略奪することができたろうし、さらに彼は何の抵抗を受けることなくクテシポン市まで侵入し、アンティオキア市でとらわれた捕虜やその他のローマ人捕虜たちを救いだし、彼らを故郷に連れ帰ることもできただろうに(2)。第二には、ホスローがコルキス地方からいかなる危険にもあわずに故国に戻れたことの最大の責任者はベリサリオスである、ということなのだ。それがどのようにして起きたかを私はすぐに明らかにしよう。

ホスローのコルキス地方への侵入と撤退

二六　カバデスの息子ホスローがコルキス地方に侵入し、——このことについて私が先の著書ですでに叙述しておいたように(3)——他の悪行の他にペトラの町を占領したときに、多くのメディア軍(4)の兵士が戦闘と不利な地形のために戦死した。私が述べたようにラジケ地方(5)には道らしい道もなく、また至る所に断崖絶壁があった。二七　そのうえ大部分の兵士が疫病に襲われ、また多くの兵士には必要な品が不足していたため、命を落としてしまうことになったのである。二八　このとき何名かのペルシアの地に住む人間がそこへやってきて「ベリサリオスがニシビス市近郊でナベデスを戦闘で打ち破り、進軍中である」と報告した。続けて

「ベリサリオスはさらにシサウラノン要塞を包囲して占領し、ブレスカメスとペルシア騎兵八〇〇名を捕虜とした。そしてベリサリオスはサラセン族の族長アレタスとその他のローマ軍部隊を進軍させ、ティグリス川を渡り、それまでは敵の侵入から安全であったすべての土地を略奪するようにと命令した」と報告した。

二九　ホスローはちょうどこのときフン族[6]の部隊をローマ人の臣下であるアルメニア人[7]に対して出征させていた。その目的は、アルメニアを攻撃することで、ローマ人の邪魔をし、その結果ラジケ地方での行動がローマ人にそれとはっきり分からないようにするためであった。**三〇**　なお別の報告によれば、この蛮族は

---

(1)ペルシア支配下のメソポタミア地方を指す。

(2)ホスロー王はアンティオキア市占領後に多くの市民をペルシア領に連れ去り、彼らをクテシポン市郊外に新たに建設した「ホスローのアンティオキア」市に住まわせた。

(3)『戦史』二‐二九‐二四以下を指す。

(4)プロコピオスはペルシア軍を古代メディア王国に因んでメディア軍と呼ぶ。

(5)黒海の南東岸、古代のコルキス地方の南西部一帯を言う。ラジケ王は四世紀にはアブハシア地方とスアニア地方にまで勢力を伸ばした王国を形成した。首都はアルカイオポリスで、交易も盛んであった。ラジケ王はビザンツ皇帝から印章を貰い、皇帝の臣下であった。ユスティニアノス一世帝がペトラ要塞を建設するなどしたため、ホスロー王は五四二年にラジケ地方に侵入した。

(6)この時代のフン族はコーカサス地方やドナウ川の北に住み、好戦的な遊牧民族として知られた。フン族はビザンツとササン朝ペルシアの双方から残酷で獰猛な略奪者として恐れられた。フン族の忠誠心には問題があるものの、フン族は優秀な傭兵あるいは同盟軍としてビザンツ軍とペルシア軍の双方から重用された。

(7)アルメニアはビザンツ帝国の北東に位置し、ササン朝ペルシアと隣接し、両国にとって軍事上また交易上不可欠な存在であった。アルメニアはビザンツ領アルメニアとペルシア領アルメニアに分かれ、双方の争いの種でもあった。

バレリアノスとローマ軍の部隊に立ち向かい、双方が戦いに入り、蛮族が決定的な敗北を蒙り、大半の兵士がその戦闘で戦死したということである。三一　ペルシア軍の兵士はこの敗戦を知り、ラジケでの不運に士気を失った。彼らは撤退に際して険しい山岳地帯や灌木が生い茂っている土地で混乱に陥り、敵軍により全員が戦死してしまうのではないかと恐れた。兵士たちは妻子や祖国のことを思い、不安で一杯になった。ペルシア軍の名のある人々はホスローを叱責し、彼が誓いを破り、全人類共通の掟を無視し、休戦期間中なのに不当にもローマ人の土地に侵入したと非難した。彼はそれにより伝統もあり、またこの上なく尊敬すべき国家、戦いにより勝利することなどできない国に違法な行ないをしたとも非難した。そのため政権転覆の試みが実行されようとした。三二　ホスローはこれにより不安に陥ったが、この悪しき状況を救う次のような手だてを見つけだした。ホスローはつい最近女帝テオドラがザベルガネスに送った書簡[1]をペルシア人兵士たちに読んで聞かせたのである。三三　その内容は以下のようなものであった。「ザベルガネスよ、私があなたをいかに高く評価しているか、そしてあなたもわが国に好意を持っていると私が考えていることは、つい最近あなたがわが国を使者として訪問したときにお分かりになったことでしょう。三四　それゆえ、もしあなたがホスロー王を説得し、わが国に平和的な政策を採るように進言してくれれば、それは私のあなたへの評価に相応しい行為といえましょう。三五　もしそれが実現すれば、私はあなたに私の夫からの莫大な報酬を約束できましょう。夫は私の同意なしには何一つしないのですから」。三六　ホスローはこの書簡を読み上げ、ペルシア人貴族たちに、女性が支配する国家が国家であるなどといえようか、と非難し、ペルシア人男性たちの憤激を鎮めることに成功した。三七　かくしてホスローは戦場から恐怖におののきながら撤退していった。なぜならホスローは、ベリサリオスとその部隊がペルシア軍を遮るであろうと予測していたからである。だがホスローはローマ軍に遭遇することもなく、無事に故国に帰還できて喜んだ。

第三章

妻アントニナに対するベリサリオスの仕打ち

一　ベリサリオスがローマ領内に戻ると、彼はビュザンティオンから到着していた妻アントニナを見つけた。ベリサリオスは妻を不名誉なやり方で監視させ、何度も彼女を暗殺しようと思った。だが彼は実際に彼女を殺害する勇気を失っていた。というのも、私が思うに、ベリサリオスは妻をこの上なく愛していたからである。二　噂によれば、彼はこの女の魔術の虜にされていて、自分の意志をすぐに失ってしまったということであった。ポティオスはそのあいだにエペソス市への道を急いでいた。彼は女主人アントニナとテオドシオスの仲を取り持ったカリゴノスという名の宦官侍従を一人捕縛して、同行させていた。この男は道中で拷問を受け、すべての秘密を喋ったのであった。三　他方テオドシオスは事前にこのことを知ると、エペソ

（1）ザベルガネスはホスロー王の側近で、アンティオキア市占領の際に王に町の徹底的な破壊を勧めたと言う。彼の首都訪問は恐らく同市占領後であると思われている。テオドラの書簡は本物であるとされる。

ス市で最も神聖で、それに相応しく崇められている使徒ヨハネの神殿(1)に避難した。四　するとエペソスの大神官アンドレアスは賄賂を受け取り、説得されてテオドシオスを引き渡すことに同意した。そのあいだにテオドラは彼女の身を案じていた。というのも、彼女はアントニナの身に何が起きたかを知ったからである。そこでテオドラは、ベリサリオスとアントニナをビュザンティオンに呼び寄せた。五　ポティオスはこれを知るとテオドシオスをキリキア地方(2)に送ったが、そこは槍持ち護衛兵(3)や盾持ち護衛兵(4)が越冬していた場所であった。ポティオスは護送の者たちに、この男を誰にも知られることなくキリキアに送り届け、到着したら彼を秘密裡に厳重に監視し、誰にもその居場所を知られてはならないと厳命した。ポティオス自身はカリゴノスとテオドシオスの莫大な財宝を手にして首都に戻った。

元老院議員テオドシオスの監禁と死亡

六　するとテオドラは血塗られた殺人の手助けをした者たちには莫大な量の、嫌悪すべき贈り物で報いることを誰の目にもはっきりと見せつけた。七　つまりアントニナは、つい先頃テオドラの敵の一人であるカッパドキアのヨアンネスに罠を仕掛け、彼をテオドラに引き渡したし、一方のテオドラは多くの人間を彼女の手に委ね、無実にもかかわらず彼らを殺害させたのであった。八　つまり、テオドラはベリサリオスとポティオスと親しい人間を何人も拷問にかけたのである。しかも彼女がこれらの人々に与えた罪と言えば、唯一彼らが二人に好意を持っているというだけのものであった。そしてこれらの人々はひどく痛めつけられたので、われわれは今もって彼らの運命がどのように終わったのかを知らないのである。テオドラはまた別の支持者たちにも同じ罪を負わせ、彼らを追放の刑に処した。九　ポティオスに従ってエペソス市に赴いた一人にテオドシオスという人物がいた。彼女はテオドシオスが元老院議員であるにもかかわらずその財産を取り上げ、彼を地下にある、真っ暗な小部屋(5)に閉じこめ、首に縄を巻き付け、そこにある飼い葉桶に繋いだ。縄は非常に短くて、ぴんと張っていて、ゆるませることはできなかった。一〇　それでこの哀れな元老院議員は当然のことながら、ずっと立ったままで飼い葉桶に繋がれ、その姿勢で食べたり、眠ったり、またそれ以外の自然の欲求をすべて満たさなければならなかった。それはまさにロバの姿そっくりで、欠けているのはロバの鳴き声だけであった。一一　この人物はこうした状態で満四ヵ月ものあいだ時を過ごし、ついには鬱病にかかり、気が狂い、おかしくなってしまった。そうなってから初めて彼はこの牢獄から出されたが、

(1)エペソス市民が使徒ヨハネのために建てたという教会（三〇〇年頃）。『建築』一・一・二七以下。プロコピオスはここでも七頁註（1）同様に「教会」を「神殿（ἱερόν）」、「大主教」を「大神官（ἀρχιερεύς）」と呼んでいる。

(2)小アジアの南島一帯を指し、パンピュリアとシリアの間の地域を言う。ベリサリオスの護衛兵たちが越冬したのは東部キリキア地方で、そこは平原地帯で、農業、商業それに手工業が栄えていた。

(3)高級軍人などが私費で抱えていた上級の護衛兵を言う。この護衛兵は「槍持ち（δορυφόρος）」と呼ばれた騎兵で、通常は数百名の下級護衛兵（「盾持ち」）を従えていた。槍持ちの制度はゲルマンの従士制度に酷似し、彼らは主人に忠誠を誓い、主人は彼らの生活を保障した。槍持ちと盾持ち護衛兵は主人の私兵部隊であり、主人とともに戦場に赴いた。

(4)「盾持ち（ὑπασπιστής）」は「槍持ち」護衛兵よりも一階級下の護衛兵を言う。

(5)妃テオドラが自分の宮殿の地下に設けた私設の地下牢である。そこは「妃の不興を買った者たちが彼らの名声に相応しいやり方で、国営の監獄ではなく、宮殿内の牢獄に軟禁された」とされる。

彼はその後間もなく亡くなった。

テオドラとアントニナ

一二　ベリサリオスは、いやいやながら妻アントニナと和解せざるをえなかった。テオドラは奴隷にするような虐待をポティオスに加え、他にも肩や背中を何度も殴りつけさせて、テオドシオスと仲介人カリゴノスがこの世のどこにいるのかを白状せよと命じた。一三　ポティオスは拷問で痛めつけられたが、それでも立てた誓いを敢然と守る決心をしていた。彼は病身で身体が弱く、常に健康に気を配っていた。彼は虐待や苦痛とはまったく無縁の人間であった。一四　それなのにポティオスはベリサリオスとの秘密を一言も漏らさなかったのである。けれども後にはそれまでは秘密であったことがすべて明るみに出てしまった。一五　テオドラがカリゴノスがいる場所を探り出し、彼をアントニナに引き渡したのである。テオドラは一方でテオドシオスをビュザンティオンに呼び戻し、彼が到着するとすぐに宮殿に匿った。そして翌日テオドラはアントニナを呼び、こう言った。一六「わが最愛の貴族！　私は昨日一つの真珠を偶然手に入れました。その真珠は今まで誰も見たことのないような真珠なのです。私はこの素晴らしい品物をあなたに隠すつもりなどないので、あなたにもそれを見せてあげましょう」。一七　何が起きたかをまったく予期していなかったアントニナは、自分にも是非その真珠を見せてほしい、と何度もテオドラに懇願した。そこでテオドラは一人の宦官の小部屋からテオドシオスを連れてこさせて、彼をアントニナに会わせたのであった。一八　テオドシオスを見た瞬間、アントニナは始めは喜びのあまり口をきけなかった。「お妃様は私にたとえようのない大きな喜びをお与えになった」。と彼女は正直に言って、テオドラを真の救世主、慈善家そして恩人と呼んだ。一九　女帝はこのテオドシオスを宮殿にとどめておき、彼に贅沢をさせ、それ以外にもありとあらゆる楽しみを味わわせ、そのうえ近いうちに彼をローマ軍の司令官に任命するとまで吹聴した。二〇　けれども、ある種の正義がそれよりも早くその力を発揮することになった。テオドシオスは赤痢の病に罹り、急逝してしまったのである。

ポティオスの監禁と逃亡

二一　テオドラは秘密の小部屋をいくつも持っていた。それらの部屋はまったく人目に付かないところにあり、中は真っ暗で、周囲からは隔絶されていた。それで部屋の中にいると、夜も昼も分からなかった。二二　テオドラはこうした部屋にポティオスを長期間閉じこめ、彼を監視させた。だが彼は運命のもたらすところにより、そうした部屋から一度ならず二度までも逃れ出ることができた。二三　彼は一度目には聖母の神殿[1]に逃れた。この神殿はビュザンティオン市民にとって最も聖なる場所であり、またそう呼ばれてもいた。助けを求めたポティオスは、この神殿内の聖なる祭壇の傍らに腰を下ろした。けれどもテオドラは力ずくでポティオスをそこから追い出して、再び彼を監禁した。二四　ポティオスは、二度目にはハギア・ソフィア大

（1）首都の北西、金閣湾沿いのブラケルネ地区に建てられたバシリカ型教会（四五三年二月十八日）を指すと思われる。同教会は聖母マリアの聖遺物（マポリオン）の安置所として有名となり、多くの巡礼者を惹きつけた。

神殿に逃げ込み、キリスト教徒が常にあらゆるもののなかで最も神聖なものと崇めている場所である洗礼室[1]の中に入り、思いもかけずそこに座った。二五　けれども、この女はそこからも力ずくでポティオスを連れ出したのである。テオドラにとってはいかなる神聖な場所も足を踏み入れることのできない場所はかつて一度としてなかった。それどころかこの女はあらゆる神聖なものに暴力を加えることを何とも思っていない様子であった。二六　一般の市民とともにキリスト教の神官たちも恐怖におののき、彼女の前では後ずさりし、あらゆる点で彼女の言うなりになっていたのである。二七　さてポティオスはこうした状態で三年間を過ごした。けれども噂によれば後日預言者ザカリアが彼の夢に現われ、そこから逃げるように命じ、彼を助けようと確約したという。二八　この夢のお告げに心を動かされて、ポティオスはそこから抜け出し、誰にも見つからずイェルサレムの町に落ち延びた。非常に多くの警備の者たちが彼を捜し回ったが、警備の者は偶然ポティオスに出会っても、それが当の若者であるとは誰も気がつかなかった。二九　ポティオスはイェルサレムで剃髪し、いわゆる修道士の衣服を纏い、テオドラの処罰を逃れることができたのである。

ペルシア戦線のベリサリオス

三〇　他方ベリサリオスは先の誓約のことなどまったくお構いなしで、先に述べたように、神をも恐れぬ行ないで苦しめられているポティオスに援助の手を差し伸べるようなことはまったくしようとはしなかった。以後ベリサリオスは、当然のことながらあらゆる点において神の敵意を感じることになった。すなわちホスローとメディア軍がローマ領内に三度目に侵入したとき[2]、彼は最悪の事態に見舞われることになったのである。三一　当初ベリサリオスは敵を戦場から追い払い、大いなる戦果を挙げたかのような印象を人々に与えはした。だがホスローがエウプラテス川を渡り、多くの人が住んでいたカリニコンの町(3)を何の抵抗もないままに占領し、何千人ものローマ人を捕虜にしたとき、ベリサリオスは敵を追跡する姿勢をまったく見せなかった。そのため彼は二種類の悪評のどちらかを得ることとなった。一つは、彼は故意に自分の義務を果たさなかったのか、それとも臆病でその場を動かなかったのかというものであった。

---

(1) ハギア・ソフィア大教会は皇帝コンスタンティノス二世帝により建設されたが（三六〇年）、四〇四年に焼失。後に皇帝テオドシオス二世帝により再建された（四一五年）。四三〇年頃から教会はハギア・ソフィア（「聖なる知恵」）と呼ばれるようになった。教会はニカの乱（五三二年一月）により再度焼失した。ユスティニアノス一世帝は教会をただちに再建し、五三七年十二月に献堂式を挙行した。その後（五八八年）教会の大ドームが落下し、修復工事が行なわれ、五六二年十二月に再度献堂式が行なわれ、現在に至る（『建築』一-一）。

(2) ホスローがビザンツ領（コマゲネ地方）に三度目に侵入したのは五四二年である。

(3) レオントポリスとも呼ばれた。エウプラテス左岸、属州オスロエネ内の要塞都市。町はニシビス市とアルタクサタ市とともにビザンツ・ペルシア両国間の公式な交易場所であった（『ユスティニアノス法典』四-六三-四）。町は五四二年にはペルシア軍に占領され、破壊されるが、後にユスティニアノス一世帝により修復される（『戦史』二-二一-三〇以下）。

第四章

ペストの流行

一　この頃別の不運がベリサリオスを襲うことになった。先の著書にも書いておいたように、あのペスト[1]がビュザンティオン市民のあいだに流行したのである。そして皇帝ユスティニアノスも重病となり、人々は皇帝の死を噂しあった。二　皇帝の病死の噂は広まり、その噂はローマ軍の兵舎にまで届いた。そこで何名かの司令官たちは「もしローマ市民がビュザンティオンで第二の人物〔ユスティニアノス〕を擁立するようなら、われわれはこれをけっして黙ってみてはいないであろう」と話しあった。三　だがその後しばらくしてユスティニアノスの病は回復した。すると司令官たちはお互いに密告しあった。四　すなわち、軍司令官ペトロスと同じく軍司令官で大食漢という渾名のあるヨアンネスが、私がちょうど今述べたかの発言はベリサリオスとブゼス[2]の口から確かに聞こえてきたものであると断言した。五　すると女帝テオドラはその発言を非難し、これらの人物による発言は自分に対して行なわれたものであると言って激怒した。

ブゼスの幽閉

六　彼女は関係者全員をただちにビュザンティオンに呼び寄せて、例の発言についての調査を開始した。テオドラは唐突にもブゼスに非常に重要な案件を相談したいからと言って、彼を宮殿内の女性専用室に招いた。七　さて宮殿には地下室があった。この地下室は頑丈な造りで迷路になっていて、まるであのタルタロスの迷路に似ていた。テオドラは彼女の逆鱗に触れた者たちを捉え、この地下室に閉じこめ、監視するのが常であった。八　今やかつては執政官を勤めたことのあるブゼスがこの深淵に投げ込まれたのである。彼はこの部屋で時の移るのも分からずに過ごさなければならなかった。九　ブゼスはまったくの暗闇の中で座っていたので、昼と夜の区別を正確につけることもできず、人と話をすることもできなかった。一〇　というのも毎日食べ物を投げ入れに来る人間とは、まるで口のきけない動物が口のきけない動物と行き来するのに似ていたからである。一一　そしてブゼスは多くの人々からはすでにこの世を去ったと思われていたし、また彼のことを話題にしたり、想い出そうとする者も一人もいなくなってしまった。その後二年と四ヵ月が経ってから、テオドラはブゼスに憐れみをかけ、彼を放免した。一二　ブゼスは誰の目にも死から蘇った人のように映った。けれども彼はその後ずっと近眼を病み、身体が病にむしばまれてしまったのであった。

（1）ペストは五四一年秋頃にエジプトに起こり、同年後半から翌年にかけてビザンツ帝国に流入した。首都では五四二年に最も激しさを増し、プロコピオスもこのとき首都でペストを体験し、そのときの印象を腺ペストとして記録している（『戦史』二‐二二‐一―三九および二‐二三‐一―二一）。

（2）トラキア出身の軍人で、属州フェニキア・リバネンシスの軍司令官（五二八年）、オリエント軍区総司令官（五四〇―五四二年か）、名誉執政官（五四二年か）、ラジケ方面軍司令官（五五四―五五六年）を歴任した。だが本文第四章にあるように、妃テオドラに疎まれ、五四二年末から五四五年初めまで彼女の宮殿の地下牢に幽閉された。二三頁（5）を参照。

ベリサリオスの一時的解任

一三　ブゼス事件の顚末はこのようなものであった。ベリサリオスに対する起訴理由のうち、何一つとして彼の犯行が証明されなかったにもかかわらず、皇帝は妃のたっての願いでベリサリオスをそれまでの地位から解任した。[1] そして彼の代わりにマルティノス[2]をオリエント軍区総司令官に任命したのであった。皇帝は、さらにベリサリオスが私費で抱えていた槍持ち護衛兵や盾持ち護衛兵といった護衛兵たちや戦闘能力の高い部下たちを他の将軍や宮廷宦官たち[3]に分配するようにベリサリオスに命じた。一四　するとこれらの将軍や宮廷宦官たちはくじを引き、まるで自分たちが偶然にも幸運を射止めたように、ベリサリオスの部下たちを武器もろとも自分たちで分けあったのである。一五　そのうえ皇帝は、ベリサリオスと交際していた多くの友人や昔の使用人たちにベリサリオス家に出入りすることを禁じた。一六　いち私人となったベリサリオスはほとんど供も連れずにビュザンティオン市内を歩き回り、いつも考え込み、不機嫌で、暗殺に恐れおののいていた。その光景たるや実に惨めで、信じがたいものであった。一七　ところで女帝はかなりの財宝が東方にあると知ると、さっそく宮廷宦官のある者を派遣して、すべての財宝を持ってこさせた。

ベリサリオス夫妻の和解

一八　アントニナは、私が前にも述べたように、夫ベリサリオスとは不仲になっていた。だがつい先頃アントニナがカッパドキアのヨアンネスを失脚させてからというもの、彼女は女帝にとって最も親しくまたなくてはならない存在となっていた。一九　そこで女帝はアントニナに返礼をしようと考えた。女帝は、妻が夫の釈放を願い出て、妻が夫をこれほどの不幸から救い出したというふうに見えるように用意を整えた。しかもアントニナがこのみじめな夫と完全に和解するだけでなく、そのうえ彼女の手で救い出した夫をまるで捕虜のように自分の手元に奪い取ったというふうに誰の目にもはっきりと見えなければならなかった。二〇それは次のように実現された。ある日ベリサリオスは日課となっていた早朝の出仕のために数人の身分の低い、卑しい者を供に連れて宮殿にやってきた。二一　ベリサリオスは宮殿内で皇帝と女帝に冷たく扱われ、そのうえ身分の低い、卑しい者たちからも乱暴な扱いを受けた。そこで彼は夕方遅くになって宮殿を出て、帰宅の途についた。帰宅途中で彼は絶えず振り返り、辺りをくまなく窺い、暗殺者がどこから自分に迫ってくるのかを発見しようとしていた。二二　ベリサリオスはこうした恐怖にとらわれたまま寝室に入り、寝台

(1)ベリサリオスが二度目のオリエント軍区総司令官職を罷免されたのは、ユスティニアノスの病死の噂が広まった時期(五四二年夏)とベリサリオスが二度目にイタリア遠征に出発した時期(五四四年)とのあいだである。解任の時期は、恐らくブゼスに対する処罰が行なわれた時期と相前後する時期、すなわち五四二年秋以降から五四三年中と言えよう。

(2)トラキア出身の軍人で、同盟軍司令官(五三三年)としてヴァンダル戦役に、歩兵・騎兵両軍総司令官(五三六―五五六年)として東ゴート戦役に従軍した。その間ベリサリオスに代わってオリエント軍区総司令官を兼任(五四三―五四四年あるいは五四九年までか)。次にはラジケ方面軍司令官(五五一―五五四年)に任命され、次いでアルメニア軍区総司令官(五五五―五五六年)に任命された。このとき不仲のラジケ王グバゼス暗殺に関与した疑いにより罷免され、退役した。

(3)すでにローマ元首政期の皇帝は宦官を宮廷侍従として使用していた。ビザンツ皇帝はその慣習を受け継ぐだけではなく、宦官侍従を組織化した。聖室長官、聖室長、侍従、カッパドキア皇帝直轄領管理長、皇帝衣装官長などが知られている(『ユスティニアノス法典』一―二)。

に一人で腰を掛けた。このときの彼は自分が気高い心の持ち主であるとも思わず、また勇敢な男子であることも忘れ去っていた。彼は絶えず冷や汗を流し、めまいに襲われ、激しくふるえながら絶望し、奴隷にも似た恐怖と不安に苛まされていて、自分の命を惜しみ、男らしさをすべて失っていた。二三　アントニナは事の成り行きについてはまったく知らず、またこれから先のことについても何の期待もしていなかった。彼女は家の中をあちこち歩き回り、表向きは胃の調子がとても悪いと言っていた。なぜなら、このときの夫婦はお互いにまだ不信の念を抱いていたからである。二四　そうこうしているあいだにクアドラトスという名の役人が一人で、すでに日没が過ぎた時刻なのに宮廷からやってきた。彼は戸口から入り、突如として主人の部屋の入り口に立って、自分は女帝の使者として派遣されてきた者であると言った。二五　これを聞いたベリサリオスは、寝台の上で手足を長く伸ばし、仰向けになり、殺されるのに一番都合の良い姿勢になった。それほど彼は男らしい勇気を失ってしまっていた。二六　使者のクアドラトスは彼のすぐ近くまでやってくる前に、彼に女帝の手紙を見せた。その手紙にはこう書かれていた。二七「親愛なるお方よ。あなたが私どもに対して犯した過ちはあなたがよく知るところでしょう。けれども私はあなたの奥様にたいへん恩義があるので、このたびのあなたの罪をすべて許すことに決め、あなたの命をアントニナにお贈りすることにしました。二八　ですからあなたは今後あなたの命と財産については安心していて良いのです。あなたが彼女にどう接するかは、私たちはあなたの行動で知ることになるでしょう」。二九　この手紙を読んだベリサリオスはこの上なく喜び、そこにいたクアドラトスに自分の気持ちを証明して見せようとして、すぐに立ち上がり、妻の足下にひれ伏した。三〇　そして彼は両手で妻の足をかき抱き、妻の靴底を絶えずなめ回した。

そして彼女こそ自分の救い主であり、命の源であると言い、さらに今後は妻の忠実な奴隷となると約束し、彼女の夫として振る舞うつまりはないとまで言明した。三一　女帝は、ベリサリオスの財宝のうち三〇ケンテナリアの金を皇帝の手に委ね、残りをベリサリオスに返却した。

ベリサリオスの財産没収

三二　軍司令官ベリサリオスの件はこのような結末を見た。だがつい先頃、運命の女神テュケ(1)はこの男にゲリメル(2)とウィッティギス(3)を戦争の捕虜として引き渡したばかりであった。三三　この男の莫大な財産は以

(1)運命の女神テュケ（τύχη）は「人間世界における偶然、運命、幸運、不運」を司る女神。女神の像は舵、豊饒の角、富、王冠をかたどった城壁、不安定を表す球と共に描かれている。「運命」はプロコピオスの中心思想の一つ（『戦史』八-一二-三四以下）。

(2)最後のヴァンダル王（在位五三〇―五三三年）。ヒルデリクス王をクーデターで廃位し、自らが即位した。これにより王はユスティニアノス一世帝と対立し、その対立がヴァンダル戦役に発展した。五三三年、王はベリサリオス軍に敗れ、捕虜となり、五三四年首都に移送された（『戦史』四-二-一九以下）。

(3)東ゴート王（在位五三六年六月二日―五四〇年五月）。アタラリクス王の護衛兵から対ゲパイデス戦の軍司令官に昇進し、五三六年、テオダハット王に反乱を起こした兵士たちから王に推薦された。五三七年二月、ベリサリオスが守るローマ市を包囲するが、失敗に終わる（五三八年三月）。五三九年、ラウェンナ市を包囲したベリサリオスに降伏し、捕虜となり、五四〇年にコンスタンティノポリスに移送された（『戦史』二-四-一三他）。

前からユスティニアノスとテオドラには何よりも気にくわなかった。なぜなら、ベリサリオスの財産は莫大で、それは国家財政の総額に匹敵するほどの額であったからだ。三四　皇帝と女帝は、ベリサリオスがゲリメルとウィッティギスの財宝の大部分を密かに横領していて、そのうちのわずかな、取るに足りない一部分を皇帝に献上したと主張してきた。三五　けれども二人はベリサリオスの功績と自分たちに対する世間の非難の声に配慮し、また同時にベリサリオスに対して完全に有効な口実をどうしても探し出せなかったので、これまでは沈黙を守ってきたのであった。三六　けれども女帝はベリサリオスが恐怖と小心でちぢみあがると、その機会を捉えて、一挙に彼の財産を余すところなく自分のものにしてしまったのである。三七　もっとも双方がただちに親類となることが決まった。つまりベリサリオスの一人娘ヨアンニナがテオドラの甥アナスタシオス(1)と結婚することになったのである。三八　さてベリサリオスは、自分が先の地位を得て、オリエント軍区総司令官に任命され、ホスローとメディア軍に対してローマ軍を率いて再度出征したいと考えていた。だがアントニナはけっしてそれを許そうとはしなかった。というのも彼女は東部戦線で夫にひどく扱われたので、二度とあの土地は見たくないと言ったのである。

ベリサリオスの二度目のイタリア遠征

三九　そのためベリサリオスは皇帝の厩舎長(2)に任命され、再度イタリアへ出兵した。噂によれば、ベリサリオスはこのたびの遠征費用を皇帝にはけっして請求せず、むしろ軍備に必要な費用をすべて自分で調達します、と皇帝に約束したという。四〇　これについては誰もが実際のところ次のように推測していた。ベリサリオスは妻との一件を先に述べたような方法で処理し、戦費の件では今述べたように皇帝に約束したが、それはベリサリオスが首都の生活を離れたかったからなのだ、と。そしてベリサリオスは首都の城壁の外へ出たら、ただちに武器を取り、妻と彼を不当に扱った者たちに対して勇敢で、男らしい行動を取るであろう、と。**四一**　ところがベリサリオスは今まで起きたことすべてに注意を払うことなく、またポティオスとの誓いや彼以外の支持者たちと交わした誓いをすべて忘れて、それらを軽んじたあげく、妻アントニナの後を追い、彼女がもう六〇歳になっていたにもかかわらず、妻への恋情に溺れきっていたのであった。**四二**　だがベリサリオスがイタリアに上陸して以来、状況は彼にとって日を追うに従って不利になっていった。それは神がとくにベリサリオスに対して敵意を抱いておられたからであった。**四三**　第一回目の遠征時にテオダ

リサリオスはこれにより東ゴート戦での最高指揮権を得た。

(1) 原文では「娘の息子、孫（*θυγατριδέος*）」となっているが、これは「兄弟あるいは姉妹の息子、甥（*ἀδελφιδέος*）」の誤りであろう。テオドラに非嫡出の娘がいたことはまったく知られていないし、また当時四五歳であったと思われるテオドラに二十歳前後の孫がいたとも思われない。アナスタシオスはテオドラの姉妹コミトあるいはアナスタシアの息子と思われる。

(2)「皇帝の厩舎長（*ἄρχων τῶν βασιλικῶν ἱπποκόμων*）」は二度目の東ゴート遠征に際してベリサリオスに与えられた称号。ベ

ハット[1]やウィッティギスと戦ったときのこの軍司令官の軍事行動は必ずしも当を得たものではなかったにせよ、彼は最終的にはほとんどの戦いで勝利を引き出せた。しかしこのたびの第二回目の遠征で彼は次のような評価を得た。すなわちベリサリオスは戦術については経験豊富であり、今回はより大きな戦果を挙げるつもりであったが、結果は不調に終わってしまった。そこで人々はその大部分を彼の優柔不断な性格のせいにした。**四四** つまり人の世の出来事というものは、このように人間の意志ではなく、当然のことながら神の決定により起きてくるものなのである。自分の目の前で起きた事態がどうしてそうした経過をたどったのかが分からないとき、人はそれを運命と呼び慣わしてきた。**四五** つまり人は自分の理解の及ばないことに出会うと、それを運命と呼びたがる。けれどもこのことについては、各人が自分の納得が行くように考えるがよい。

第五章

ベリサリオスの不名誉なイタリア撤退

一　かくしてベリサリオスは二度目にイタリアに赴いたが、彼はこの上ない不名誉のうちにイタリアから撤退した。すなわち彼は丸五年[2]のあいだ、私が先の著書にも書いておいたように[3]、味方の要塞のある土地以外にはどこにも上陸できなかったのである。ベリサリオスは遠征のあいだじゅう沿岸を航行するだけだった。

二　トティラ[4]はベリサリオスをぜひ城壁の外で捉えようと躍起になっていたが、彼を見つけることはできなかった。なぜなら、ベリサリオスも全ローマ軍もトティラを非常に恐れていたからであった。三　それが原因でベリサリオスは失った領土を回復するどころか、ローマ市といわばその他の領土のほとんどすべてを失う羽目に陥ったのである。四　当時のベリサリオスは何にもまして金銭欲が強く、どんな恥ずべき手段に訴えても金を手に入れようと躍起になっていた。なぜなら、彼は皇帝から何の資金援助も受けていなかったか

(1)東ゴート王（在位五三四年十月三日―五三六年十二月初め）。アタラリック王の没後（五三四年）、王の母であり、摂政であったアマラスンタは従兄弟のテオダハットを東ゴート王とし、自らは摂政として政治の実権を握ろうとした。だがテオダハットは即位後にアマラスンタをボルセナ湖上の小島に幽閉し（五三五年四月三十日）、後に彼女を暗殺させた。そのためテオダハットはユスティニアノス一世帝と対立した。そしてその対立から東ゴート戦が始まった。その後ネアポリス市がビザンツ軍に占領されると、東ゴート軍の反乱が起き、テオダハットはラウェンナ市に逃走したが、途中でウィッティギスの配下に殺害された（『戦史』五-一一-九他）。

(2)ベリサリオスの二度目のイタリア遠征は五四四年から五四九年にかけてである。

(3)『戦史』七-三五-一以下を指す。

(4)東ゴート王（在位五四一―五五二年）。東ゴート軍軍司令官のとき、兵士たちから王に推挙される。トティラはビザンツ軍を撃破し、五四二年末までにはほとんどのビザンツ領を奪回した。彼はネアポリス市を陥落させた後、五四五年末にローマ市を包囲し、五四六年十二月十七日にはローマ市を奪回した。その後トティラは全東ゴート軍を率いてカンパニア地方に転戦した。その間ベリサリオスはローマ市を五四七年春に再度奪回した。しかしトティラは五五〇年一月十六日に三度目のローマ市占領を果たした。その後トティラはユスティニアノス一世帝に和平協定を申し入れるが、同帝はこれを拒否した。するとトティラは南イタリアとシケリアに転戦し、略奪を重ねた。その後トティラはイタリアに派遣されてきたナルセス麾下のビザンツ軍とブスタ・ガロルムで対戦し（五五二年六月の「タディネの戦い」）、大敗。彼自身も負傷し戦死した（『戦史』八-三二-二二―三〇）。

らである。実際彼はほとんどすべてのラウェンナ[1]市民とシケリア島[2]のイタリア人住民と、それ以外にも自分の支配下に入った者たちなどから、誰彼構わずに金をむしり取った。ベリサリオスは、そうした行為をかつての彼らの敵対行為に対する報復である、とその理由を説明した。だがそれはもちろん口実であった。**五**　たとえばベリサリオスは同様の手口でヘロディアノス[3]にも迫り、彼の破産に繋がるような金額を要求した。**六**　ヘロディアノスはこのベリサリオスの態度に怒り、ローマ軍に背を向け、ただちに自分の部下やスポリティオン市民ともどもトティラとゴート軍に寝返ってしまった。**七**　ベリサリオスがビタリアノス[4]の甥ヨアンネス[5]となぜ仲違いしたのか、その経緯を次に述べることにするが、この事件はローマ帝国にとってはたい

(1)イタリア北部のアエミリア地方にある、アドリア海沿岸の町。周囲を沼地で囲まれた要害の地であると共に、国際貿易の中心都市でもあった。ホノリウス帝が四〇二年にミラノ市からラウェンナ市に宮廷を移し、四七六年にはオドアケルが、四九三年には東ゴート王テオドリックがここに王宮を構えた。五四〇年五月、ベリサリオスが町を制圧した。以後町はイタリアにおけるビザンツ支配の中心（ラウェンナ総督府設立、五六八年）となった。
(2)イタリア半島の最南端にあるメッシナ海峡を隔てた地中海最大の島で、軍事上および海上貿易の拠点。島は昔から穀物（小麦）の生産地として名高く、ローマ市への主たる穀物供給地でもあった。島は四四〇年以後はヴァンダル支配を受け、四九三年以後は東ゴート支配を受けた。五三五年にはベリサリオスにより制圧され、ビザンツ支配が始まった。
(3)東ゴート遠征軍司令官（五三五―五四〇年、五四二―五四五年）。ベリサリオス麾下の四名の歩兵部隊司令官の一人として東ゴート戦役に参戦する（五三五年）。五四五年、スポリティオン市守備隊長であったヘロディアノスは東ゴート軍に包囲され、救援部隊が到着しないので敵に降伏し、町を敵に明け渡し、自らも東ゴート側に寝返った。五四六年十二月、ヘロディアノスはローマ市を包囲したトティラ麾下の東ゴート軍に加わっていた。

(4)トラキア軍区総司令官（五一四―五一五年）、首都駐屯歩兵・騎兵両軍総司令官（五一八―五二〇年）、執政官（五二〇年）。属州モエシア・インフェリオル出身で、異民族同盟軍司令官パトリキオロスの息子ヨアンネス（次註）の叔父。彼は五一三から五一五年にかけて三度アナスタシオス一世帝に対して反乱を起こした。彼はトラキアに駐屯する部隊への食糧供給、アナスタシオス一世帝のキリスト単性説支持に反対し、総主教マケドニオスの復位とローマ教会との再統一のための教会会議の開催などを要求した。同帝は二度首都に押し寄せたビタリアノスに対して交渉を二度にわたって行ない（五一三と五一四年）、二度ともビタリアノスの要求を呑んだ。しかし同帝がいずれの約束も履行しなかったために、ビタリアノスは五一五年に三度目の首都攻撃を敢行した。しかしこのたびは皇帝軍が勝利し、敗れたビタリアノスはトラキアに退却した。その後五一八年、ユスティノス一世帝はビタリアノスをトラキアから首都に呼び戻し、彼を首都駐屯歩兵・騎兵両軍総司令官に任命するなどした。だが五二〇年六月、ビタリアノスは二人の側近ともども宮殿内で暗殺された。その背後には人望あるビタリアノスを敵視し、彼を嫌ったユスティニアノス（後の一世帝）の陰謀があったと言われている。

(5)歩兵・騎兵両軍総司令官待遇（五三七―五四九年）、イリュリア軍区総司令官（五四九あるいは五五〇―五五三年か）。ビタリアノス（前出）の甥、ユスティニアノス一世帝の甥ゲルマノス（後出）の娘ユスティナの夫。優秀な軍人で、きわめて厳格な人物として知られ、聖室長官ナルセス（後出）の支持者であったためベリサリオスとは不仲であったという。五三七から五五三年夏まで東ゴート戦役に参戦し、五三八年十二月から五三九年初めにかけて全アエミリア地方を征圧した。その後トティラと二度に渡り交戦するが、いずれも敗れている。五四五年、ヨアンネスはベリサリオスの命令を受け首都に戻り、皇帝に援軍と軍資金の援助を要請したが目的を果たすことはできなかった。またゲルマノスの娘ユスティナと結婚したのもこのときであった。五四六年、ヨアンネスはカラブリア地方に転戦し、南イタリアのほとんどすべてを征圧したが、翌年にはトティラに敗れ、南イタリアを失った。五五一年夏、ヨアンネスはアンコナ沖のセナ・ガリカの海戦で東ゴート軍を破り、五五二年にはナルセスとともにブスタ・ガロルムの戦いでトティラと東ゴート軍に勝利し、同年十月にはモンス・ラクタリウスの戦いでも勝利をおさめ、東ゴート戦に終止符を打つ道筋をつけた。五五三年夏、ヨアンネスはフランク・アレマン連合軍の南進を防ぐために北イタリアに派遣されたが、敗れてファヴェンティア市まで退却した。その後彼の消息は途絶えてしまう（『戦史』六-七-二五他）。

へん不幸な事件であった。

テオドラとゲルマノスの確執

八　女帝はゲルマノス[1]のことをたいへん怒っていて、その怒りを誰の目の前でも爆発させた。そのため彼が皇帝の甥であるにもかかわらず、誰一人としてゲルマノスと姻戚関係を結ぼうとする者はいなかった。ゲルマノスの息子たちは、テオドラが逝去するまでは皆独身のままでいたのである。ゲルマノスの娘ユスティナも一八歳の成人になっていて、結婚適齢期にあったが、まだ独身だった。九　そうしたわけで先のヨアンネスがベリサリオスの命令でビュザンティオンに派遣されてきたとき[2]、ゲルマノスは自分の娘の結婚について彼と交渉せざるをえなかった。もっともこの結婚は身分違いで、ゲルマノスの地位には相応しくないものではあったが。一〇　しかし双方が合意に達したので、双方は最も神聖な誓いを立てて、万難を排して結婚式を挙げることをもちろん申し合わせた。というのも、双方ともに相手を信頼するところがきわめて少なかったからである。ヨアンネスは自分の目的が出世にあることを承知していたし、一方のゲルマノスは娘の結婚相手がいなくて困っていたからであった。一一　テオドラも適当な候補者を持っていなかったが、それでも彼女はあらゆる方策を試みて、双方に迫り、結婚計画を邪魔するためにありとあらゆる策略を講じ、それを恥じるところがなかった。一二　テオドラは何度も双方を脅してみたが、どちらをも説得できなかった。次にテオドラは公然とヨアンネスを暗殺すると脅しにかかった。一三　そのためヨアンネスは再度イタリアに戻されたが、彼はアントニナがビュザンティオンに戻るまでは、けっしてベリサリオスに会おうとはしなかった。ヨアンネスは、アントニナによる暗殺をそれほど恐れていたのである。**一四**　それは、テオドラがアントニナに自分の暗殺を委託するであろうことは当然推測できたからである。しかもヨアンネスはアントニナの性格を充分推しはかることができたし、ベリサリオスが妻のいいなりになることも承知していたからである。そのため彼はおおいに恐れ、けっしてベリサリオスの所へは行かなかった。**一五**　したがってローマ軍の戦況は、これまでも片足で立っているようなものであったが、今や地上に投げ倒されたようになってしまった。

一六　いずれにせよ、ゴート戦役(3)はベリサリオスにとってこのような状況下で進行していったのであった。あらゆる希望を失ったベリサリオスは、一日も早くイタリアから帰国させてほしいと皇帝に願い出た。**一七**

---

(1) 誕生年等不詳―五五〇年没。トラキア軍区総司令官（五一八―五二七年）。ユスティノス一世帝の甥、ユスティニアノス一世帝の従兄弟。最初の妻はパッサラ、二度目の妻は東ゴート王家の皇女マタスンタ。娘ユスティナはビタリアノスの甥ヨアンネスの妻となった。トラキア軍区総司令官のとき、南下してきたアンタイ族の大軍を大破し名声を得た。彼は五三六年には首都駐屯歩兵・騎兵両軍総司令官に任命され、前執政官称号ならびに「貴族」爵位を授与されている。同年ゲルマノスはアフリカ道長官ソロモンと交代し、五三九年までアフリカに滞在した。この間、五三七年にはストザスの反乱軍を鎮圧している。五四八年に妃テオドラが逝去した後、ゲルマノスはユスティニアノス一世帝の最も有望な後継皇帝候補者とされた。五五〇年、ゲルマノスはサロナ市に赴き、東ゴート戦続行のための兵士を集めていたが、イタリアに出発する前に病を得て急逝した（『戦史』四-一六-一―七他）。

(2) ベリサリオスの命令を受けたヨアンネスがコンスタンティノポリスに派遣されたのは五四五年半ばと考えられている。

(3) 東ゴート戦役については補註Aを参照。

そして皇帝から許しが出ると、彼は喜びいさんで、すぐさまイタリアを後にした。彼はローマ軍兵士とイタリア人には何度も別れの挨拶を述べたが、イタリア領の大部分を敵の手に残したままであった。しかもペルシアの町はきわめて苛酷な包囲に苦しめられていて、ベリサリオスがまだ帰国の途上にあるとき、完全に敵に制圧されてしまい、ペルシア市民は不幸のどん底に落とされたのであった。この件について私は先の著書ですでに記録しておいたところである。(1) けれどもベリサリオスは帰国すると、次のような運命の一撃にうたれることとなった。

ベリサリオスの娘ヨアンニナとテオドラの甥アナスタシオスの結婚

一八　テオドラは自分の甥(2)とベリサリオスの娘との結婚を実現したくて、事を急ぎ、娘の両親に絶えず手紙を送りつけ、娘自身をも悩ませていた。一九　しかし両親はこの結婚に乗り気ではなかったので、自分たちが帰国するまで結婚式を延期していた。そこで妃は両親をビュザンティオンに呼び戻すことにした。けれどもベリサリオスとアントニナは、自分たちは今のところはイタリアを離れることはできないのです、と言い逃れをした。二〇　テオドラは、自分の甥にベリサリオスの財産を継がせようと目論んでいたのである。それは、ベリサリオスに次の子供が生まれないかぎり娘が遺産相続人となることを彼女が知っていたからであった。その一方でテオドラは、アントニナの忠誠心を完全に信頼していたわけでもなかった。アントニナはかつては自分が最大の苦境にあったときは救いの手を差し伸べてくれはしたものの、それでも自分の死後、アントニナが自分の家族に対して忠誠を守らなくなることを恐れていたのであった。彼女は、取り交わした約束が反故になるのではないかと危惧し、神をおそれぬ暴挙に出た。二一　すなわち、テオドラはこの若い男と娘をあらゆる掟に反して一緒にしてしまったのである。噂によれば、テオドラはいやがる娘に密かに強要して、自分の甥と寝室をともにさせてしまったのである。こうしてベリサリオスの娘が処女を失ってしまうと、結婚が事実上成立してしまい、皇帝も既成事実を曲げることができなくなってしまったのである。二二　けれども、いったん既成事実ができ上がってしまうと、アナスタシオスとベリサリオスの娘は燃えるような愛をお互いに抱き、二人は丸八ヵ月ものあいだこうした結婚生活をともに送ったのであった。二三　さて、アントニナは女帝の死後[3]ビュザンティオンに戻ったが、彼女は先頃のテオドラの仕打ちについてはわざと一言も触れずに、また自分の娘が再度別の男と結婚すれば、娘のそれまでの身分が売春婦と同じになってしまうことも少しも気にかけなかった。それでアントニナはテオドラの甥である義理の息子を軽視し、いやがる娘を愛する夫から力ずくで引き離してしまったのである。二四　この暴挙がもとでアントニナは誰からも無分別のそしりを受けた。けれども夫ベリサリオスが帰国すると、彼女は何の造作もなく夫を説得して、夫を自分の犯罪に引きずり込んだのであった。このときにこのベリサリオスという男の性格が誰の目にも明らかになったのである。二五　ベリサリオスは以前ポティオスと何名かの支持者たちと誓いを交わし、その誓いを守らなかったけれども、それは誰からも許される状況であった。二六　というのも、背信の理由は彼が妻

（1）『戦史』七-三五-一以下を指す。

（2）三五頁註（1）を参照。

（3）妃テオドラは五四八年六月二十八日に癌あるいは壊疽で亡くなった。

の尻に敷かれていたのではなく、彼がテオドラを恐れているからである、と誰もが推測していたからであった。二七　けれども、先にも私が述べたように、テオドラが亡くなった後でもベリサリオスがポティオスやそれ以外の親類の人々のことには一言も触れないのを見たり、妻アントニナが主人として振る舞ったり、あの取り持ち役のカリゴノスが主人顔をしているのを見ると、人々は彼にがっかりして、ベリサリオスのことを絶えず嘲り、彼は愚か者と呼ばれて当然なのだと罵った。ベリサリオの犯した過ちとは、はっきり言えばこういうことであった。

セルギオスの悪政

二八　バッコスの息子セルギオス[1]がリビアで犯した罪の数々については、わたしはすでに先の著書の当該の箇所で充分に詳しく述べておいたとおりである[2]。セルギオスこそが、かの地におけるローマ帝国の支配を崩壊させた最大の張本人と言えた。彼は、聖書にかけて誓約を交わしたレウアタイ族との約束を無視し、八〇名のレウアタイ族の使者たちを仮借なく殺害してしまったのであった。この件についてはさしあたり先の著書にある記録に以下の点を付け加える必要がある。それは、かのレウアタイ族の使者たちはセルギオスを罠にかけようとしてやってきたのではないし、またセルギオスも彼らに対して疑惑を抱く理由もなかったのである。セルギオスは使者たちと誓約を交わし、彼らを酒宴に招待したうえで、恥ずべきことに彼らを殺戮してしまったのである。二九　この事件によりソロモン[3]、ローマ軍兵士およびリビア住民すべてが破滅することになった。三〇　つまり、今私が述べたように、とくにソロモンの死後は、セルギオスが原因でどの司

令官もどの兵士も戦いの危険に身を曝そうとはしなくなったのである。三一　とくにシシンニオロスの息子

（1）生没年等不詳。司祭バッコスの息子でアフリカ軍区総司令官ソロモンの甥という他は彼の家系や家族については知られていない。アフリカ属州トリポリタナ軍司令官（五四三―五四四年）、歩兵・騎兵両軍総司令官（五四四―五四九年）、アフリカ道長官（五四四―五四五年）を歴任し、「貴族」爵位を授与される（五五九年）。五四三年にビザンツ軍とマウルシオイ族とのあいだで戦いが起き、アフリカ道長官兼アフリカ軍区総司令官ソロモンが戦死し、甥のセルギオスが後任に指名された。だがセルギオスもマウルシオイ族との戦いに敗れ、罷免され、首都に召還された（五四五年秋）。五五九年、彼はトラキアに来襲したフン・スクラベノイ連合軍との戦いに敗れ、捕虜となった。彼は後に身代金と交換に釈放されたが、その後の消息は不明である。

（2）『戦史』四-二一-一以下を指す。

（3）四八〇あるいは四九〇年誕生―五四四年没。アフリカ道長官およびアフリカ軍区総司令官（五三九―五四四年）、名誉執政官、「貴族」爵位保持者。ペルシアとの国境地帯出身の宦官。メソポタミア軍司令官時代のベリサリオスの護衛兵から、軍司令官としてヴァンダル戦役に参戦（五三三年）。ソロモンは五三五年には反乱を起こしたマウルシオイ族を破るが、五三六年にはアフリカ駐屯のビザンツ軍の反乱に遭い、一時その職を罷免された。五三九年、ソロモンは再びアフリカ道長官兼アフリカ軍区総司令官に指名された。五四〇年には再度のマウルシオイ族の反乱を鎮圧するが、五四三年には反乱が再燃し、五四四年にソロモンはキリウムの戦いに敗れ、戦場を逃れた。しかし彼は敵軍に逮捕され、殺害された（『戦史』四-一〇-一以下）。

ヨアンネス[1]はセルギオスに対する敵意から、アレオビンドス[2]がリビアに到着するまでは、戦いに参加しようとはしなかった。三二　それは、このセルギオスという男が軟弱で、戦闘には向いておらず、その性格と年齢からしてまったく未熟であり、そのうえ誰に対しても非常に妬み深く、おおぼら吹きであったからであった。彼の生活振りは贅沢で、その態度は傲慢であった。三三　けれどもセルギオスは、たまたまベリサリオスの妻アントニナの姪の婚約者であったので、女帝はセルギオスがリビアを次々に荒廃させてゆくのをよく承知していながらも、彼を罰するとか、彼を罷免するとかはけっしてしようとしなかった。女帝と皇帝は、ソロモンがセルギオスの兄弟であったのでペガシオス殺害の件についても彼の罪を問おうとはしなかった。なぜそうだったかといういきさつについて、私はすぐに述べることとしよう。

ペガシオス殺害事件

三四　ペガシオス[3]がソロモン[4]をレウアタイ族から身代金と引き替えに受け取り、蛮族が自分の土地に引き返していった後、ソロモンは自分を解放してくれたペガシオスと数名の兵士と一緒にカルケドン市に戻った。ペガシオスは道中でソロモンが不正を働いたことを知り、このたびは神が彼を敵の手から救ってくれたことをけっして忘れてはならない、とソロモンを諭した。三五　これを聞いたソロモンは、ペガシオスが捕虜にするような説教を自分にしたことに激怒し、彼をその場で殺害してしまった。それが自分を救ってくれた恩人に対するソロモンのお礼であった。三六　皇帝はソロモンが後にビュザンティオンに戻ってからも、彼がローマ帝国の裏切り者を殺害しただけであるとして彼の罪を問わなかった。三七　そのうえ皇帝はこの件について、ソロモンはこの殺人について無罪であることを保証する文書まで彼に与えている。こうしてソロモンは罪を逃れ、故郷の町と親族に再会するために東方に喜び勇んで旅立っていった。三八　だが旅の途中でソロモンは神の罰を受け、人の世からその姿を消したのである。ソロモンとペガシオスに関する事件は以上

---

(1) 歩兵・騎兵両軍総司令官待遇（アフリカ、五三九—五四五年）。シシンニオロスの息子。五三九年、ソロモンの指揮下にあってヴァンダル戦役に出征。ソロモンの戦死後はセルギオスの指揮下に入った。だがヨアンネスはセルギオスとは不仲となり、五四五年春にアレオビンドスがアフリカに着任すると、二人の司令官、セルギオスとアレオビンドスに仕えた。五四五年、タキアの戦いで負傷し、戦場を離れ、敵軍に逮捕され、殺害された。

(2) アフリカ軍区総司令官（五四五年）、「貴族」爵位保持者。歴代執政官を輩出しているアレオビンドス家の一員と思われる。ユスティニアノス一世帝の姪プラエイクタを妻とする。彼は元老院議員で、戦場の経験はなかった。だが五四五年春、彼はセルギオス支配下のアフリカ領内の混乱を収拾するためにアフリカに派遣された。彼は歩兵・騎兵両軍総司令官として属州ビュザケナを支配し、セルギオスは属州ヌミディアを管轄した。五四五年秋にセルギオスが罷免され、首都に召還されると、アレオビンドスが単独でビザンツ領アフリカを支配した。五四五年秋から冬にかけてマウルシオイ族が再度反乱を起こし、カルタゴ市を占領すると、アレオビンドスは逃亡したが、マウルシオイ族のグンタリスにより殺害された（『戦史』四‐二四‐一以下）。

(3) 生没年等不詳。アフリカ、ラリボス市の医師でソロモン（次註）の友人。金貨五〇枚の身代金を払い、彼をマウルシオイ族から救出した。

(4) ソロモン（四五頁註（3））の甥、セルギオス（同頁註（1））の兄弟。ダラ市近郊の出身。五四四年、叔父ソロモンとセルギオスとともにアンタラスとマウルシオイ族による反乱を鎮圧するために出征。しかし戦場を独断で離れて、敵の捕虜となった。だがソロモンは、自分は先のソロモンの奴隷であると身分を偽り、ラリボス市の医師ペガシオスが払った身代金（金貨五〇枚）により解放された（『戦史』四‐二一‐二一以下）。

のような結末に終わった。

第六章

ユスティノス一世帝の出自と夢のお告げ

一　次に私はユスティニアノスとテオドラがどんな人間であったか、またこの二人がどんなやり方でローマ帝国を破滅させたかを話すことにしよう。二　レオン(1)がビュザンティオンで皇帝位にあったとき、ジマルコス、ディテュビストスそれにユスティノス(2)というイリュリア人でベデリアナ出身の三名の農家の若者がいた。三人は家では絶えず貧困と闘わなければならなかったので、ついに故郷を出て、兵士となるために旅に出た。三　三人は徒歩でビュザンティオンを目指したのである。そのときの三人は、家で二度火を通して堅くしたパンの他は何も入っていないマントを肩に掛けていただけだった。三人は到着するとすぐに兵士名簿に記入された。皇帝は三人を宮廷警護部隊(3)の兵士に選んだ。それはこの三名全員が立派な体格をしていたからであった。四　その後しばらくするとアナスタシオス(4)が帝位に昇った。ところがアナスタシオスは反乱を

(1) 皇帝（在位四五七年二月七日―四七四年一月十八日）。イリュリア地方の属州ダキア出身の軍人（トラキア地方出身との異説あり）。セリュンブリア市の守備隊長から時の権力者アスパル（歩兵・騎兵両軍総司令官）の支持により皇帝位に昇った。レオン一世帝はビザンツ皇帝として初めてコンスタンティノポリス総主教から加冠された。彼は正統信仰の擁護

者で、異端諸派の聖職者と対立した。四六八年に大規模なヴァンダル王国への遠征を敢行し、失敗した。レオン一世帝はアスパルに代表されるビザンツ軍および政界におけるゲルマノイ族の影響力に対抗するために好戦的なイサウリア族を小アジアから呼び寄せた（四六六年）。恐らくこの頃に同帝は宮廷警護部隊であるエクスクービトール隊を創設したものと思われる。四七一年、同帝はかつての庇護者であったアスパルとその息子アルダブリオスを粛清している（『戦史』三－六－一他）。

（2）皇帝（在位五一八年七月十日―五二七年八月一日）。ユスティニアノス一世帝の叔父で、宮廷警護部隊所属の軍人。老齢で帝位についたこともあり、政治の実権は甥のユスティニアノスが握った。同帝は甥を養子とし、さらに共同皇帝に指名した。詳細は補註Gを参照。

（3）レオン一世帝により新設された宮廷警護のための部隊で、エクスクービトール隊と呼ばれ、三〇〇名の隊員で構成された。エクスクービトール隊は六世紀以降もっと信頼された宮廷および皇帝の警護部隊であった（『戦史』四－一二－一七）。

（4）皇帝（在位四九一年四月十四日―五一八年七月八日あるいは十日）。バルカン半島のデュラキオン（エピダムノス）出身で、左右の瞳の色が異なるところから「二つの瞳を持つ男」を呼ばれた。宮廷監察官のとき、六一歳の高齢ながらゼノン帝の妃アリアドネの推薦により帝位についた。同帝は即位後、王朝の正当性維持のため先帝の妃アリアドネと再婚した。同帝の二七年間の治世はイサウリア族の反乱、トラキア軍区総司令官ビタリアノスの三度の反乱、ブルガル族の来襲、ペルシア王カバデスとのペルシア戦争という対外的な不安定要因があった。そのうえアナスタシオス一世帝が異端であるキリスト単性説を支持したため、ローマ教会とはいわゆる「アカキオスの分裂」事件を起こし、国内ではトリスハギオンの暴動に見られる宗教的な混乱が頻発した。だが同帝はフォリス銅貨を新たに鋳造し、貨幣を金、銀、銅の三種類に統一し、地租を金納にした。さらに営業税を廃止し、管区徴税局長および徴税監督官制度を導入して税収を増やし、国庫を潤すことに成功した（『戦史』一－八－三他）。

起こしたイサウリア族[1]と戦わなければならなくなった。**五**　アナスタシオスは、「猫背」と渾名された軍司令官ヨアンネスの指揮の下に大量の兵士を討伐部隊として出征させた。このヨアンネスはユスティノスを何かの罪で投獄し、もし彼がその後夢[2]に現われた人物に止められなかったら、翌日にもユスティノスを処刑しようとしたことがあった。**六**　すなわち、この軍司令官が言うには、夢のなかで一人の男性が現われたという。その男の身体はとてつもなく大きく、その他にも超人的な様相を見せていたという。**七**　この人物は、ヨアンネスが昨日逮捕したユスティノスを釈放するよう命じたという。ヨアンネスは眠りから目覚めると、この夢に現われた人物の命令を無視した。**八**　ところがその翌晩もヨアンネスは昨夜聞いたのと同じ声を夢のなかでまた聞いたような気がした。しかしヨアンネスは、それでもかの人物の命令を実行しようとはしなかった。**九**　三度目になるとこの人物はヨアンネスに近づき、もし命令したことを実行しないなら、取り返しのつかない事態が起きるであろう、と彼を脅かした。この人物は、もしこの先自分が怒り狂ったときには、ユスティノスとその一族が大いに自分の役に立ってくれよう、とつけ加えたのである。

皇帝としてのユスティノス一世

一〇　当時ユスティノスはこのようにして生き延びることができた。そしてこのユスティノスが時とともに絶大な権力を握るに至ったのである。**一一**　すなわち皇帝アナスタシオスは、ユスティノスを宮廷警護部隊長に任命したのである。そして同帝が亡くなると、ユスティノスは自分の権力を利用して、自分自身が帝位に昇ったのであった。[3]彼は当時すでに棺桶に片足をつっこんでいるほどの高齢者であったし、そのうえ文字がまったく読めない、いわゆる文盲でもあった。そうした人間がローマ皇帝となったことはこれまで一度も例のなかったことである。一二　ローマ皇帝は従来の慣習によれば、皇帝の名前で発令される公文書にはすべて自分で署名することになっていた。だがユスティノスはそうした命令を文書で発令することも、また

(1) 小アジア南部の属州パンピュリア、リュカオニアおよびキリキアに囲まれた地中海沿岸の土地に住む人々を指す。イサウリア族は古くから中央政府に従うことのない、好戦的な山岳民族として知られていた。だが四六六年、イサウリア族族長タラシコディッサ（後の皇帝ゼノン）はオリエント軍区総司令官アルダブルとペルシアのペロゼス王とのあいだに交わされた密約を手に入れ、これをレオン一世帝に差し出して危険を未然に防いだ。その功績によりタラシコディッサはエクスクービトール部隊隊長に取り立てられた。以後イサウリア族は軍人として帝国内に増加し始め、ゲルマノイ族に対抗する一大勢力となった。とくにゼノンが皇帝となると、イサウリア族の全盛時代が訪れた。ゼノン帝の没後（四九一年）、同帝の弟ロンギノス（首都駐屯歩兵・騎兵両軍総司令官）が後継皇帝と目された。だが妃アリアドネ、元老院そして軍が一致して宮廷監察官アナスタシオスを新皇帝に決定した。これによりロンギノス等のイサウリア族と新皇帝アナスタシオスのあいだに内戦が勃発し、それは六年間（四九二―四九八年）続いた（『戦史』一‐一七‐七他）。

(2)「善と悪に関するあらゆる兆候が夢に出ることは誰もが認めている。あらゆる夢は神から人間に与えられるメッセージであり、事前の警告である」（アクメト・ベン・シリン*著『夢占い』）はすべてのビザンツ人、いや古代から中世におけるすべての人々に共通した理解であったと言えよう。むしろプロコピオスもその例に漏れない。プロコピオスも夢と夢に見る幻視、悪しき兆候としての彗星などを現実のものとして捉えている（『戦史』三‐一〇‐一九）。

(3) アナスタシオス一世帝の逝去後、聖室長官アマンティオスは自らの側近テオクリトスを新皇帝とすべく、エクスクービトール隊隊長ユスティノスに賄賂として選挙資金を渡した。しかしユスティノスはこの資金を自らの選挙のために流用し、首尾良く帝位についた。

文書の内容が何であるのかも理解できなかった。**一三**　当時通称「宮廷法務長官[1]」と呼ばれた官職についていたプロクロス[2]という名前の人物がユスティノスの職務を代行し、この男が何もかも自分の裁量で事を決定していた。**一四**　そして皇帝自身がすべての文書に署名したように見せるために、次のような手段が考案された。**一五**　まず小さな木片にラテン語で四文字[3]の形を切り抜き、次に石筆をインクにつける。そのインクの色は皇帝が署名するときに常に使用する緋色である。**一六**　そして今言った木片と石筆が皇帝に手渡される。すると係りの者がこの木片を文書の上におき、皇帝の手を取って石筆を持たせ、四文字をなぞらせるのである。そして木片に切り込まれた文字の形に従って石筆を動かすのである。このようにして皇帝の署名ができ上がるのであった。

一七　ユスティノスはローマ帝国臣民にとってはそうした存在であった。彼はルッピキナ[4]という名の女と結婚していた。彼女はかつて奴隷であり、蛮族の出でもあった。ルッピキナは以前にユスティノスに買われ、後に彼の内縁の妻となったのである。彼女は晩年になってユスティノスとともに帝位に昇ったのである。

ユスティニアノス一世帝の性格

一八　皇帝としてのユスティノスは、臣民に対しては害をなすでもなければ、臣民の繁栄を図ってやることもなかった。つまり彼は非常に単純で、そのうえ口のきき方もまったく洗練されておらず、その人となりがすべてひどく農夫じみていた。**一九**　ところで皇帝ユスティノスの甥にユスティニアノス[5]という人物がいた。この男はまだ若かったが、ローマ帝国の全支配権を握っていた。この男こそローマ帝国すべての臣民にとっての不幸の元凶となり、その不幸は、全人類が始まって以来誰一人として聞きおよんだことのないほどの種類と規模に及んでいた。二〇 すなわちこの男は、違法な殺人と他人の財産の強奪をいとも簡単にやってのけたし、何一つ理由がないのに何万人という人間を殺戮することを何とも思っていなかった。二一 ユスティニアノスには現在ある諸制度を守ろうという気持ちはさらさらなく、何もかも永遠に改革し続けようとしていた。一言でいえば、このユスティニアノスという男は良き秩序の最大の破壊者であった。二二 私が先の著書で記録したペスト[6]はなるほど全世界を襲ったが、それでもペストに罹って命を落とした人間は、

（1）宮廷法務長官（κοιαίστωρος, ラテン語名 quaestor sacri palatii）はコンスタンティノス一世帝により創設された官職で、本来は法案の原文作成が任務であった。しかし宮廷法務長官は他にも皇帝宛の請願書を処理するなど皇帝の法律顧問あるいは皇帝秘書としての役目も幅広く行なっていた。したがって宮廷法務長官の影響力は宮廷官房長官と肩を並べるほど大きかった（『戦史』一-一一-一一他）。

（2）宮廷法務長官（五二二あるいは五二三—五二五あるいは五二六年か）。コンスタンティノポリスの生まれではあるが、誕生年は不明。元老院議員パウロスの息子。宮廷法務長官に任命されるまでは首都で弁護士として活動。その人柄は公平で、清廉潔白であったが、きわめて保守的で、現存する秩序の変更は好まなかったという（『戦史』一-一一-一二他）。

（3）ラテン語の四文字は legi, すなわち動詞 lego の現在完了形、一人称、能動形で「読んだ、了解した」の意味である。

（4）ユスティノス一世帝の妃エウペミア（在位五一八—五二七年）については本書第六章および第九章に記録されていることがほとんどすべてである。彼女はテオドラと異なり、政治の舞台にはいっさい登場していない。他には彼女が敬虔なキリスト教正統派の信者であり、首都に聖エウペミア教会と修道女のための修道院を建立したことのみが知られている。

（5）ユスティニアノス一世帝については補註Aを参照。

（6）ペストについては二九頁註（1）を参照。

ペストを逃れた人間と同じくらいいたのだ。つまり生き残った人間は、ペストにまったく罹らなかったか、あるいは罹った後で命が助かったかのどちらかであった。二三　けれども、この男の魔手から逃れることのできた人間はローマ帝国臣民のなかには一人もいなかった。それはいわば天から降ってきた禍のようであって、そこから逃れられた者はいなかったのである。二四　すなわちユスティニアノスは、あるときは何の理由もないままに人々を殺害し、またあるときは貧困と闘っていた人々を放置し、死者よりもひどい目に遭わせた。そのため人々は現在の状況を惨めな死で終わらせたいと望んだのであった。事実、この男は何人もの臣民の財産だけでなく、その命をも奪ったのである。二五　ユスティニアノスはローマ帝国を破壊するだけでは足りず、リビアとイタリアを征服したが、それはただただその地の住民を先のローマ帝国臣民と同様に破滅の淵に突き落とすためだけにしたのであった。二六　彼は権力を得てまだ一〇日も経たないうちに、すべての宮廷宦官を支配していたアマンティオス[1]を彼の側近ともども殺害した。その理由たるや、アマンティオスが首都の大神官ヨアンネスに対して何か不謹慎なことを言ったという理由以外は何もなかったのである。二七　それ以後ユスティニアノスはあらゆる人々の最大の恐怖の的となった。その後ユスティニアノスは反乱の首謀者ビタリアノスを呼び戻した。その際ユスティニアノスは彼に身の安全を事前に確約し、キリスト教の秘蹟をビタリアノスとともに受けてもいた。二八　だがその後しばらくすると、ユスティニアノスはビタリアノスには何らかの疑惑ありとして彼に立腹し、宮廷内でビタリアノスをその側近ともども何の理由もないのに殺害してしまった。このようにしてユスティニアノスという人間は、最も神聖な誓いさえもまったく意に介さなかったのである。

第七章

青組と緑組

一　首都の市民は、昔から二つの馬車競技応援団[2]に分かれていた。これについて私は先の著書ですでに述べておいたところである。[3]ユスティニアノス自身はその一つである青組を味方につけていた。青組は以前からユスティニアノスと組んでいたのである。青組はあらゆるものを混乱に陥れ、これ以上はない争乱を引き起こすことができた。ユスティニアノスはそれによりローマ帝国を屈服させたのである。二　もちろん青組全員がこの男の考えに従っていたわけではなく、騒ぎを起こす連中だけがユスティニアノスの言うことを聞

(1) 皇帝アナスタシオス一世下の宦官侍従で、聖室長官（五一三―五一八年）として勢力を振るった。だがユスティニアノスが新皇帝として即位すると、アマンティオスはその一〇日後に粛清された。その理由を修辞学者ザカリアス*『教会史』八-一は、「アマンティオスがユスティニアノス一世帝の正統派信仰擁護の姿勢を厳しく批判したからである」としている。つまりアマンティオスがキリスト単性説派の支持者であったからであるとしている。

(2) コンスタンティノポリスなどの大都会にある大競技場で行なわれた馬車競技のチームである青組と緑組の応援団を指す。応援団については補註Hを参照。

(3)『戦史』一-二四-二以下を指す。

いていたのである。三　けれどもこの連中ときたら、不幸が広がりを見せているあいだ中も自分たちはこの世で一番礼儀正しい人間なのだという印象を世間の人に与えていた。(1)　四　なぜならこの連中ときたら、自分たちに許されている以上の悪事を働かなかったからである。もっとも、緑組の不穏分子たちも大人しくしていたわけではなかった。彼らは、そのたびごとにいつも処罰されてきたにもかかわらず、自分たちにできるかぎりの悪事を働いたのであった。五　だがそれがまた彼らをもっと質の悪い悪事にいつまでも駆り立てることになった。というのも、人というものは違法な扱いを受けると捨て鉢な行動に出るという習性があるからである。六　さて当時青組はユスティニアノスにあおり立てられ、あきらかにあらゆることで焚きつけられたので、全ローマ帝国が根底から揺り動かされ、まるで帝国自身が地震か大洪水に見舞われたか、それとも帝国内のすべての都市が敵に占領されたかのようになった。七　つまり、すべての物が至るところでこの上ない混乱に陥り、今や何一つ元の場所に留まっているものがなくなってしまったばかりか、法律も国家の秩序も混乱を極め、すべてのものが今までとはまったく逆の方向に向かうことになってしまったのである。

フン・スタイル

八　不穏分子たちは、まず初めに自分たちの頭髪を新しく結い変えた。すなわち、彼らは自分たちの髪の毛を一般のローマ市民のそれとは違う形に切ったのである。九　彼らは口髭も顎髭も手を入れず、それらをペルシア人風にいつも長く伸ばしていた。一〇　そして前方の頭髪はこめかみの所で切り落とし、後方ではマッサゲタイ族のように訳もなくただ長く伸ばしていた。それで人々はこうした姿を「フン・スタイル」と呼んだ。

一一　次にこれらの不穏分子たちは、いずれも全員が立派な衣服を身につけることに価値をおき、彼らの身分の者が着るよりもずっと豪華な衣服を身につけていた。一二　それは彼らが違法な行為によりそうした衣服を手にすることができたからに他ならない。彼らの上着の袖は、手首の所で非常に短くなっていて、袖口から両肩までの部分はとても幅広く作られていた。一三　彼らが劇場や大競技場(2)で両手を右や左に振り動かしたり、いつものように大声を出して歓声を上げるたびに腕の袖口の部分が自然に上にあがると、単純な人々には、彼らの肉体が非常に素晴らしく、頑健なので、あのように華やかな衣服を纏う必要があるのだと思わせることができた。けれども彼らは、上着がゆったりと作られ、中が空洞であることの方が、彼らの肉体の貧しさがかえってずっとあからさまになるということまでは考えつかなかった。一四　彼らが着用する上着、長いズボンそれに靴などの大部分のものにはフン族の使う名前が付けられ、その形もフン族のそれを真似ていた。

一五　ほとんどすべての不穏分子たちは、初めのうちは夜間だけそれと分かるように武器を携えていた。そして昼間は両刃の短剣を腰につけ、上着の裏に隠していた。闇が帳をおろすと、彼らは徒党を組んで、上

(1)第九章「首都総督テオドトスの不運」にも同様の記述が見える。

(2)コンスタンティノポリスの大競技場はローマ皇帝セプティミウス・セウェルス帝（在位一九三―二一一年）により建設が始まり、コンスタンティノス大帝により完成された。大競技場については補註Hを参照。

流階級の人間を市場のいたる所や狭い道で待ち伏せし、出会った犠牲者から衣服、ベルト、金製の留め金やその他の所持品を奪い取った。一六　彼らは、自分たちが起こした事件が誰にも知られないように、金品を強奪するだけではなく、犠牲者を殺害してしまう方がよいとも考えていた。一七　青組のなかのすべての穏健な人々はこうした悪行にひどく腹を立てていた。なぜなら、この穏健な人々も彼らの悪行の余波を蒙らないわけには行かなかったからである。一八　そのため大部分の穏健な人々は、以後青銅製のベルトや留め金を使用し、その着ているものも自分たちの身分よりもずっと下層の人々が着るような衣服を身につけていた。というのも、その身を美しく着飾ることで犠牲者にはなりたくなかったからである。また彼らはまだ日が沈まないうちから家に引き籠もり、その身を隠したのであった。一九　こうしたよからぬ状況が長引き、悪事を働く市民を取り締まる官憲からは犯罪者に対して何の配慮もなされずにいたので、これら不穏分子たちの横暴さは永遠に手が付けられないほどひどくなっていった。二〇　なぜなら、彼らの悪事は罰を受けても根絶しえなかったので、その傍若無人な犯行は数限りなく増えていたからである。二一　というのも、大多数の人間はその本性からしていとも簡単に罪を犯してしまうものだからなのである。

青組のライヴァル緑組

二二　さて青組はそんな具合であった。青組と対立する緑組の不穏分子の一部は、青組の不穏分子と一緒になって徒党を組むこともあった。なぜなら、彼らも罪を問われることなく悪事を重ねたかったからである。彼らのうちのある者はよその土地に身を隠した。けれども彼らのうちの多くの者は逮捕され、青組か官憲の手で罰を受け、命を落とした。二三　以前はこうした犯罪には無関係だった多くの若者たちが暴力と悪事を思いのままにできる魅力に引きずられて、こうした不穏分子の仲間に入っていった。二四　この男たちの手によるおぞましい犯罪の名称を一つたりとも挙げることはできないし、この時代に行なわれなかった犯罪は一つとしてなかったし、またその処罰も行なわれなかった。二五　これらの不穏分子たちは、まず対立する不穏分子たちを消してしまうし、次には自分たちに何の危害を加えなかった者たちまでをも殺害してしまったからである。二六　多くの不穏分子たちは、これらの無実の人々を金品で釣り、次には彼らを自分たちの敵であると名指ししておいて、お互いにまったく知らない仲なのに彼らを縁組の者だと言って非難して、すぐに殺害してしまうのであった。二七　その殺人は、暗闇や人知れぬ場所で行なわれたのではなく、一日のあらゆる時間に、また市内のあらゆる場所で行なわれた。そうした犯行は、たまたまそこにいた高位の人々の目の前であっても行なわれたのである。二八　というのも、彼らは自分たちの犯行を覆い隠す必要がまったくなかったからである。つまり、彼らは処罰を恐れる必要がまったくなかったのである。むしろ無抵抗な犠牲者を一撃で死に至らしめるということは、名誉を尊重することと認められ、力と男らしさの証拠を示したこととされたのである。こうした不安に満ちた日々にあっては、誰一人として今後の人生への希望を持つことはできなかった。二九　だれもが自分の死が間近であると予測し、恐怖におののいていた。誰もが自分の命を守るにはどんな場所も安全ではなく、いかなる時間にも保証がないと考えていた。というのは、最も神聖な場所や祝いの集いの時ですら、いとも簡単に殺人が行なわれたからである。そのうえ友人や親族への信頼もまったく失われていた。なぜなら、多くの人が最大限に信頼を寄せている人の悪巧みで命を落としていったからである。

首都の混乱

三〇　けれどもこの種の犯罪に対する捜査は一つとして行なわれなかった。予期していなかった災難が人々を襲い、被害者を助ける者は誰一人としていなかった。三一　法律や協定の効力は不動の地位を失い、すべてがより暴力的な方向に向かい、すべてが混乱に陥った。その結果、国家はまさに専制君主にも似た存在となった。その専制君主たるや地に足はついておらず、日々朝令暮改を行ない、常に新たな開始を命じたのであった。三二　役人たちの決定はまるで恐怖に襲われた人のそれに似ていた。彼らの分別はたった一人の男を恐れて、その男の奴隷となっていたのである。裁判官は争いを起こしている双方についての判決を下すものだが、今やその判決は法と正義に基づいて下されるのではない。判決は、いわば争いを起こしている双方のどちらかが、先の不穏分子たちと親しい仲かそれとも敵対関係にあるのかによって下されたのである。なぜなら、彼らの要求を軽んずる裁判官には、罰として死が待ち受けていたからであった。

三三　多くの債権者たちは、債務者が借金を一つも返済しないのに、強力な圧力を受けたために証文を債務者に渡さなければならなかった。さらに多くの人々は、不承不承自分の奴隷たちを解放しなければならなかった。三四　また噂によれば、女性たちは自分の奴隷から望みもしない多くのことを無理強いされたという。三五　今ではとうとう身分の低からぬ父親の息子たちもこの不穏分子たちの仲間入りをして、父親の気に染まない多くのことを無理に押し通し、金をせびり取ったりしたのであった。三六　この息子たちの多くの者は、嫌々ながらこれらの不穏分子のために神をも恐れぬ伽をつとめなければならなかったが、それは彼らの父親も充分承知のうえのことであった。三七　だが夫と暮らしている妻にも同じような災難が降りかかった。噂によれば、あるときたいへん綺麗に着飾った一人の夫人が夫と一緒に首都の対岸にある町に船で渡ろうとした。二人は対岸への航行中にたまたまかの不穏分子たちに出会ってしまった。彼らはこの夫婦を脅かして、夫を妻から引き離して妻を自分たちの小舟に移した。彼女は不穏分子たちの小舟に乗り移ったが、そのとき密かに夫を勇気づけ、三八「自分の身に何か良からぬことが起きるのではないかと心配しなくてもよいのです。なぜなら自分の身体が汚されるようなことは起きないでしょうから」と言った。そして夫が非常な悲嘆にくれて妻の方を見ているあいだに、彼女は海中に飛び込み、その場ですぐに人間の世界から姿を消していったのである。

三九　かの不穏分子たちは、当時この種の悪行をビュザンティオンで大胆にも行なっていたのである。しかしこの種の犯罪は、ユスティニアノスが国家に対して犯していた犯罪に較べれば当事者を苦しめるという点ではまだ軽い方であった。なぜなら、もし法律や官権による刑罰が常に期待できるなら、悪人たちによるこの上ない苦しみを耐えしのばなければならなかった人々の心からは、違法な行為によりもたらされた苦しみの大部分が取り除かれるからである。四〇　なぜなら、人というものは未来に希望が持てるなら、目下の状況を苦もなく、容易に乗り切ることができるからである。またそれだけに自分たち被害者が国政を司る人たちから虐げられると、彼らは当然のことながらこれまで以上に困難な状況に痛みを覚え、その痛みを何時までも持ち続けるのである。そして犯人に対する処罰が期待できないとなると、彼らには絶望だけが永遠に残ることとなる。四一　ユスティニアノスの過ちは、まず彼が虐げられた人々を保護するつもりがまったくなかっただけでなく、さらに彼がかの不穏分子たちの庇護者であることが誰の目にもはっきりしていても、それが皇帝の地位に相応しくないことであるとはけっして考えなかったことにある。四二　というのも、彼は莫大な額の資金をこれらの若者たちに与え、多数の若者を自分の身の回りに侍らせ、そのうちの何人かを官職に就けたり、別の名誉職に据えたりし、それを当然のこととしたのである。

第八章

愚かな驢馬ユスティノスと辣腕の甥ユスティニアノス

一　このような状況がビュザンティオンでも他のすべての都市でも起きていた。その災いはまるで新たな疫病のように首都から起こり、ローマ帝国の至る所を襲った。二　皇帝[1]は大競技場で起きている事態をいつもその目で見ながらも、この男は何一つ理解していなかったので、こうした状況をまったく心配していなかった。三　というのも彼は非常に愚かな男で、ちょうど手綱を引く人間の後から両耳をしきりに動かして、とことこついて行く愚かな驢馬にそっくりであった。四　そしてこれら悪事のすべては甥のユスティニアノスの仕業であって、彼はそうすることで全世界を混乱に陥れたのである。彼は叔父の跡を継いで支配権を引き継ぎ、国家の支配者となるやいなや、ただちに国庫金を無秩序に、そしてしたい放題に浪費した。五　すなわち、ユスティニアノスは常に姿を現わすフン族に国家のためと言って多額の金をばらまいた。その結果、ローマ帝国の領土はこれら蛮族のたび重なる侵入に曝されることになった。六　なぜなら一度ローマ人の富の味を味わったこれら蛮族は、そこに至る道をけっして忘れなかったからである。(2)　七　ユスティニアノスは、膨大な額にのぼる建築費を費やして、押し寄せる荒波を永遠に力で押さえつけて、海岸沿いに建物をいくつも建てるのが適当と考えた。八　すなわち、彼は海岸に沿って石造りの突堤を海中に築き、(3)黒海からの潮の流れと競ったが、それはちょうど名誉心から富の力を持って海の力に対抗しようとしているかのようであった。九　ユスティニアノスは、ある者たちには犯罪を犯していないにもかかわらず罪を負わせ、また別の者たちには、当人が寄進する意向があるのだと嘘を言って全ローマ帝国臣民の個人財産をわがものとした。(4)　一〇　殺人やその他の、これに類する犯罪で逮捕された多くの犯人たちは、全財

(1)ユスティノス一世帝を指す。

(2)ユスティニアノス一世帝に限らず、ビザンツ諸皇帝は異民族の来襲と略奪、あるいは彼らとの戦闘を事前に避けるために異民族との友好関係を維持し、彼らの慰撫につとめた。そうした慰撫政策は第九章の他にも『戦史』二-三〇他やマララス*『年代記』一八「ユスティニアノス一世の治世」六他）にも見える。

(3)海中に建設された突堤については、『建築』一-一一-一七以下はこう記している。「大きな四角い石を二列に斜め方向に外に向かって海中に埋め、これを次々に海底から海の表面まで積み重ねる。これで突堤ができ、港の入り口は一つとなる。そして突堤の上に角石を乗せ、これを波よけと風よけとした。それで両側の突堤の中では冬に大風が吹いても船は静かな港に停泊することができた」。

(4)ユスティニアノス一世帝は失脚したカッパドキアのヨアンネスの財産を没収し（第二章）、ニカの乱に参加した元老院議員たちの財産を没収し（第八章）、さらには元老院議員ゼノン等の遺産を搾取などし（第十二章）、臣民の財産をも搾取した（第十九章）と本書は伝えている。

産を残らずユスティニアノスに差し出せば、その犯罪に対する処罰を逃れて、逃走することができた。一一　またその権利もないのに隣人と土地争いを起こしはしたが、法の定めるところにより相手から有利な判決を得られない者たちは、係争中の物件を皇帝に献上し、その争いから手を引いてしまうのであった。彼らはこうした損をしないやり方で皇帝から感謝され、この男にその名を知られることになったし、そのうえ最も違法なやり方で相手の有罪を勝ち取ることができたのであった。

第二のドミティアヌスたるユスティニアノス

一二　さて、この辺りでこの男の容姿を素描してみるのも時宜を得たことであると言えよう。彼はずば抜けて背が高くも低くもなく、中ぐらいであった。彼は痩せてもおらず、幾分肉が付き気味であった。彼は丸顔であったが、醜いことはなかった。彼は二日間食事を取らなくても、その顔は紅をさしたようだった。

一三　私が彼の容姿をまとめて述べるとするなら、彼はウェスパシアヌスの息子ドミティアヌスに最もよく似ていた。[1] ローマ人はドミティアヌスの悪事に非常に苦しんだので、彼の身体全体を切り刻んだだけでは怒りはおさまらないと考えていた。それで元老院決議によりこの皇帝の名前は公文書のなかに記録されることは許されず、彼のいかなる像も保存されてはならないと定められた。一四　それ以後彼の名前は、ローマ市内の至る所にある碑文からも、またそれ以外の場所にある碑文からも削り取られ、その名が他の人々の名前の間に入っている場合にも彼の名前だけが削り取られているのを見ることができた。ドミティアヌスの[2]像は、以下に述べる一体の青銅製の像の他は、ローマ帝国領内ではどこにも存在しない。それは次の理由による。

一五　ドミティアヌスの妃は立派な人物であり、あらゆる人々の尊敬の的であった。彼女はいまだかつて誰に対してであれ他人を傷つけたりしたことはなかったし、また夫の行動を快く思ってもいなかった。一六　したがって彼女の人望は非常に高かった。そこで元老院は彼女を呼んで、その望むところを述べるように求めた。一七　すると彼女は次の一点を懇願した。すなわち、夫ドミティアヌスの遺体を貰い受け、これを埋葬すること、および夫のために青銅製の像を製作し、これを自分が希望する場所に立てることを希望したのである。一八　元老院はこの願いを聞き届けた。そこでドミティアヌスの妃は、夫の遺体を切り刻んだ人々の残酷さが後世の記憶に残るように、次のようなことを考えた。一九　彼女はドミティアヌスの遺体の肉片

(1) ユスティニアノス一世帝の容姿について、同時代人であるマララス*は『年代記』一八-一で次のように伝えている。「皇帝の容姿は以下のとおりである。背丈は幾分低めで、胸幅は広く、鼻筋は通り、色白で、縮れ毛で丸顔であった。身体全体の均整は整い、額は禿げていて、顔の色つやは良く、頭髪と顎髭には白髪が混じっていた」。この記述は恐らく壮年から老年にさしかかった皇帝に相当したものと言えよう。他に五四七年完成のラウェンナ市内のサン・ヴィターレ教会のモザイク画やサン・アポリナーレ・ヌオヴォ教会のモザイク画(五五七年)、またコインなどにも肖像画が残されているが、いずれも定型化した描写であってそこから皇帝の容姿を想定することは難しい。むろん現実にユスティニアノス一世帝とドミティアヌス帝（在位八一年九月十四日—九六年九月十八日）の容姿が似ているとは考えにくい。むしろプロコピオスが強調したかったのは、二人の皇帝に共通する暴君としての性格であったと言えよう。

(2) ドミティアヌス帝は謀反を起こした者たちの手で自室で殺害された。同帝の暗殺計画には妃ドミティアも参画していたという。同帝は、伝説的に語り継がれたようにローマ市民の手でその死体を切り刻まれたのではなく、乳母フュリスと埋葬人の手で火葬に付され、その灰はフラヴィア家の墓に納められた（スエトニウス『皇帝列伝』「ドミティアヌス」一七）。

を集め、それらを正確に組み合わせ、お互いに調和させた後、身体全体を縫い合わせた。そしてそれを像の製作者に見せて、青銅の像に夫の悲運を写し取るように命じた。二〇　彫刻家は銅像をただちに完成した。彼女は銅像を受け取ると、それをカピトルの丘に登る坂道の、フォルムから来ると右側に立てた。それで今日までドミティアヌスの容姿と悲運が誰の目にも明らかとなっているのである。二一　そして誰もがこの青銅像に第二のユスティニアノスの全体的な体つき、目つきや彼の表情に現われているすべての性格をはっきりと見て取ることができよう。

ユスティニアノスの奴隷根性

二二　ユスティニアノスの外見は以上のようなものである。彼の性格について私は正確に述べることはできない。なぜならこの男は悪人であり、移り気な性格であるからである。それで人はこういう人間を馬鹿で意地悪な性格の持ち主というのである。この男は話し相手に本当のことを言わないばかりか、いつも別の企みを抱きながら話をし、事を行なっていたのである。けれどもこの男は、彼を騙そうとする相手にはいとも簡単にその術中にはまってしまうのであった。二三　彼の心中には愚かさと悪意が異常な形で混ざりあい、成長していた。それは恐らくかつてペリパトス派[1]の哲人のなかの誰だったかが率直に言っていたように、さまざまな色を混ぜあわせたときと同じように、お互いにまったく相反する性格が一人の人間の本性のなかで一つになるということなのだろう。二四　私が今ここに書いていることは、以前の私では筆にすることができなかったことばかりである。さてこの皇帝は偽善家で、狡猾で、上辺を飾るだけの人間であった。彼が怒ってもその理由は誰にも分からないし、彼の言葉には常に二重の意味が含まれていた。彼は恐ろしい人間である。彼は自分の考えを隠すときには完璧な役者であった。彼が涙を流すのは何らかの喜びや悲しみのためではなかった。彼はそのときの状況と必要に応じていつでもその技術を発揮することができたのである。彼はいつでも嘘をついた。それも考えなくしてただ嘘をつくのではなく、相手との合意を記した文書や最も神聖な誓約を交わした後ででも嘘をついたのである。しかも彼は、そうした嘘を自分の臣下に対してさえもついたのであった。二五　彼は、すでに同意したことや誓約を交わしたことすらもすぐに破棄したのである。それはちょうど一番質の悪い奴隷と同じで、これらの奴隷ときたら目前の拷問が恐ろしいばかりに、交わした誓約を反故にして自白してしまうのであった。二六　ユスティニアノスという人間は、信頼のおけない友であり、和解することのない敵であった。彼は殺人と金銭を熱愛し、何よりも争いと変革をこの上なく好んだ。彼は悪事には容易に誘惑されたが、善き行ないにはまったく耳を貸さなかった。彼は悪事を思いつき、これを実行するには素早かったが、良いことは、それをどこかで耳にするだけでも不愉快であると考えていた。二七　いったいこうしたユスティニアノスの性格を誰が言葉で適切に表現できるというのだろうか。彼にはこの他にももっと沢山の悪徳があり、それらは明らかに人間の本性に反したことでもあった。それはま

(1) 前三三〇年、アリストテレスがアテナイ市内に開いた学派で、師アリストテレス没後に彼の哲学を継承し、解説した哲学者たちをも言う。彼らはとくに哲学、自然科学、歴史およぴ文学に大きな足跡を残し、三世紀まで活動を続けた。彼らは逍遙しながら議論を進めていたことから、逍遙学派あるいはペリパトス学派とも呼ばれた。

るで自然が彼以外のすべての人間の悪い性格を取り出して、それらをこの男の心に移し替えたかのような印象を人々に与えた。二八　それ以外にも彼は中傷にはいともたやすく耳を傾け、それにはただちに罰を与えた。なぜなら彼は一度も事件を正確に審理せずに判決を下してしまうからであった。彼はただ中傷した人間の言うことを聞き取るだけで判決を素早く下してしまうのがよい、と考えていたからでもあった。二九　彼は少しも躊躇することなく公文書を発令し、何の理由もなく領土を占領し、都市に放火し、部族全員を奴隷身分に落としたのである。三〇　それでももし誰かが、ローマ人が大昔から受けた不運をよく考え、それらの不運とこのたびの不運を秤にかけてみると、私の見るところでは、この男による殺人で命を落とした者の数の方が、彼以前の全時代の死者数よりも多いように思われるのだ。三一　彼は他人の財産を恥ずかしげもなく自分のものにするのに何のとまどいも覚えなかった。というのも、彼は正義の隠れ蓑を着ているので、悪事を働いても言い訳などはまったく必要と考えていなかった。そして一度他人の財産をわがものとしてしまうと、彼は愚かな気前の良さからそれらを軽んじ、よく考えもせずにそれらの財産を蛮族にばらまいてしまうのであった。三二　一言でいうと、彼自身は金銭を所有していなかった。だが彼は、他の誰かが金銭を所有しているのを許すこともできなかった。彼はいわば金銭欲の虜になっていたわけではなく、むしろ金銭を所有している人々への妬みに駆られていたのである。三三　彼は軽率にもローマ帝国から富を追放し、すべての臣民に貧困をもたらした元凶となったのである。

第九章

三人姉妹

一　われわれができる範囲で説明すれば、ユスティニアノスの本性とは以上のようなものであった。ユスティニアノスには妻がいた。[1] 私は、この女がいかなる生まれと育ちであったか、またこの男とどんな風に結ばれたか、そして彼女がローマ帝国をいかに徹底的に破壊したかを今から話すことにしよう。二　アカキオスという名の男がビュザンティオンにいた。この男は、大競技場で飼われている動物の飼育係をしていて、緑組に属し、熊の飼育係と呼ばれていた。三　この男は、アナスタシオス一世帝の治世下で病を得て亡くなり、コミト、テオドラそれにアナスタシアという三人の娘を後に残した。このとき長女コミトはまだ七歳にもなっていなかった。四　そこで未亡人となった母親は別の男と再婚した。母親は、今後は新夫が自分と一緒に家のことや亡夫の仕事を継いでくれるものと思っていた。五　ところが、緑組の無言劇の踊り子たち[2]の

(1) ユスティニアノス一世帝の妃テオドラについては補註Bを参照。

(2) 俳優、無言劇の踊り子、楽士などはしばしば売春婦と同義語とされ、その職業は恥ずべきものとされた。踊り子には通例女性や奴隷が役者として登場し、一人あるいは複数で舞台に立った。踊りの題材はギリシア神話などから取り、司会役が踊りの主題を説明することもあった。踊り子は人間や動物の動作をまね、踊り子の踊りにあわせて合唱隊が内容を説明するなどした。だがその踊りには過度に性的な表現が多かったために教会や聖職者たちから反発を買った。また踊り子は道化師としてどたばた喜劇を演じることもあった。

責任者であるアステリオスは別の人間から賄賂を貰い説得されて、テオドラの母と新夫を今までの勤め口から外して賄賂を貰った人物に飼育係の職を簡単に与えた。それは踊り子の責任者にはそうしたことを自分の思いのままにする権限があったからである。六　母親は、大競技場にある動物の見せ物小屋に全市民が集まるのを見ると、三人の娘たちの頭と両手に包帯を巻き、助けを乞い求めようとそこに座らせた。七　だが、緑組の団員たちはこれを見ても救いの手を差し伸べようとしなかった。ところが青組ではつい先頃自分たちの飼育係が亡くなったので、この親子を飼育係として引き取った。八　この三人の娘が成長すると、母親は娘をすぐに三人ともそこにある劇場の舞台に出した。それは三人とも人並み以上に容姿端麗な美女だったからである。もっとも三人をいっぺんに舞台に出したわけではない。それぞれの娘が舞台の仕事に充分向いた年頃になったと母親が判断してから順番に舞台に出したのである。九　長女コミトは、もうこのときには彼女の売春婦仲間ではその名が知られていた。次女テオドラは奴隷身分の少女に相応しい、長袖で丈の短い洋服を着て、姉に付き従い、あらゆる雑用をこなしていた。そして彼女は人々が集まる場所で姉がいつも座ることにしているベンチを肩にかついでいた。一〇　この頃のテオドラはまだ年が行かなくて男と寝たりすることはできず、また女性として男性と交わることはまったくできなかった。とは言えテオドラは、質の悪い男たちに一種の男性の娼婦として猥褻な行為をしていた。それも主人のお供で劇場にやってきた奴隷たちともそうしたことをやっていたのである。奴隷たちは、そのような絶好の機会にあいま仕事として恥ずべき行ないをしていたのである。テオドラはかなり長いあいだ自分の肉体を自然に逆らって使いながら、売春宿で時を過ごしていた。

無言劇の踊り子

一一　テオドラは成長し、一人前の女性として成熟すると、すぐに舞台に上がり、昔の人の言う「徒歩で行く売春婦[1]」となった。一二　テオドラは笛を吹けるわけでもなく、竪琴を弾くこともできず、ましてや踊り子としての教育も受けていなかった。テオドラはただその美貌を売り物にして、出会った男たちの袖を引き、自分の肉体をめいっぱい使っていたのだ。彼女はただその美貌を売り物にして、出会った男たちの袖を引き、自分の肉体をめいっぱい使っていたのだ。一三　のちに彼女は劇場で無言劇の俳優の仲間入りをし、他の踊り子たちと一緒になってあらゆる役を演じ、おどけ芝居のおどけ役を演じたりした。なぜなら彼女は非常な美人で、機知に富んでいたので、無言劇の踊り子としてすぐに人気が出たからである。一四　この女は恥というものを知らなかったし、誰一人として、彼女がかつて何かを恥ずかしいと思うところを見た者はいなかったのである。彼女はどんな恥知らずな役でも少しも臆さずに引き受けた。彼女は鞭で打たれたり、頬を叩かれたりしてもふざけて、大声で笑い出すという性格の持ち主だった。彼女は、身体の前にも後ろにも何もつけずに自分の裸をだれかれなく見せたが、そこは通常は男性の目には触れず、隠されてあるべき箇所で

(1) 当時の売春婦には二種類あったことが知られている。一つはヘタイライ（「同伴の女性」）と呼ばれる女性たちで、彼女たちは笛を吹き、踊りも巧みで、文学や芸術にも通じ、男性たちとの宴席に同席しても目障りではない存在とされた。古典ギリシア時代のアスパシアがその最も有名な例とされる。これに対して「徒歩で歩く売春婦」とは、こうした教養のない、収入を得るために肉体を提供する売春婦（「ポルナイ」）であった。プロコピオスはテオドラがこうした下級売春婦であったという。

あった。

一五　テオドラは言い寄る男たちとふざけ散らし、怠惰な生活を送り、若者にはいつも淑女の振りをして、新しい性の技巧を駆使して放埒な男たちの心を常に捉えることができた。彼女は誰からも誘惑されることを好まず、それどころか逆に彼女の方からふざけたり、下品な道化役者よろしく腰を左右に揺すったりしながら、彼女の術中に陥った者を誰でも、とくに青年たちを誘惑したのであった。一六　というのも、彼女ほどあらゆる欲望の虜になった女はこれまで一度として存在したことがなかったからである。彼女は多くの客が集まる宴会に何度も参加して一〇人の若者、いやそれ以上の人数の者と一緒になり、この体力のあり余った、性の楽しみだけを追い求める若者たちや、宴会の客たちと一晩中性の楽しみを追い求めた。そして誰もが性を追い求めることに疲れてしまうと、テオドラは彼らの奴隷たちの所に行き、ちょうどその場に居合わせた三〇人もの奴隷一人一人と寝たのであった。それでもテオドラはこうした淫らな行ないに満足することはなかった。

一七　さて、次のような噂もある。あるときテオドラはある高貴な人物の家に出かけた。彼女は酒宴の最中に、みんなの見ている前で寝椅子の足の上に立ち、何の造作もなく着ているものをたくし上げ、次に自らの放埒さを見せびらかしても、それを何とも思っていなかった。一八　彼女は自分の職業では三つの穴を使っていたが、それでも自然を非難した。彼女はもし自分の両方の乳房が広くて、そこに穴があいていれば、もっと別の性の技巧を考え出せたのにと心中腹を立てたという。一九　彼女は何度も妊娠したが、ほとんど毎回のようにありとあらゆる技術を駆使してすぐに堕胎することができた。

二〇　テオドラは何度となく劇場のすべての観客の目の前で着ている衣服を脱ぎ捨て、舞台の真ん中で裸のままで立ったことがあった。そんなとき彼女は秘所と腰に布きれだけを着けていたが、彼女自身は観客に秘所を見せるのを恥ずかしいとは思っていなかった。彼女がそうするのは、素っ裸で舞台に立つことは誰にも許されず、腰に布きれを着けていなければならなかったからである。彼女はこうした格好で仰向けになって舞台の床に横になった。二一　するとこうした仕事をすることになっていた何人かの男たちがテオドラの秘所の上に大麦を撒いた。次にはそのために準備された数匹のガチョウがくちばしで大麦を一つずつ啄んで、食べた。二二　彼女はこうした役を恥ずかしく思い、とまどうどころか、立ち上がると逆にこうした役を自慢にしているような素振りを見せた。なぜなら、彼女は自分自身が恥知らずなだけでなく、他のすべての人間にもきわめて悪質な方法で恥を感じさせなかったからである。二三　彼女は何度となく仲間の無言劇の踊り子たちと一緒に裸で舞台に立ち、下腹部を前にせり出したり、尻を後ろに突き出したりして、すでに自分を知っている者やまだ知らない者たちに手慣れた寝台での技術を誇らしげに披露したのである。二四　この女はこれほど放埒に自分の肉体を使って欲望に溺れていたので、彼女の恥部は他の女性のように自然の定めた場所にあるのではなく、まるでその顔についているようであった。二五　こうしたことから彼女と関係を持った者たちには、自分たちが自然に反する行為を行なっていたことがただちに明らかになった。礼儀正しい人たちは、たまたま市場で彼女に出会ったりすると、大急ぎで脇道に入り、引き返すのであった。それは、この女の衣服に触れるだけで、自分も彼女の汚れた行ないに参加したのだと人々に思われないためであった。二六　とくに早朝テオドラに出会った人々は、これを悪しき前兆とした。彼女は、仲間の踊り子たちに対していつもサソリにも似て、この上なく意地悪な態度で接していた。それは彼女があらゆる面でとても嫉妬深かったからである。

遍歴の売春婦テオドラ

二七　後に彼女はペンタポリスの長官で、テュロス市出身のヘケボロスの唾棄すべき欲望にその身を任せ、彼に従ってペンタポリスに行った。しかし彼女はこの男と仲違いをし、すぐに彼のもとから飛び出した。そのため彼女は生活苦に陥り、以後はこれまでどおりその肉体を違法に使うことで生活費を稼いだ。二八　まず初めに彼女はアレクサンドリア市(1)に赴いた。後には東方全域を遍歴し、ついにビュザンティオンに戻った。そしてその道中で彼女はすべての町でこれまでの仕事をしていたのである。私の思うところでは、彼女の行ないの一つひとつを一度でも数え上げようとする者は神の恩寵を受けることはないであろう。それはまるで悪魔が地上のいかなる場所であれ、一つでもテオドラの淫行とは無縁でいることを許さないかのようであった。

二九　いずれにせよ、この女の出生と生い立ちはこのようなものであった。彼女は多くの売春婦とすべての人々にその悪名が知られるようになった。三〇　彼女が再びビュザンティオンに戻ると、ユスティニアノスはすぐに彼女にぞっこん惚れ込み、初めは情婦としていたのに、後には彼女を貴族身分に引き上げた。三一　それによりテオドラはすぐにたいへんな権力とむろんそれにふさわしい莫大な財産を手に入れることができた(2)。それは、相手をこの上なく愛する者は誰でも相手の気に入ることをすべて行ない、持っている金をすべて相手に与えて恋人を喜ばせるのを最上のことと思うからである。**三二**　けれども国政そのものが二人の愛を燃やす燃料であると言えた。今やユスティニアノスは、テオドラと共謀してビュザンティオン市民だけではなく、全ローマ帝国の臣民を今までとは比較にならないほどの破滅に追い込んだのである。**三三**　つまり、二人は以前から青組の会員で、青組の不穏分子たちに国政においてもとてつもない自由を与えていた。**三四**　ずっと後になってようやく彼らの極悪な行ないの大部分が鳴りをひそめたが、それは次のような事情があったからである。

(1)ローマとコンスタンティノポリスに次ぐ第三の大都会で、東地中海世界における政治、経済、文化および信仰の中心地であった。詳細については補註Ⅰを参照。

(2)テオドラがいつ貴族身分に引き上げられたかについて史料は沈黙している。推定される時期は、彼女がヘケボロスとの破局の後に首都に戻った後と推定される。彼女が首都に戻った時期は不明ながら、恐らくユスティニアノスが首都駐屯歩兵・騎兵両軍総司令官であった時期、つまり五二〇年と五二七年四月一日以前のあいだと思われる。この時期にテオドラはユスティニアノスの内縁の妻となり、貴族身分を得て、ついには妃となるのである。妃となってからのテオドラはカッパドキアに領地を与えられ、五〇ポンドの金の収入を得た（『修正勅令』三〇-六）。さらにヘレノポントス（同二八-五）とパプラゴニア（同二九-四）にも領地を与えられた。そしてそれらの領地を管理するための管理官が置かれた。また彼女は妃として首都にホルミスダス宮殿を所有した。

首都総督テオドトスの不運

三五　あるとき、ユスティニアノスは何日も病床に伏せったことがあった[1]。このときの病状は非常に危険であったので、皇帝の死の噂が囁かれるほどであった。ところが、かの青組の不穏分子たちは今述べてきたような犯罪を行ない、身分の低からぬヒュパティオスとか言う人物をハギア・ソフィア大神殿の中で、しかも昼ひなかに殺害したのである。三六　この殺害事件が起きると、衝撃の一報がただちに皇帝にもたらされた。ユスティニアノスの側近たちは皇帝が政務を離れていたのを利用して、この事件の異常さをとくに強調し、今まで行なわれてきたこの種の犯罪を初めからすべて数え上げていった。三七　そこで皇帝はあらゆる犯行の犯人たちを処罰するように首都総督[2]に命じた。このときの首都総督はテオドトス[3]といい、渾名を「小さなカボチャ」と言った。三八　彼は今までの犯罪事件をすべて詳細に調べ上げ、多くの犯人を捉え、彼らを法に従って処刑することができた。だがその他の多くの犯人たちは隠れおおせて、逃げ延びることができた。三九　後日彼らはローマ帝国の国政をともに崩壊させることになるのである[4]。ところで皇帝は大方の予想をまったく裏切って健康を取り戻した。すると皇帝はまず首都総督テオドトスを魔術師と毒薬調剤師の罪で処刑しようとした。四〇　けれどもユスティニアノスにはこの人物を処刑するための適当な口実が欠けていたので、何名かの彼の親類をこの上ない残酷な拷問にかけて、無理矢理に彼に対する虚偽の証言をさせた。四一　誰もが表面ではテオドトスに会うのを避けたが、陰では黙って彼に仕掛けられた陰謀を気の毒に思っていた。ここにただ一人、宮廷法務長官の地位にあったプロクロス[5]だけが、この人物は犯罪とはいっさい無関係であり、死刑には該当しないと言明した。四二　そのためテオドトスは皇帝の裁可によりイェルサレム

（1）ユスティニアノスが病床にあった時期はテオドトスが首都総督であった時期でもある。マララス*『年代記』一七-一二によれば、その時期は第一インディクティオの年、すなわち五二二年九月から五二三年八月である。したがってユスティノス一世帝の治世下であったことになる。

（2）ローマ市の市総督にあたり、コンスタンティオス帝により創設された。皇帝直属の高級官僚で、首都の父とも呼ばれ、特別区としての首都の行政と司法全般を管轄した。市内の公序良俗と治安維持、物価の安定と食糧の配給と備蓄、違法外国人の取り締まり、同職組合の監督と管理等々を行ない総督代理、主計官、地区裁判官、検閲官、補佐官、百人隊長、監察官、同職組合理事長、地区行政官、公証人、度量衡管理官、沿岸警備隊長などの下役人たちを従えていた。

（3）首都総督（五二二—五二三年）。本書第九章の記録と異なり、マララス*『年代記』一七-一一は次のように伝えている。「テオドトスは不穏分子の一人である裕福な元老院議員テオドシオスを独断で、皇帝に報告せずに撲殺した。そのため彼は皇帝の不興を買い、その職を罷免され、東方に赴くように指示された。それは第三インディクティオの年であった（五二四年九月—五二五年八月）。彼はイェルサレム市に逃れ、そこに身をひそめた」。ニキウのヨアンネス*『教会史』九〇-二三もマララスと同じ記録を残している。

（4）この箇所の意味はやや不明で、原文が損なわれており、正しい校訂が不可能とされている（Dewing, p. 115 (1); Williamson, p. 87 (1)）。

（5）第六章（五三頁註（2））にある、アナスタシオス一世帝下の法務官プロクロスと同一人物と思われる。

市[1]に移送された。彼はこのイェルサレムの町にも何人かの刺客が入り込み、彼を殺害しようとしていると知ると、以後はその死に至るまで聖なる場所に身を隠して暮らした。

四三　テオドトスの事件とはおよそ以上のようなものであった。不穏分子たちはこの事件以後は誰よりも一番賢い人間に成り変わった。四四　つまり、彼らは今では誰からも違法な行為を指弾される危険がなくなったにもかかわらず、その種の無法な犯罪を控えるようになったのである。四五　これには次のような証拠がある。すなわち、後日ほんの数名の不穏分子たちが同じような大胆な犯罪を犯したが、彼らに対しては何の処罰も行なわれなかったのである。四六　なぜなら、こうした違法行為を処罰する権限を常に帯びた裁判官たちが、この種の恐ろしい犯罪を引き起こした犯人たちを放置し、犯人たちが人目につかず、自由に逃げ隠れできるようにしたからであった。それにより裁判官たちは、不穏分子たちが法律を土足で踏みにじるのを許すことにさえなったのである。

ユスティニアノスの叔母エウペミア

四七　ユスティニアノスは妃[2]が生きているあいだは、どうしてもテオドラを婚姻上の妻の座に据えることができなかった。彼女は、テオドラのこと以外ならば何一つ彼に反対したことはなかったのに、この一件に関してだけはまったく譲ることはなかった。四八　彼女は悪意などまるでない女性であったが、ただ前にも私が書いておいたように、彼女は非常に粗野で、また蛮族出身でもあった。四九　したがって彼女にはいかなる能力もなく、経験もなかったので、国政にはまったく関与しなかった。彼女の本来の名前があまりに嘲笑の的となっていたので、彼女は宮廷に入ると、その名をエウペミアと改名した。だがその後しばらくして妃は亡くなった。五〇　ユスティノス一世帝は愚鈍で、高齢になりすぎていたので、重臣たちからは笑い者にされており、また政務にはまったく通じていなかったので、誰からも非常に軽んじられていた。だが、どの家臣もユスティニアノスに対しては大いに恐れ敬って仕えていた。それはこの男があらゆるものをたえず掻き乱し、混乱させ、すべての人々を次々に追い立てたからであった。五一　この頃彼はテオドラと結婚しようとしていた。しかし、元老院議員の身分にある者は売春婦と結婚してはならない、という法律が昔から

(1)古くはカナン人の町であったが、前一〇〇〇年頃ダヴィデに占領され、最初はヘブル王国の、次にはユダ王国の首都となった。そして前五八七年のバビロンの捕囚後に町は再建され、ペルシア、ギリシアそしてローマ時代を通じてユダヤ人にとっては最も神聖な町となった。ユスティニアノス一世帝下のイェルサレム市は属州第一パレスチナの州都であり、イェルサレム総主教座がおかれた。イェルサレム総主教座はカルケドン公会議で五つあるキリスト教界のなかの第五位を占めることが議決され、五九の主教座を管轄した。同総主教は教会政策や宗教論争では格段の役割を果たすことはなく、むしろその名声はキリストゆかりの巡礼の地として名高かった。ゲッセマネの園、カイアファスの館、ピラトゥスの公邸、ダヴィデの塔や聖墳墓教会などの他に真の十字架の一部を初めとする聖遺物を多く所有していた。ユスティニアノス一世帝は聖母マリアに捧げた市内最大の新教会を建立した。

(2)ユスティノス一世帝の妃エウペミアを指す。彼女は即位以前にはユスティノスの内縁の妻で、ルッピキナという名であった。五三頁註(4)を参照。

あったので、彼はユスティノス一世帝を動かして、新たな法律[1]を発布させた。その結果、ユスティニアノスはテオドラを正妻として迎えることができた。また他のすべての人々にも売春婦との結婚を可能にした。この暴君はすぐに皇帝権を手中に収め、偽の口実を使って自分の暴力行為を隠蔽した。五二 なるほど当時国政に影響力のあった人々は、誰もが彼を叔父ユスティノス一世帝の共同皇帝に選んだ。しかし、彼らがこの決定を下したのは、ただただ極度の恐怖心に駆られていたからであった。五三 こうしてユスティニアノスとテオドラは復活祭の三日前に皇帝位を得た[2]。その時期と言えば、誰もが友人を家に迎えることも、また友人に「平和の挨拶[3]」を述べることも許されない時期であった。そのわずか数日後、ユスティノス一世帝は病が原因で亡くなり、その治世は九年に及んだ。その後ユスティニアノスがテオドラと共に皇帝権を握った[4]。

第十章

女帝テオドラ

一 さて、テオドラは以上述べてきたような生い立ちと成長をとげ、他人からものを教えられてきた。そして彼女は誰からもまったく邪魔されずに妃の位にまで昇った。二 もし彼女の夫が全ローマ帝国中から妻を選び、並み居る女性のなかで一番高貴な生まれで、人には知られずとも教育も受けており、恥も充分に心得ており、理性もあり、そのうえ絶世の美女であって処女、俗に言う「尖った乳房」の持ち主[5]であるような女性を妻に選んでいれば、夫は不遜であるとの悪評を受けることもなかったであろうに。三 けれどもこの男は、自分が世界中の人々から公然とおぞましい存在であるとされても、それをまったく気にせず、これまで述べてきた悪行を何一つ隠すこともしなかった。そして多くの汚点に汚され、自ら進んで妊娠中絶をし、何度も進んで子殺しをしたような女に甘んじたのであった。さて、これ以上この男の性格について記憶に留めておくべきことはもう何も残っていないと私は思う。**四**　なぜなら、この結婚生活はこの男の心の動きをすべて充分すぎるほど明白に映し出したからである。この結婚生活こそユスティニアノスの性格を説明する

---

(1)三三六年にコンスタンティノス大帝は法律で元老院議員が売春婦や踊り子などの卑しい職業についていた者と結婚することを禁じた（『ユスティニアノス法典』五‐二七‐一）。ここで述べられている「新たな法」とは五二〇―五二三年にユスティノス一世帝により発令された「結婚について」（『ユスティニアノス法典』五‐四‐二三）を指す。この法律により先のコンスタンティノス大帝の法令は無効となった。しかし妃エウペミアは五二七年に逝去しているので、上記の二つの法令は該当しないことになる。またテオドラが五二七年以前に貴族身分を得ているのであれば、彼女とユスティニアノスの結婚に先の法律は必要とされないことになる。「新たな法」とこれについてのプロコピオスの説明には誤解がある。

(2)ユスティニアノスは五二七年四月四日にユスティノス一世帝の共同皇帝に即位し、テオドラも妃の地位を得た。この日は復活祭の三日前の聖木曜日であった。プロコピオスはこの日は祝祭を控えるべきであるのに即位を行なったとしてユスティニアノスとテオドラを非難する。

(3)『ルカによる福音書』二四‐三六の「イエスはそして『安かれ』と言われた」による。

(4)ユスティニアノスが共同皇帝として即位したのは五二七年四月一日であり、正帝として即位したのはその四ヵ月後の五二七年八月一日、すなわちユスティノス一世帝が逝去した日である。したがって本文におけるプロコピオスの記録は誤りである。

(5)理想の花嫁の持つ特性の一つとしての「尖った乳房の持ち主」という表現は、スタティウス著『シルウァエ』一‐二‐七〇による。

通訳であり、証人であり、またその伝記作者ともなったからだ。五　なぜなら、およそこれまでの自分の行動に羞恥心を覚えることもなく、自分が誰にとってもおぞましい存在であることも気にかけないような人間には、違法な道なら進めない道はなく、彼は恥知らずという文言を常に額に刻み込み、いとも簡単に、そして何の苦もなく最も汚れた行ないに突き進んだのである。六　むろん元老院議員のなかでも誰一人としてローマ帝国がこうした屈辱的な惨状に陥っているのを見て、これに憤慨し、こうした事態に終止符を打つべきである、と考える者はもちろんいなかった。いやそれどころか、どの元老院議員もテオドラに対してまるで神に対するかのように跪くだけであった。七　また神官のなかにも誰一人としてこうした状況を明らかに嘆く者はいなかった。逆に彼らはテオドラに「女帝[1]」と呼びかけようとする始末であった。八　以前はテオドラの観客であった一般大衆も、恥ずかしげもなく自分たちはいずれも名実ともにテオドラの奴隷である、と手のひらを返したように明言した。九　軍人も、たとえ自分たちがテオドラの利害のためだけに戦場の危険を冒すことになっても、誰一人として彼女に腹を立てる者はいなかった。いや、それ以外にもテオドラに反対の立場を取る者は誰一人としていなかった。私が思うに、誰も彼もがこうした屈服した態度を取っていたので、この惨状は行き着くところまで行ってしまったのである。それはまるで運命の女神テュケが自分の力を誇示しているかのようであった。運命の女神は、人間世界での出来事をすべて支配しているので、それらの出来事が道理に適っているかとか、あることがある人物には不合理に見えるのではないかとかいうことを少しも気にかけないのである。一〇　確かに運命の女神はその計り知れない魔力を使って突然ある人物を非常な高みに持ち上げるが、その際に多くの障害があるように見えたとしても、誰もこの女神の行動に反対することはまったくできないのである。いやそればかりでなく、誰もが運命の女神には進んで一歩退き、道を譲り、身を任せるので、運命の女神は予定した道をどこへなりともあらゆる手段を使って進むことになるのである。けれどもこれについては、読者各人が神の意に適うように振る舞い、意見を述べるがいい。

一一　テオドラの顔は美しく、それ以外にも彼女は優雅であった。身長は低めで、皮膚の色は特別というほどではないが幾分青白かった。ひそめた彼女の眼差しはきつく、常に鋭かった。[2]　一二　テオドラの舞台生活のすべてを語るとなると、永遠という時間ですら不足しよう。私は前章でこの女の性格についていくつかの事例を集めておいたので、私はそれを手がかりに彼女の本性を後世の人々には十二分に明らかにしたことと思う。一三　さて、次にわれわれはテオドラとユスティニアノスの行動を手短に述べておこう。というのも、この二人は相手との合意なしには何も決定しなかったからである。一四　二人は、長いあいだそれぞれの行動と考えはいつもお互いに正反対なのだという印象をすべての人に与えていた。[3] ところが後になると、二人が用意周到に共同で計画を練っていたことが知れ渡った。それは家臣たちが共同して二人に対抗しない

---

(1) 本来は「女主人」を意味する *δέσποινα*（男性形では主人、*δεσπότης*）（ラテン語の domina, dominus にあたる）は、奴隷（*δοῦλος*, ラテン語の servus）に対して使用された。本文では、臣民や家臣すべてが妃の奴隷であり、妃が女帝であることを示唆している。

(2) テオドラが絶世の美女であり、魅力的な女性であったことはプロコピオスも認めるところであった（第十章）。その面影はラウェンナ市内のサン・ヴィターレ教会の有名なモザイク画やミラノ市内のカステル・スフォルツェスコ所蔵の彼女の胸像および『建築』一-一一に見ることができよう。

(3) 同様の記述は第二十七章「アレクサンドリア市における異端派信徒の処刑」にも見られる。

ための策略であった。つまり、皇帝と妃に関する家臣たちの意見は分断させておいた方がよい、と二人は考えたのである。

テオドラとユスティニアノスの共謀

一五 まず初めに二人はキリスト教徒を二分してしまった。[1] 二人は論争に際してお互いにまったく逆の立場を取るように見せ、すべてのキリスト教徒を分裂させてしまったのである。私はこの件について後段で述べようと思う。[2] 一六 二人は時が経つと不穏分子たちも二分してしまった。テオドラはその際全力を投入して青組に肩入れする気配を見せ、対立する緑組の不穏分子たちには好き放題にさせ、好きなだけ悪事を働かせ、最も質の悪い暴力沙汰を起こさせた。一七 これに対してユスティニアノスは、自分はこうしたことについては不満で、密かに怒っている様子を見せたが、テオドラの言うことには反対できないのだとしていた。二人は何度も見せかけの主導権を交換し、それぞれが相手とは反対の道を歩んだ。一八 つまり、ユスティニアノスが犯罪を犯した青組を処罰することになると、テオドラは口では怒って見せても、自分は仕方なく夫に従っているのだ、とさも不満げに説明するのであった。

一九 青組の不満分子たちは、先にも私が述べたように、[3] きわめて理性的な人間であるかのような印象を世間には与えていた。事実、彼らは隣人に危害を加える機会があったとしても、それを利用するようなことはしなかった。裁判では皇帝と妃は被告か原告のどちらかに味方をする様子を見せるが、当然のことながら違法な陳述をする者が裁判に勝つのである。このようにして二人は、裁判に訴えた双方から係争額の大半をせしめることができたのである。二〇　皇帝は自分の多くの側近たちには自由に暴力沙汰を起こさせたり、好きなだけ国家に損害を与えさせたりした。けれども家臣が大金持ちになった様子が見えると、その家臣はただちにこの女の不興を蒙り、彼女の敵とされてしまうのであった。二一　ユスティニアノスは当初こうした家臣の面倒を非常に熱心に見ていたが、後になるとこうした家臣を庇護する姿勢を変え、その熱意も突然衰えた。二二　するとすぐにテオドラが彼らを再起不能なまでに追いつめた。ユスティニアノスは表向きはこうしたことについては何も知らない振りをしたが、実際はこの種の被害者の財産をすべて没収し、恥も外聞もなく奪いと取ってしまったのである。二三　二人はこうした策略を常に弄して、お互いに示し合わせ、表面では明らかに争っているように見せて家臣たちを分断し、自分たちの専制政治をこれ以上はないほど確固不動のものとすることができたのである。

---

(1)夫であるユスティニアノス一世帝が正統派信仰を熱烈に支持したのに対して、妻テオドラは異端派であるキリスト単性説を擁護したことはよく知られている。エウアグリオス・スコラスティコス*『教会史』四-一〇は、「夫ユスティニアノスがカルケドン公会議の決議を支持したのに対して、テオドラはキリスト両性説に反対し、キリスト単性説派信徒を擁護した」と述べている。テオドラがホルミスダス宮殿内にキリスト単性説派の修道士たちだけのための修道院を建立したことはよく知られている。

(2)プロコピオスはユスティニアノスがキリスト教徒を正統派と異端派に分裂させた原因と経緯を後に執筆しようとしていたのかもしれない。しかしその計画は実現されることはなかった。七頁註(2)を参照。

(3)第七章「青組と緑組」と第九章「首都総督テオドトスの不運」を指す。

第十一章

改革の権化ユスティニアノス

一　さてユスティニアノスは即位するとすぐにすべての秩序を混乱に陥れることができた。すなわち、彼はこれまで法律で禁止されていた事柄を国政に取り入れて、今まで慣れ親しまれてきた現在の諸制度をすべて破棄してしまったのである。それはちょうどありとあらゆる物を別の形に作りかえるために彼の帝位が登場してきたかのようであった。二　つまり、彼は従来の諸官職を廃止して、あらたな諸官職に国政を任せた。彼は同じくいくつもの法律や軍の部隊にも同じようなことをした。それも正義や国益のためにしたのではなく、ただただすべてを新しくし、その新たなものに自分の名前をつけたいがためであった。しかし彼は目下のところは変えることができないものについては、少なくとも自分の名前だけはつけさせた。

蛮族の跳梁

三　彼は他人の財産を没収したり、他人の命を奪うということに関しては、いまだかつてこれで満足したということがなかった。彼は無数の富豪の家屋敷を荒らし尽くした直後には、もう別の富豪の家を物色するという具合であった。彼は先に強奪した金銭をすぐにあれやこれやの蛮族や、あるいは意味のない建物を建てるために浪費してしまうのであった。**四**　彼は同じように数え切れないほど多くの人間をいわば何の理由もなく殺しておいても、すぐにまたそれよりも多くの別の人々に悪質な罠を仕掛けて殺害するのであった。五　ローマ人は全世界の人々と平和に暮らしていたので、そこでは彼も自分の殺人欲を満足させることができなかった。それで彼はあらゆる蛮族同士をお互いに争わせた。彼は特別の理由もないのにフン族の族長たちを呼び寄せて、ばかげた気前よさを見せ、彼らに莫大な額の金銭をばらまいた。そしてこうするのは、これで彼らとの友情が保証されるからなのだ、と口では説明した。彼は先帝ユスティノス一世帝の治世下でも同じことを言って、これを実行したという。六　ローマ人の金貨を手に入れた蛮族は、別の蛮族の族長たちをその部下ともども送りこんできて、この皇帝の支配する領土を奇襲するように説き勧めた。そうすれば彼らも平和の取引には喜んで応じるこの人物に平和を高く売りつけることができたからである。七　こうして蛮族たちはローマ帝国を自分たちの奴隷にした。だが、彼らはそれとは別に皇帝から報酬も受け取ったのである。別の蛮族の族長たちもこれらの蛮族の後を受け、すぐに不幸なローマ人の土地を略奪するためにやってきて、そのうえ、自分たちの略奪品の他に襲撃の報酬として皇帝から莫大な贈り物まで貰ったのである。八　このようにして彼ら蛮族は、一言でいえば、いかなる機会をも逃さず、交代でありとあらゆるものを略奪し、奪い去った。九　というのもこれら蛮族たちはそれぞれの族長の下でいくつものグループに分かれていたので、ローマ人は彼らと順繰りに戦うことになったのである。その原因はこの皇帝の無意味な気前よさにあった。それで彼らとの戦いには終わりがなく、戦いは永遠の堂々巡りをしたのである。一〇　そのため、この時代にはいかなる土地や山、洞窟あるいはそれ以外のローマ人の領土も彼らに荒らされなかった所はなく、多くの領土は五回以上も彼らの略奪にあった。一一　さてこうしたことやメディア人、サラセン人、スクラベノイ人、アンタイ人およびそれ以外の蛮族との戦いについて私はすでに先の著書に記しておいた。(1)けれども本書の冒頭であらかじめ予告しておいたように、(2)私はこれらの出来事の真相をここに述べておく必要があると思っている。

一二　ユスティニアノスは、平和を維持するためとして莫大な量にのぼるケンテナリアの金をホスローに与えた。(3)だが彼は、勝手気ままに、よく考えもせずにペルシアとの協定を無効にしてしまう最大の責任を今は負うこととなった。つまり彼はアラムンダロスとペルシア側についていたフン族をローマの盟友とすべく働きかけ、彼らをローマの支配下に置こうと努力したのである。これについて私は先の著書で包み隠さず述べておいた。(4)一三　彼は数々の戦争や騒動によりローマ人に不幸をもたらし、その不幸を増大させてきた。それは彼が唯一次のことを望んでいたからに他ならない。すなわち彼は多くの奸計を駆使して、この地上を人々の血で溢れさせ、より多くの財宝をわが物にすることと、それ以外の臣民を大規模に殺害することを目指したのである。そのため彼は次のようなことを考え出した。

異端諸派への迫害と強制改宗

一四　全ローマ帝国内には多くの非難さるべき教えがあり、それらの教えは異端と呼び慣わされた。それらはモンタノス派(5)とサッバティアノス派(6)である。人々の考えはまたそれ以外の多くの異端派の教えにも惑わされていた。(7)一五　彼はこれらすべての異端派信徒に対して彼らが先祖から受け継いできた教えをすべて改めるように命じた。彼は命令に従わない異端派信徒には多くの脅しをかけ、さらにはすべての財産を子供た

ちや親戚に残すことがまったくできなくなると脅迫した。一六　これらのいわゆる異端派の神殿、なかでも

(1)ペルシア人については『戦史』一-一四-四七他、サラセン人については同一-一七-四七他、スクラベノイ人については同六-一五-二他、アンタイ人については同七-一四-二九他を参照。

(2)第一章「執筆の動機」を参照。

(3)ユスティニアノス一世帝が「永遠の和平条約」締結時(五三二年)にホスロー王に支払った一一〇ケンテナリアの金を指す。

(4)『戦史』二-一-一二を指す。

(5)二世紀半ば頃、小アジアのプリュギア地方でモンタノスが女性預言者プリスカと同じく女性預言者マクシミラとともに唱えた教え。それによれば天のイェルサレムがプリュギア地方のペプザ付近に降り、世界の終末が起こると予言した。モンタノス等は現存の教会と教会制度を否定し、結婚と再婚、さらには迫害時の逃亡を禁止した。モンタノス等は極端な断食と過度の禁欲を強調した。そのためモンタノス派は異端と断罪された。モンタノス派はビザンツ帝国内では九世紀まで存続した。

(6)四世紀から五世紀にかけてのキリスト教異端派。開祖サッバティアノスはキリスト教徒が祝う復活祭の日時をユダヤ教の暦により決定すべしと唱えた。

(7)ユスティニアノス一世帝は異端について次のように規定している。「普遍的な教会とわれわれの正統で聖なる信仰と関連を持たない人々すべてが異端である」(『ユスティニアノス法典』一-五(異端諸派とマニ教について)-一二。五二七年)。異端諸派に対する禁止事項および迫害については補註Aを参照。

アレイオスの教えを信奉する人々の神殿は聞きしにまさる莫大な財産を所有していた。一七　つまりこの莫大な財産に関しては、全元老院も、あるいはそれ以外のローマ帝国の最高位の地位すらもアレイオス派の神殿と競うことはできなかったのである。一八　アレイオス派の神殿には金銀の財宝や高価な宝石を散りばめた宝物が山ほどあり、その数は数えることができないほどである。アレイオス派の神殿は帝国領土内の至る所に非常に多くの館や村、それに多くの土地を所有していた。彼らはそれ以外にもすべての人がおよそ財産と呼ぶ物を所有していた。それはこれまでの皇帝のうち誰一人として彼らの財産を横取りしたりしなかったからである。一九　また正統派の信者を含めて、多くの人々がその職業を通じて常にアレイオス派の神殿から生活の糧を得ていたからでもある。二〇　ところが、ユスティニアノスは皇帝として初めてこれらのアレイオス派の神殿の財産を没収し、突如としてあらゆる人々の収入の道を絶ってしまったのである。それ以後、多くの人々の生活の糧がそれにより断ち切られることになってしまったのである。

二一　ただちに多くの役人が諸方に派遣され、出会った異端派信徒に父祖伝来の信仰を変えるように強制した。二二　けれどもそうした棄教は農民には神への冒瀆と映ったので、彼らは一丸となって改宗を命じる役人たちに抵抗しようと決意をした。二三　多くの農民が兵士により殺害され、多くの者が自殺していった。彼らはそれが神の意に適う行ないであると単純にも考えたのである。だが、大多数の農民は先祖から受け継いだ土地を棄てて逃亡した。プリュギア地方にいたモンタノス派は、ただちに自分たちの神殿に立てこもり、神殿ともども火を放ち、従容として焼身自殺を遂げた。その結果、ローマ帝国全土が殺人と逃亡で満ちあふれることになった。

二四　その後すぐに同じような法律がサマリア派信徒(2)に対して発布されると、パレスチナ地方では果てしない争乱が起きた。二五　わがカイサレイアの町やその他の町の住民たちは、何の意味もない教義のために苦しみに遭うなどは愚かなことと思い、現在ある自分たちの異端派信徒という名前をキリスト教徒という名前に変えた。そして上辺だけの名称の変更で法による危機を振り払うことができた。二六　彼らのなかでいくぶん理性もあり、中庸を心得ていた者たちはその後も忠実にキリスト教徒の信仰を守り、その信仰をけっしてないがしろにすることはなかった。けれども大部分の異端派信徒たちは、自分たちがいわば自由意志で

(1)アレクサンドリアの司祭アレイオス（二八〇頃―三三六年）の教えに従うキリスト教徒。アレイオス派はキリスト両性論（正統派信仰）に反対し、キリスト単性説を主張した。すなわち子キリストは天父の創造物であり、子キリストに神性はないとし、三位一体論をも否定した。子キリストはその本質においても父とは等しくはなく、ただ相似している（ホモイウーシオス）だけであるとした。アレイオスの教えは第一回ニカイア公会議（三二五年）で異端と断罪された。その後アレイオス派は過激なアレイオス派、正確な教理規定を避ける妥協的アレイオス派のそしてほとんど正統派の教理に近い半アレイオス派の三派に分裂した。アレイオスの教えはゲルマン民族、とくにゴート族やランゴバルド族そしてフランク族のあいだに流布した。

(2)前七二二年以後、バビロンの幽囚から帰国したイスラエル人とアッシリアから入植した人々が同化し、パレスチナのサマリア地方に居住した人々を言う。サマリア人は前五世紀に独自の教団を形成した。彼らはモーセの五書のみを聖典として認め、前三五〇―三〇〇年にガリチム山上に神殿を建てた。サマリア派はユダヤ教ならびにヘブライ語の聖書や預言者を拒否し、ユダヤ教徒と対立した。サマリア派はユスティニアノス一世帝の異端派弾圧政策に反対して、二度にわたり（五二九年六月と五五六年七月）パレスチナ地方で大規模な反乱を起こしている。

はなく、法の求めるところにより強制的に今までの信仰を変えなければならなくなったので激怒し、ただちにマニ教[1]やいわゆるギリシア・ローマの多神教信仰[2]に傾いていった。二七　すべての農民が一団となり、武器を取って、皇帝に反抗しようと決意した。彼らは盗賊の一人を自分たちの皇帝に選んだ。それがサバロスの息子ユリアノスという名の人物であった。二八　彼らはしばらくのあいだは正規軍との小競り合いを持ちこたえたが、その後の戦闘では正規軍に敗れ、首領ともども戦死した。二九　このときの大惨事で一〇万人もの人間の命が失われたといわれている。そのために帝国全土の最良の農地から農民がいなくなってしまった。三〇　この状況はキリスト教徒である土地所有者にとっても大きな災難をもたらした。なぜなら、土地所有者たちは以後なんの収入がなくても、かなりの額にのぼる毎年の税金をその後もずっと皇帝に納め続けなければならなかったからである。それは、納税業務について言えば今述べた事態には何の考慮も払われなかったからである。

三一　これに続いていわゆる異教徒と呼ばれた人々への迫害が始まった。彼らの身体は拷問にかけられ、その財産は没収されもした。三二　だがこれらの異教徒のなかには、それまでの名前を表向きはキリスト教徒の名前と交換し、それで現在の状況を切り抜けた者もいた。しかし、その後しばらくするとこの者たちはお神酒を飲んだり、神々に犠牲を捧げたりし、またそれ以外の神を冒瀆する行為をしたために大部分の者たちが逮捕された。三三　ではキリスト教徒にどのような措置が執られたかについては、私は後日話すことにしよう[3]。

(1)教祖マニ（二一六―二七四あるいは二七七年頃）が広めたグノーシス的、キリスト教的、ゾロアスター教的要素を総合した二元論的世界宗教。マニは、この世は光と闇、精神と肉体、善と悪から成り、善の象徴である光の父は北方にあり、悪の象徴である闇の王は南方にあって、両者はこの世で戦いを繰り広げている。マニ教は人々の魂を救済することを目的とし、そのために厳格な禁欲主義をとなえ、他の諸宗教と鋭く対立した。キリスト教徒はマニ教徒を有毒で、危険なライヴァルと捉え、マニ教徒を唾棄すべき人間と規定した。マニ教徒は迫害を受け、衰亡していった。だがビザンツ帝国ではマニ教の二元論的な思想は後のパウロ派やボゴミル派に受け継がれた。

(2)ギリシア・ローマの神々への信奉は、三九二年のテオドシオス一世帝による異教祭儀禁止令により厳禁された。しかし異教信仰はユスティニアノス一世帝の時代でも知識人層や農民層、それに一般市民のあいだでもなくなることはなかった。ユスティニアノス一世帝は五二九年に異教徒および異端派信徒たちに対する迫害を行ない、同年には、アテナイのアカデメイアでの異教徒の法学者や哲学者たちの活動を禁止しようとした。五四六年六月、同帝は二度目の異教徒迫害を行ない、異教徒撲滅を試みている。同年にはエペソスの主教ヨアンネス*による異教徒改宗運動も行なわれた。その対象となったのは高位の政府高官、法学者、哲学者、文献学者や文法学者、それに医師たちであった。だがビザンツ帝国における教育に使用された教材がすべて古典ギリシア時代の諸作品であったから、とくに知識人のあいだで異教への関心が薄れることはなかったと言えよう。また一般庶民のあいだではローマ帝政期以来の異教的な風習や祭り、占い、占星術なども行なわれていた。これらの異教的風習はトゥルローの教会会議（六九一―六九二年）でもあらためて禁止されたほどである。異教信仰は農村地帯では七世紀まで存続していたと言われる。

(3)同様の守られていない約束については七頁註（2）を参照。

同性愛者への新たな罰

三四　その後皇帝は少年に対する同性愛(1)を法律により禁止した。それも皇帝はこの法律が発布された後の事件を厳重に調査させただけではなく、それ以前にもこの病に一度でも罹ったことのある者たちを取り調べさせた。三五　彼らに対する処罰は何の法的手続きもなく行なわれた。というのも、同性愛者に対する処罰は原告なしで行なわれたからである。たった一人の男性や子供の証言、あるいは偶然そこにいた奴隷が強制されて、主人に対して行なった証言でも完全に有効な証拠として採用されたからである。三六　こうして逮捕された者たちは去勢され、町中を引き回された。もちろん、初めのうちは全員が罰を受けたわけではなかった。処罰されたのは緑組の団員や大富豪と思われた人間、それに皇帝の不興を買った者たちだけであった。

占星術師への迫害

三七　占星術師たち(2)もひどい扱いを受けた。泥棒を取り締まる警吏たち(3)は、当人がただ占星術師であるという理由だけで彼らを拷問にかけ、背中を何度も叩き、彼らを駱駝の背にのせて町中を引き廻した。占星術師たちの多くは老人であり、そのうえとくに身分の高い人々であった。彼らにはたとえ駱駝の背中のような場所であっても、星の運行について理解を深めたいという他には一つとして非難される理由はなかったのにである。三八　今や数え切れないほど多くのローマ人が群れをなして蛮族の土地やローマ帝国の辺境の地に続々と逃亡していった。それでどの地方にも、どの町にも無数のよそ者が常に目に付くようになった。三九誰もが身を隠すために先祖伝来の土地を棄て、進んでよその土地に移住していったからである。それはまるで彼らの故郷が敵に占領されてしまったかのようであった。四〇　ユスティニアノスとテオドラは、今述べたようなやり方でビュザンティオンおよびその他の町で元老院議員に次いで富裕と噂される人々の財産をわ

（1）同性愛の習俗はすでに旧約聖書の『レビ記』一八－二二において「あなたは女と寝るように男と寝てはならない。これは憎むべきことである」と厳禁されている。この習俗はビザンツ社会においても止むことはなく、奴隷、宦官あるいは修道士たちのあいだで蔓延していた。むろんヨアンネス・クリュソストモス等のキリスト教教父たちはこれに猛反対した。『テオドシオス法典』九－七－三八や『ユスティニアノス一世帝の修正勅令』七七および一四一もこの習俗を厳禁している。にもかかわらず、マララス*『年代記』一八－一八は、ロドスの主教エサイアとトラキアのディオスの主教アレクサンドロスが同性愛の罪で罰せられたと伝えている。古代ギリシアから連綿として行なわれてきたこの習俗はビザンツ社会においても絶えることはなかった。

（2）占星術は天体の運行を学術的に研究することと、星の運行を観測することにより未来を予測・予言することの二つをその目的としていた。一般庶民の多くは後者に関心を持ち、天宮図などをもとに星占いを行なった。占星術では人間は大宇宙の複製である小宇宙と捉えられた。星は神々と同一視され、それぞれの星には一定の役割があるとされた。たとえば火星は人間に不幸を運ぶ神、木星は人間に友好的な神などとされた。こうした黄道十二宮などをもとに人々は個人の運命、国家の繁栄、戦いにおける勝敗の帰趨、疫病や飢饉、干ばつなどの蔓延や終息を占った。ユスティニアノス一世帝の治下ではオリュンピオドロスの占星術の解説書が愛読された。

（3）首都の治安維持をも任務とする首都総督は独自の警察力を持っていた。プロコピオスの言う「泥棒を取り締まる警吏」は総督支配下の警吏を指す（第十六、十八、二十および二十八章）。だが第二十章では「市民取り締まり官」と「監察官」という新たな役職が導入されたという。その結果、首都総督支配下の警吏、市民取り締まり官そして監察官という三つの役職が並存し、その任務も重複したため混乱が生じた、とプロコピオスは正確に指摘する。

が物としていったのである。四一　次にこの二人がどのような方法で元老院議員たちの全財産を取り上げてしまうことができたかについて私は次に話すことにしよう。

第十二章

元老院議員ゼノン

一　ビュザンティオンにゼノンという名の人物がいた。彼はかつての西ローマ帝国皇帝アンテミウスの孫であった。かの二人はこのゼノンをわざとエジプト総督に任命し、彼をエジプトに派遣することにした。二　そこでゼノンは自分の高価な財宝を船に満載し、出航の準備を整えた。彼は数え切れないほど大量の銀と真珠とエメラルド、さらにはその他の高価な宝石で飾られた大量の金製品を所有していた。かの二人はゼノンが信頼をおいていたと思われる部下たちを唆して、ゼノンの船から急遽それらの財宝を運び出させ、船倉に放火させた。そしてゼノンには、彼の船が中からひとりでに出火し、積んであった財宝は全滅してしまったと報告するように命じた。三　その後しばらくするとゼノンが思いもかけずにこの世を去った。四　するとかの二人が遺産相続人であったので、ただちに遺産の所有者となった。つまり遺言書なるものが出てきたのであるが、その遺言書はゼノンが書いた遺言書ではないと誰もが噂した。

元老院議員ヨアンネスおよびその他の事件

五 かの二人は、同じやり方で元老院議員のなかでも最高位を占め、またそれ以外にも非の打ちどころのないタティアノス、デモステネスそれにヒラの遺産相続人となった。またそれ以外の人物の遺産相続人となったときには、二人は遺言書ではなく、書簡をねつ造し、彼らの遺産を着服した。**六** つまり同じようにして二人は、リバノス地方に暮らしていたディオニュシオスとエデッサ市民の第一人者であったバシレイオスの息子ヨアンネスの遺産相続人となったのである。このヨアンネスは、私が先の著書で書いておいたように[1]、ベリサリオスの手で無理矢理に人質としてペルシア人に引き渡された人物である。**七** ペルシアのホスロー王はこのヨアンネスをけっして解放しようとはしなかった。それどころか王はローマ人がすべての協定を破ったとローマ人を非難し、そのお詫びとしてこの男がベリサリオスの手で自分の所に人質として送られてきたのだ、と言った。そして王は、捕虜としてならこの男を売り払ってもよいと言って寄越した。**八** 当時ヨアンネスの祖母がまだ生きていたので、彼女はきっかり二〇〇〇リトラを下らぬ銀を孫の身代金として支払う用意をし、それで孫を引き取れると期待した。**九** この身代金がダラ（ス）の町に到着すると、皇帝が本件を聞きつけ、ローマ人の富が蛮族の手に渡ることはまかりならぬと言ってこの取り決めを実現させなかった。**一〇** その後間もなくヨアンネスは病を得て、他界した。そこでエデッサ市長は偽の書簡を作成し、「もし自分の財産が皇帝の所有するところとなれば、それはまさに自分が望むところである」とヨアンネス

（1）『戦史』二-二一を指す。

は他界する少し前に友人である自分に書き残したのだ、と説明した。一一　その他にかの二人が自ら進んで遺産相続人となった人々の数を数え上げることは私にはできない。

人間の皮をかぶった悪魔ユスティニアノス

一二　あのいわゆるニカの乱(1)が起きるまで、二人は大金持ちの財産を一つひとつ別々に選別するのがよいと考えていた。だがあのニカの乱の後では、先の著書で私が書いておいたように(2)、かの二人は、言ってみればほとんどすべての元老院議員の財産をひとまとめにして没収し、すべての家財道具や一番素晴らしい土地も思いのままにわがものにした。二人は重税を課せられていて、税の取り立てがこの上なく厳しい物件を選り分けて、それらの物件を寛大さを見せびらかすために元の持ち主に返還した。一三　そのため元の所有者たちは徴税役人に苦しめられ、さらに借金により留まるところを知らない利子にさいなまされ、死の恐怖と戦いながら不本意な日々を送るはめになった。一四　こうしたことを見ていると、かの二人は、私とわれわれの多くの仲間たち(3)にはとても人間とは思えなかった。かの二人は、人間を食い殺す悪魔であり、詩人たちの言う双子の害毒(4)であった。かの二人は、いかに容易にまたいかに素早く人類そのものと人類が作り出した物を破壊できるかをお互いに相談しあったのである。その結果、二人は人間の姿となり、いわば人間の皮をかぶった悪魔(5)となってこのように全世界を震撼させたのである。一五　かの二人が、そうした悪魔であることは、誰もがこの他の諸々の事柄や彼ら二人の行動に見られる異常な能力から証明することができよう。悪魔というものは多くの点で人間とはまったく違う存在である。一六　確かに昔から運命によりあるいはその本性により人々に取ってこの上ない恐怖の的となる人間は多く登場してきた。これらの人間は、町や地方やまたそれ以外のさまざまなものを彼らが生きているあいだに破壊した。ただ、実にかの二人だけが全人類の破滅と全世界にとっての不幸をもたらすことができたのだ。運命の女神テュケは二人の目的に手を貸し、人類の破滅をともに実現したのであった。一七 なぜなら、当時は地震や何度ものペスト、それに河川の大洪水が起き、それにより非常に多くの人間や物が破滅していったではないか。このことについて私はすぐに述べるつもりである。このようにしてこの二人は人間の力ではなく、もっと別のものの力を借りて、あの恐ろしい悪行を成し遂げたのである。

一八 噂によると、ユスティニアノスの母親は親類の者たちにこううち明けていたという。「ユスティニ

(1)五三二年一月十一日から十九日までコンスタンティノポリスで起きた暴動。初めは青組と緑組による暴動であったが、次には反皇帝派の元老院議員等も加わった政権転覆運動に発展した。ユスティニアノス一世帝は一時はトラキアへの逃亡を計画したが、妃テオドラの諫言によりこれを思いとどまり、ベリサリオスとムンドスの協力を得て反撃に移り、反皇帝派を武力で鎮圧した。

(2)『戦史』一-二四を指す。

(3)プロコピオスが属していた反皇帝派の元老院議員、軍人、大土地所有者それに知識人たちを指すものと思われる。「私の仲間たち」こそ本書『秘史』の読者であったと言えよう。

(4)この表現はホメロス『イリアス』五-三一による。

(5)キリスト昇天後の一〇〇〇年を経ると暗黒の時代が訪れる。そのときには人間の姿をした悪魔が現われ、地上に地震などの天災、ペストなどの疫病、戦争、飢饉をもたらすと考えられた。プロコピオスによればユスティニアノス一世帝こそがそうした悪魔であるという。詳細は補註Jを参照。

アノスは夫サッバティオスの息子でもなければ、別の人間の子供でもないのです。一九　息子を妊娠する直前に、目には見えない悪魔が自分に近づいて来たのです。自分には悪魔が自分の横にいるのが感覚で判りました。そしてその悪魔がいわば男となって自分と同衾し、その後悪魔はまるで夢のなかのように消えていったのです」。

二〇　さて、あるとき数人のユスティニアノスの家臣たちが深更まで主人と一緒に宮殿にいたことがあった。この家臣たちはいずれも心の清い人間であった。すると家臣たちはそこでユスティニアノスの代わりに悪魔の異様な姿を目にしたように思った。二一　というのは、家臣たちの説明によると、ユスティニアノスが突如として玉座から浮き上がり、空中を浮遊した、と言うのである。なぜなら、皇帝は普段から玉座に長く座っている習慣がなかったからである。すると次の瞬間にはユスティニアノスの身体から頭が消え、それ以外の胴体の部分だけが長時間ふらふらと歩き回っているように見えたというのである。この光景を見た家臣の両眼は混濁の極みに達し、彼は長いあいだ困惑し、呆然と立ち続けた。二二　けれども、しばらくすると頭が胴体に戻ったので、彼は欠けていたものが思いもかけずにまた戻ってきたのだと思った。二三　その場にいた別の家臣はこう話した。「自分は玉座に座っていた皇帝の脇に立っていたが、ユスティニアノスの顔が急にのっぺらぼうな肉の塊に似たものになったように見えた。つまりその顔には眉毛も眼もしかるべき所にはなく、それ以外にも何一つそれといった痕跡らしいものもなかったのである。だがしばらくするとその顔の形も元の皇帝のそれに戻ったのを見た」。私はこの話を自分が見たから書いたのではなく、当時自分たちは確かにこれを見たのだと主張する人々から聞いたので、これを書き留めているのである。

悪魔の大王ユスティニアノス

二四　次のような話もある。神を信ずる心の最も篤いある修道士が仲間の修道士たちと一緒に人里離れた場所に住んでいた。この修道士が仲間の修道士たちに説得されて、耐えがたい困窮に苦しめられ、ひどく虐待され、不正な扱いを受けている隣人たちを支援するためにビュザンティオンに派遣されたことがあった。この修道士は到着すると、すぐに皇帝との謁見を許された。二五　修道士は室内に入り、皇帝の近くへ歩いてゆこうとした。だがそこで彼は敷居を片足でまたいだが、急に後ずさりして、戻ってしまった。二六　すると修道士を案内する宦官侍従やその場にいた家臣たちは、この修道士に御前に進むようにしきりに勧めた。けれども当人はこれにはまったく答えず、まるで気の触れた人のように宮殿を後にして、宿舎にしている自分の部屋に戻ってしまった。従者たちに、なぜそのような行動に出たのか、と聞かれたこの修道士は単刀直入にこう答えたという。「自分は宮殿の玉座に悪魔の大王が座っているのを見たからなのだ。自分はそんな者とは同席したくもないし、もちろんそんな者にものを頼んだりするつもりはまったくないのだ」。二七　どうしてこの男ユスティニアノスが悪逆非道な悪魔でないことがあろうか。この男と来たら飲酒も食事も、そして睡眠も充分取ることはなく、食卓に出されたものにはほんのちょっと口を付けるだけだった。この男は性の快楽を追求するという点では悪魔にも似た執着振りを見せるのだが、他方では夜更けに宮殿中をあちこち歩き回ったりするのであった。

二八　テオドラの情夫たちは次のような話を残している。「テオドラが踊り子としてまだ舞台に立っていた頃、ある夜に悪魔らしき者が突然現われて、彼女と過ごしていた部屋から自分たちに出て行け、と命じたことがあった」。アンティオキア市(1)の緑組の踊り子にマケドニアという名前の女性がいた。彼女は非常に多くの影響力を持っていた。二九　すなわち、彼女は、当時叔父ユスティノスに代わって政治の実権を握っていたユスティニアノスに何度も手紙を送り、東方で人望がある人々のなかで、彼女が消してしまいたいと思った人間をなんなく粛清させることができたのである。そして粛清された人間の財産は国庫に没収されたのである。三〇　このマケドニアが、当時エジプトとリビアから帰京する途中のテオドラを歓待したことがあったという。マケドニアは、テオドラがヘケボリオスに虐待され、旅の途中で旅費を使い果たし、悲しみに暮れ、意気消沈しているのを見て、彼女を大いに慰め、彼女を勇気づけ、「運命の女神テュケはあなたを莫大な富の持ち主にすることができるのよ」と言ったという。三一　するとこれを聞いたテオドラはこう答えたという。「あの晩、私は夢で幻の人物が現われて、その人は『お前は今後お金のことではけっして困ることはないであろう』と私に言ったの。三二　『なぜならお前はビュザンティオンに戻れば、悪魔の大王と寝室を共にすることとなり、お前は確実に悪魔の大王の妻となり、これ以上はないほどの大金を思うままに使える身分となろうからだ』」。

第十三章

偽善者ユスティニアノス

一　大部分の人々は以下のような見解を持っている。すなわちユスティニアノスの性格は総じてこれまで言われてきたようなものである。彼は誰に対しても親しみやすい態度を取り、接する人に対して優しく振舞った。誰一人として彼に謁見を拒まれた者はいない。皇帝の御前で宮廷のしきたりに従わずに立っていたり、あるいは口を開かなかったりした者に対しても彼は一度として腹を立てたことはなかった。二　しかしそうだからと言って、彼の手で破滅させられた人々を見て、彼が赤面するわけでもなかった。彼は激怒したり、内心の怒りを表に出すことはなく、それらの原因を作った人々に対しても怒りを露わにすることはなかった。彼はむしろ穏やかな表情と伏し目がちな眼差し、それに低い声音で数え切れぬほど多くの無実の人々の処刑、都市の破壊や財産の国庫への没収を命じたのであった。三　こうした性格から、この男は子羊のような優しい気持ちの持ち主であると人は思うかもしれない。ところが、もし誰かが皇帝に懇願して、皇帝の気持ちを和らげて、過ちを犯した人物を皇帝から貰い下げようとでもすれば、彼はたちどころに激怒し、

---

(1) オロンテス河畔のアンティオキア市（現在のアンタクヤ市）は、ローマ、コンスタンティノポリスそしてアレクサンドリアと並ぶ大都会で、東地中海世界における政治、軍事、経済、文化そして宗教の中心地であった。詳細は補註Kを参照。

怒りのあまり唇を歪めるような態度を見せた。(1) それで側近の者たちも、今後皇帝に何かを依頼しようという希望を持つことは適切ではないと思うようになったのである。

彼の誤った信仰心

四　彼は、キリストについて一見すると不動の信仰心を持っているようであった。だがその信仰心も臣民たちを破滅させるためだけのものであった。すなわち、彼は神官たちが隣人に暴力を加えても、彼らを処罰したりはしなかったし、神官たちが隣人の財産を横取りするのを見ても、これこそ神の御心に適う行ないであると言って喜ぶ始末であった。五　もしある人物が、他人の財産を神殿の財産であると偽って、これを奪い取ったために起きた裁判に勝訴し、法廷を去るときでも、彼はその判決は神の御心に適った行ないであると思っていた。神官に反抗する者に対しては、神官の方が優位に立つことこそ正義であると彼は考えていた。六　彼自身は、現在生きている者やすでに死亡した者の財産を違法に着服し、それらの財産を上辺だけの信心深さを装って、すぐにどこかの神殿に献納してしまうのを名誉なことと考えていた。そうしておけば、奪い取った財産は二度と再び被害を受けた元の持ち主に戻ることはないからであった。七　こうしたことが原因で、彼は法も判決もないままに無数の殺人を犯してきた。つまり彼はキリスト信仰に関しては、すべての臣民を一つの教義にまとめようと努力し、それ以外の信仰の持ち主たちを何の躊躇もなく殺害したのであった。彼は、そうした殺人は神への深い信仰心の現われであると表向きは言って実行した。ということは、犠牲者たちが彼と同じ教義を信奉しない場合には、彼はこれを殺人とは考えていなかったようであった。八こうして彼は熱心に、飽きることなく人々を破滅し続けた。そうして彼は、その際にも妻テオドラと一緒になって被害者を死に至らしめる告訴の内容をたえず考え続けていたのである。二人の生まれつきの性格は異なっていたとは言え、二人は共に悪人でよく似た欲求を持っていたのである。九　つまり二人は共にとてもあり、それぞれがまったく逆の立場を取りながら、臣民を破滅に追い込んでいったのである。一〇　信念の固さという点で、ユスティニアノスは塵よりも軽かった。ユスティニアノスは、自分の行動が人類愛や私心のなさと無関係であるとなれば、いつでもまたどこへでも彼を誘導しようとする者たちについていった。彼は自分に対するお追従[2]をいつまで聞いていても飽きなかった。一一　なぜなら甘言を弄する者たちは、皇帝が天空の彼方にあって、空中を逍遙する[3]こともできるのだ、といとも簡単に彼に信じ込ませることができたのである。

変節漢ユスティニアノス

一二　あるときトリボニアノス[4]がユスティニアノスの隣に腰をかけ、「自分は皇帝の信仰心があまりに深いので、皇帝が誰も知らないあいだに天に昇ってしまわれるのではないかととても心配でなりません」と

（1）この表現はアリストパネス『平和』六二〇による。
（2）この表現はプラトン『テアイテトス』一七五Eによる。
（3）この表現はアリストパネス『雲』二二五による。
（4）トリボニアノスは宮廷法務長官を二度務め、『ユスティニアノス法典』、『学説彙纂』および『法学提要』の編纂に深く携わった。詳細は補註Lを参照。

言ったことがあった。もちろんユスティニアノスはこの種の褒め言葉、もしくは逆の意味での皮肉を記憶の底に刻み込んだのである。(1) 一三 ユスティニアノスは、ときにある人物の長所に感心することがあったかと思うと、そのすぐ後で同じ人物を悪人であると非難した。また臣下のうちのある者を役立たずと言って叱ったかと思えば、すぐその後でその臣下を褒めそやしたりした。一四 彼はある家臣をけなしたかと思うと、すぐにまた口ではその人物を褒めそやしたりした。彼は何の理由もなく自分の考えを変えてしまうのであった。彼の考えは、自分が言ったことや明らかにそうしようと希望していることとは逆の方向に行くのを常としていた。一五 さて、友情や敵意についてのユスティニアノスの考えがどのようなものであったかは、すでに説明してきたところである。しかもこの男の行動の大部分を私の説明の証拠として挙げることができるのである。一六 つまり、彼は敵としては不動かつ執拗な敵であり、友としてはまったく信頼のおけない友であった。その結果、彼は確かに真の友人の大半を等閑にし、彼らを破滅させてきた。彼は一度でも憎んだ人間とはけっして友人にはならなかった。一七 彼は、自分に最も近いと思われる親友や親しいと思っている人々を妻テオドラやあれやこれやの人物に引き渡し、彼らを喜ばせるために引き渡した人々をすぐに粛清させたのである。そうしたときでもユスティニアノスは、こうして粛清される人々がただただ自分に対する忠誠心だけから死を選んだのだということを充分に承知してもいた。一八 すなわち彼は非人間的であり、金銭欲が強かった。それ以外のすべての点において彼は信用がおけない人物であることは明らかである。なぜならこうしたことを彼に思いとどまらせることは誰にもできなかったからである。一九 妻テオドラが夫ユスティニアノスを説得できないことでも、多額の金銭が手にはいるかもしれないという望みがあれば、テオドラは夫が望みもせず、そうしようと思ってもいなかった行動に夫を引き込むことができた。二〇　というのもユスティニアノスは汚れた利益のためなら法律を発布したり、逆に法律を廃止したりすることを何とも思っていなかったからである。

二一　ユスティニアノスは自分が作った法律に従って判決を下すのではなく、金品を手に入れる見込みがより確実で、その金品がとてつもなく素晴らしいものかどうかという観点からのみ判決を下したのである。二二　すなわち、彼は何らかの口実を設けて臣民の財産を一度にすべて取り上げることができないときには、不意に当人を告訴したり、あるいはありもしない偽の遺産相続書を作ったりして、臣民の財産を小分けにして盗んで、それを取り上げ、それを何ら恥ずべきこととは思わなかった。二三　彼がローマ皇帝でいるあいだ、神に対する信仰と教義は揺れ動き、法律も不動ではなくなり、商売にも信用がなくなり、契約というものも存在しなくなった。二四　彼の数名の側近が皇帝の命令によりある用件で派遣され、多くの犠牲者がそれらの側近の手で殺害されても、もしそのときその側近が多額の財宝を手に入れることができさえすれば、その人物はただちに皇帝に大いに寵愛され、命じられた任務をすべて正確に実行したものと見なされたのである。もしその側近たちが同胞を庇って、皇帝の御前に戻ったりすれば、それ以後このような側近たちは皇帝の不興を蒙り、皇帝の敵となったのである。二五　皇帝はいわばこうした家臣たちの性格を時代遅れであるとして認めず、彼らには何の任務も与えなかった。その結果、多くの家臣は自分たちの性格が悪くはない

(1)この表現はトゥキュディデス『歴史』一-八九による。

のに、自分たちが悪人であることを皇帝に見てもらおうと懸命の努力したのである。二六　彼は人々と何度も約束を交わし、そのうえ誓約や文書でその約束をより確実なものとしたが、すぐにそのことを忘れてしまい、それで名誉が得られると考えていた。二七　ユスティニアノスは、こうしたことを臣民に対してだけしたのではなく、以前にも私が言ったとおり[1]、多くの敵に対してもやってのけたのである。

二八　彼はいわば睡眠をほとんど必要としない人間であり、食べすぎや飲みすぎということもまったくしなかった。彼は出された食べ物をほんの少し指先でつまむだけで、もう食事を終えてしまった。二九　つまりそうしたことは彼の目には自然が彼に強制するからしているだけの、どうでも良いことであると映っていたようだ。彼は多くの場合に二日二晩も食事を取らないことがあった。三〇　とくに復活祭の前の時期にそうしたことがあった。すなわちそうしたときに彼は、前にも私が言ったように[2]、二日間も何も食べないことがよくあった。そして水を少し飲み、野草をちょっと食べようとするだけであった。折を見て一時間ほど眠り、後の時間は一晩中起きてあちこち歩き回って過ごした。三一　だが、もし彼がこうした時間を良い目的のために使っていたら、国家に大いなる繁栄をもたらしたであろうに。三二　けれども彼は自分の天賦の才能をローマ人の破滅のために使ったので、ローマ帝国すべてを根底から破壊することができたのである。彼が眠らずに起きていたり、自らに苦労を課し、骨を折ったりしたのは、ただただ日々臣民をより大きな不幸に陥れようという企みのためだけにしたのであった。三三　というのも彼は、すでに述べたように[3]、きわめて鋭い思考の持ち主であり、その悪逆非道な行ないを実行するのには素早かった。その結果、彼が生来持っていた長所は臣民を苦しめるためだけに発揮されることになったのである。

第十四章

宮廷法務長官

一　国政は大混乱に陥り、従来から存続してきた制度は何一つ残らなかった。こうしたことについてわずかな例を挙げて話しておこう。けれどもその他の例については、私の話が果てしなくならないように沈黙を守ることとしよう。二　まず第一に、ユスティニアノス自身には皇帝の権威のかけらもなかった。それに彼は皇帝の権威など維持する必要がないと思ってもいた。彼の話しぶり、服装、それに彼の考え方はまるで教養のない野蛮人そのものであった。三　彼は皇帝として勅令を発布しようとするときは、今までのように勅令の原案[4]を宮廷法務長官の職にある者に命じて書かせるのではなく、自身は言葉の知識も満足にないのに、自分で原案の大部分を書く方が良いと考えていた。またたまたまその場にいた沢山の人間がその仕事に入り込んできたので、被害を被った者は誰に苦情を言って良いのか分からなくなってしまうのであった。四　ま

（1）『戦史』八-二五-七以下を指す。
（2）第十二章「悪魔の大王ユスティニアノス」および『建築』一-七-七以下にも同様の記述がある。
（3）『戦史』三-九-二五以下および本書第八章「ユスティニアノスの奴隷根性」を指す。

（4）勅令の原案とは答書（rescripta）を意味し、答書とは皇帝の返答を意味する（rescripti「余は書き記した」）。皇帝の返答は皇帝宛の請願、問い合わせなどに対して書簡、返書あるいは請願書の余白や裏面などに表明された。

た通称秘書官[1]と呼ばれる地位を占める者たちにも、昔から行なわれてきたように、皇帝から指示の出た秘密事項を書き留める任務は与えられなかった。ユスティニアノスはいわばすべてのことを自分で書き留めたのである。首都の裁判官[2]たちがどのような判決を下すべきかについての指示を出すときでも、彼はすべてを自分で書いたのである。**五**　つまり、彼はローマ帝国内の誰にも自由な見解に従った判決を下させようとはしなかった。それどころか彼は、訴訟の一方からありもしないような噂話を聞いただけで、勝手気ままに、愚かで不遜な発言をして、自身で判決を下したのである。そしてすでに下された判決をただちに、そして詳しい調査もせずに無効とした。そのときの彼は法や正義に導かれるのではなく、明らかに汚れた金銭欲に支配されていたのである。**六**　なぜなら、皇帝には飽くことなき金銭欲があり、そのために恥というものがまったく欠落していたので賄賂を受け取ることを恥とは考えていなかったのである。

元老院の衰退

七　元老院[3]と皇帝はしばしば異なる見解を持つことがあった。**八**　しかし元老院はいわば絵に描いた餅で、議決権もなければ、良いことを行なう権限もなかった。元老院議員はただ形式と昔からのしきたりを守るために集まっていただけであった。というのも、参集した元老院議員たちにはひとことの発言も許されていなかったのである。むしろ元老院の会議では、皇帝と妃はたいていの場合にお互いに違った意見を述べるという役割分担を事前に決めておき、二人のあいだで決めておいた事柄が勝利を得たのである。**九**　もしある人物が違法な手段で勝利をおさめはしたが、それでも安心できないと思えば、皇帝にさらに金貨を贈りさえすれば、当人はたちどころに先の法律とはまったく逆の法律を手にすることができた。一〇　もし誰かがすでに無効となった法律を再び有効としたければ、皇帝はその法律をすぐに復活させ、有効としてしまうことなど何とも思わなかった。皇帝の支配のなかで不動なものは何一つなかった。人々は正義の秤を金貨の重み次第で逆の方向に動かすことができたので、正義の秤は道に迷い、あらゆる方向に揺れ動くことになった。公共の市場に行けば、宮廷における正義の秤だけでなく、裁判官の判決も、そして立法そのものも売りさばく屋台があったのである。

---

(1)官職としての秘書官（ἀσηκρῆτις）は四世紀以降に見られ、その任務は皇帝からの内密の指示を書き留め、これを臣下に伝えることにあった。その名称はラテン語の a secretis に由来し、そのポストは請願取り次ぎ官（一一三頁註（1））より上位とされた。秘書官のポストは十二世紀まで存続したと思われる。

(2)首都の裁判官（διαιτητὴς ἐν πόλει）とは本来は古典期アテナイにおける下級裁判官の名称であった。ユスティニアノス一世帝の時代には、それは公的であれ、私的であれ、少額あるいは些細な係争事件を扱う裁判官を意味した。

(3)ユスティニアノス一世帝の時代の元老院は皇帝に対する諮問機関であり、その権限も具体的な任務も不透明なものであった。その主たる役割は伝統的な儀式を執り行なうことにあった。元老院議員の数は、『テオドシオス法典』六-四-九によれば五〇名から二〇〇〇名のあいだとされた。それは実質的な議員と元老院議員の身分だけを持つ者がいたので、その数に大きな開きがあった。元老院議員は貴族や領主層よりも一代限りの官僚が主流で、元老院の会議は皇帝臨席の御前会議と融合する傾向にあった。

請願取り次ぎ官

一一　請願取り次ぎ官[1]と呼ばれる役人たちは、これまで請願者の請願書を皇帝に取り次ぎ、請願者に対する皇帝の決定がいかなるものであったかを当該の役所に報告するのが任務であった。だが、彼らはあらゆる人間から違法な理由[2]を集めて、ユスティニアノスを騙し[3]、迷わせ、ペテンにかけた。なぜなら、ユスティニアノスがその性格からしてこうした企みを持つ者たちのいいなりになっていたからである。一二　請願取り次ぎ官は、役所を出るとすぐに請願者を彼らの相談相手から引き離し、何の抵抗もできずにいる請願者から、充分な調査もしないままに、これで充分と考えただけの額の金貨をゆすり取ったのである。一三　宮廷警護の任に当たっている兵士たちは宮殿の大広間[4]で裁判官の傍らにいて、暴力を使って自分たちが望む判決を出させた。一四　誰も彼もがいわば自分の地位というものを顧みず、以前はそこを歩くことは不可能であり、足を踏み入れることのなかった道を勝手気ままに歩くようになった。行政もあらゆる点で欠陥だらけとなり、彼らの仕事も本来の名称に相応しいものではなくなった。この国は遊技をする子供の国[5]に似てきた。一五　これ以外のことについては、本書の冒頭でも述べたように、私は黙って口を閉じておこう[6]。だがこの皇帝を最初に説得し、判決を下す際に賄賂を受け取ることを皇帝に承知させた、あの男のことだけは私は話しておきたいのだ。

悪徳官吏レオン

一六　キリキア生まれのレオンというある人物がいた。この男の金銭欲は異常なまでに人間離れがしていた。このレオンという男は誰よりもお追従がじょうずで、そのうえ教養のない人間に自分の考えを吹き込むのが上手かった。一七　つまり彼はその話術を駆使し、さらには暴君の愚かさにつけ込んで人々の破滅を促進させることになったのである。この男こそ判決を金銭で売買することを最初にユスティニアノスに承知させ、教え込んだ人物なのである。一八　レオンは今言ったようなやり方で人々を欺こうと決心し、それを続けたので、この悪習は広範囲に蔓延していった。誰であれ立派な人物に対する訴訟で不正な判決を得ようと務める者は、すぐにレオンの許に出かけ、係争中の事件で争われている金額の一部を暴君とレオンに贈ると約束すれば、すぐに不正ながらも裁判の勝利者として宮廷を後にすることができた。一九　こうしたやり方でレオンは莫大な金銭を手に入れることができたし、沢山の土地の所有者ともなった。同時に彼はローマ帝

（1）請願取り次ぎ官（ῥεφερενδάριος）とはユリアノス帝の創設による皇帝秘書官を言い、一方では皇帝の指示を臣下に伝え、他方では臣下の請願や苦情などを皇帝に伝えるのが任務であった。ユスティニアノス一世帝の時代にはそのポストは徐々に秘書官に取って代わられた。請願取り次ぎ官による越権行為、たとえば裁判への介入などは厳しく禁じられた（『修正勅令』一一三-序文）。第十四章のレオンの例に見るように、請願取り次ぎ官は取り次ぎの際に一定の手数料を請願者などから徴収していた。

（2）この表現はアリストパネス『雲』八八九による。

（3）この表現はアリストパネス『騎士』六三二による。

（4）大広間のある建物は恐らくハギア・ソフィア大教会の西側、今日のイエリバタン・サライ（「地下宮殿」）と呼ばれる大貯水槽の近くにあったものと思われる。この建物については『修正勅令』八二-三でも言及されている。

（5）この表現はヘロドトス『歴史』一-一一四による。

（6）第一章「執筆の動機」を参照。

国を屈服させた最大の元凶となった。二〇　こうした事態に対しては何の防衛手段もなかった。法律も誓約も、文書に書かれた説明も、定められた罰金も、その他すべての物のなかで何一つとして役立つものはなかった。ただただレオンと皇帝に賄賂を差し出すこと以外には、何の手だてもなかったのである。二一　もちろん、賄賂を差し出したからと言って、それでレオンの意向が確実になったというわけではなかった。二二　それは彼が相手方から報酬を得ることを何とも思っていなかったからである。なぜなら、彼は自分を信頼していた双方の一方を欺くなど常に何とも思っていなかったし、また逆の道を行くことにも何の恥も覚えなかったからである。二三　というのも、レオンという男は利益さえ目の前にあれば、二枚舌を使っても良いのだと考えていたからである。

第十五章

妃テオドラの性格

一　さて、ユスティニアノスとはこのような人間であった。だが、テオドラの本性はこの上なく残酷で、彼女はかたくなにそうした態度を変えなかった。二　つまり、彼女はいまだかつて一度として他人から説得を受けたり、あるいは強制されて物事を行なったことはなかった。彼女は自分の意志を通し続け、全力を傾注して自分の考えを実現した。そして彼女の不興を蒙った被害者のために恩赦を乞う勇気を持つ者は誰一人としていなかった。三　なぜなら、時間の長さも、充分すぎるほどの罰も、いかなる懇願の方策も、天から全人類に降りかかろうとする死の脅威も彼女を説得して、その怒りを鎮めることはできなかったからである。**四** 一言でいえば、今までのところテオドラの怒りを買った人物が彼女と和解したのを見た者は誰一人としていなかった。たとえその人物がすでにこの世にいない者であってもである。それどころかそう言う場合には、その死者の子供が女帝の怒りを、いわば親の遺産として受け継ぎ、それを孫の代へ順繰りに送り届けるのであった。**五** というのもテオドラの心は、人々を破滅させる方向にだけ向かっていて、そうした彼女の心を押しとどめるのは不可能なことであった。

六 テオドラは自分の身体を必要以上に手入れしたが、それでもそれは彼女が希望する手入れよりも少なかったのである。**七** すなわち、彼女は最短距離の近道をしてローマ風呂(1)に行き、一番最後にそこを出た。彼女は風呂を終えると朝食を取った。**八** そして彼女は朝食の後でまた休息した。彼女は朝食も、またそれ以外の食事のときもいろいろな種類の食べ物を食べ、飲み物を飲んだ。彼女の睡眠時間はいつもとても長かった。テオドラは日中は夕方まで眠り、朝は日の昇るまで寝ていた。**九** 妃はこのように非常に不摂生な

(1)ローマ風呂はユスティニアノス一世帝の時代にも都市住民にとってはこの上ない楽しみと交流の場であった。五世紀の『コンスタンティノポリス市誌』*によれば市内には温浴と冷水浴が楽しめる九つの公共のローマ風呂と一五三軒の個人経営のローマ風呂があったという。なかでもゼウクシッポスの公共ローマ風呂は最も規模が大きく、美しく、有名であった。ローマ風呂は医療機関としても利用され、医師が患者に週に二度の入浴を勧めた記録も残っている。七世紀のトゥルローの教会会議では司祭、低位の聖職者および修道士はローマ風呂で女性と混浴してはならないと決議している。教会はローマ風呂を不道徳の象徴として指弾している。

生活を送っていながらも、それほどわずかしか残されていない日中の短い時間でローマ帝国を支配できると考えていた。一〇 もし皇帝が妃の同意を得ずにある人物にある任務を与えたとすると、その人物には次のような運命が彼の身に降りかかることになる。つまり、この人物はその後しばらくすると非常な辱めを受け、その地位を取り上げられ、きわめて不名誉な死に様をすることになるのである。

一一 ユスティニアノスはすべての公務を簡単に処理することができた。それはこの男が頭脳明晰であったからではなく、前にも言ったように[1]、睡眠時間が極端に少なく、誰にでも簡単に謁見を許したからである。

一二 つまり、非常に身分が低く、まったく無名の者にも完全な自由があって、この暴君と面会するだけでなく、話し合うこともできたからであり、さらには秘密裡に会合することさえできたからである。一三 妃テオドラの場合には、政府の高官でも長時間待たされ、多くの努力をしたうえでなければ面会を許されなかった。高官たちは狭くて、息の詰まるような小部屋で奴隷のように長いこと座って、長時間ものあいだ順番を待っていなければならなかった。つまり、高官たちにとっては自分たちが等閑にされるかもしれないという危惧は、想像しただけでも耐えがたいものがあったのである。一四 彼らはたえずつま先で立って、隣の人よりも自分の方が背が高くなるようにつとめた。そうすれば妃の部屋から出てきた宦官侍従が人より先に自分の顔をまず見つけてくれるだろうと考えたのである。一五 彼らのうちの何人かはたいへんな苦労を重ね、そして何日も経ってからやっと妃の部屋に呼び込まれるのである。部屋に入ると、彼らは大いに恐れおののき、妃の近くに行くが、彼らはただ跪き、両足の甲に唇をあてると、できるだけ早く退出した。一六 というのも妃が要求しなければ、彼らには自分から口を開いたり、願いを申し出たりする自由はなかったからである。つまり、帝国は奴隷身分になり下がってしまい、奴隷学校の教師がテオドラというわけであった。一七　このようにしてローマ帝国は崩壊していった。だがそれはかの暴君があまりに愚直であるように見えるのに対して、妃テオドラが近寄りがたく、あまりに気むずかしい人間のように見えたからである。一八　皇帝の愚直さの裏には信頼のおけない性格が潜み、妃の近寄りがたさは行動をおこす際の障害となった。

悪逆非道の女帝テオドラ

一九　二人の考えと行動様式は明らかに異なるように見えた。だがこの二人に共通するのは金銭欲、殺人欲、それにけっして真実を口にしないという点である。二〇　つまり二人には巧妙に最大級の嘘八百をでっち上げる才能があったのである。(2)もしテオドラの不興を買ったことのある者たちのうちの一人が、些細な、そして取り上げるまでもないことで過ちを犯したと報告されると、彼女はすぐにこの人物には当てはまらない告訴をでっち上げて、事態を大犯罪に仕立て上げてしまうのであった。二一　大量の告訴の噂が流れ、現存する秩序の破壊を審理する裁判が開かれた。裁判官たちが召集されたが、それらの裁判官たちは妃が呼び集めた者たちであった。これらの裁判官たちは、自分たちのうちで誰が同僚よりももっと残酷な判決を下す

---

(1) 第十三章「変節漢ユスティニアノス」にある同様の記録を指す。

(2) この表現はトゥキュディデス『歴史』八-二-一による。

ことができて、それで女帝の意向を満足させることができるかを競いあった。二二　このようにして彼女は邪魔になった者の財産をただちに没収し、たとえ当人がひょっとして先祖代々の高貴な家柄の出であっても、この上なくひどいやり方で虐待したり、あるいは当人を追放刑や死罪にしても何とも思わなかった。二三　もし彼女の配下が違法な殺人や別のもっと重大な犯罪で逮捕されるようなことが起きると、彼女は犯人を告発しようとする人々の熱意を嘲笑し、嘲り、さらには彼らに、いやでもこの事件について沈黙を守るように強制した。

二四　もしテオドラがそれを良いことと思えば、彼女はいつでも国家行政において一番真剣に取り組むべき事案を、ちょうど劇場や舞台でそれが演じられるような茶番劇にしてしまうことができた。二五　さて、ここに長年国家に使えてきた老貴族がいた。私はその人物の名前をよく知っているが、当人が私のせいでこれから先際限なく違法な扱いを受けたりしないように、ここでその名前を出すことは控えておこう。この人物はテオドラの家臣の一人に多額の金を貸していたが、まだ返済してもらえなかった。そこで彼はテオドラの許に行き、契約を結んだ相手を告発し、自分のために正当な判断を下す手助けをしてほしいと依頼した。二六　テオドラは事前にこの件を聞いていたので、宦官侍従たちに指示を出しておいた。この老貴族が自分のところに面会に来たら、彼を取り囲み、妃のお言葉をよく聞くのだ、といってやるように命じた。そしてテオドラは宦官たちに、この老貴族に何度も繰り返して聞かせる返答を教えた。二七　さて、この老貴族が女性専用宮殿の妃の部屋に入ってくると、彼は仕来りどおりに妃の前で跪き[1]、涙ながらに恭しくこう述べた。「女王陛下、貴族の爵位を持つ者にとって金を必要とするのは辛いことです。二八　爵位のない人間には寛容と同情をもたらすことも、爵位を持つ者には屈辱をもたらすだけなのです。二九　というのも、債権者は極度の困窮に陥っている債務者がその状況を説明すれば、債務者を借金による重圧からただちに解放してくれるところでしょう。けれども貴族の爵位を持つ者にとっては、自分の借金を債権者に払えないことを口にするのはこれ以上はない恥でありましょう。またこの爵位と貧困が同居しているなどと言ったところで、誰も説得できないでしょう。三〇　またたとえ相手を説得できたとしても、今度は自分が最大級の恥と恥辱を受けることになりましょう。三一　それで女王陛下、私は目下のところ一方では債権者と、他方では債務者を相手に日々を送っております。三二　私の債権者たちは私に借金の返済を毎日迫ってきております。私の爵位のことを思えば、私は債権者たちを追い返すことはできません。他方、私の債務者たちはたまたま貴族の身分の者たちではないので、無情な言い逃れを言うだけであります。三三　そのようなわけで私は女王陛下に私が正義を取り戻す手助けをしていただきたく、またこの目下の苦境から私を救い出していただきたいと乞い願いまた懇願するものであります」。老貴族はこのように言上した。三四　するとこの女は歌うような調子でこう言い放った。「そこの老貴族よ」。すると宦官たちはこの言葉を受けて、こう返答した。「お前の脱腸は大きい」。三五　そこでこの老貴族はすぐに先の依頼を繰り返し、懇願し、再度彼女に先ほど言ったのと同じ説明を同じようにくり返し述べた。するとこの女も同じ返事をし、宦官たちも同じ答えを繰り返

(1)「仕来りどおりに」とは、臣下が皇帝と妃に謁見するときには、ひれ伏して、皇帝と妃の足に接吻することを意味する跪拝礼を意味した。プロコピオスは第三十章「跪拝礼の励行」で新しく導入されたこの拝礼方法を厳しく非難している。

した。それでこの不幸な老貴族はとうとうそうすることに疲れ、慣習どおりに妃の前に跪き、帰宅した。三六　テオドラは一年の大半を郊外の海辺で、とくにヘリオン[1]と呼ばれる場所で過ごした。そのために彼女の家臣たちの多くがたいへん困難な状況に陥った。三七　というのも彼らは生活必需品にも事欠いたし、とくによくあるように嵐が吹き荒れたり、あるいはどこかの海上で海の怪物[2]が人々を襲ったりすると、航行の危険に曝されることになったからである。三八　だが、皇帝も妃も自分たちさえ豪華に暮らせれば、それ以外のあらゆる人々の苦しみなど何とも思わなかった。三九　次に私は、テオドラの生まれつきの性格が、彼女を侮辱した人間に対してどのように現われたかについて続けて述べることとしよう。けれども私が果てしなく話を続けてしまうような印象を避けるため、私はこの話をもちろん簡単にするつもりだ。

第十六章

東ゴート女王アマラスンタの運命

一　アマラスンタ[3]が東ゴート族との関係を断ち切り、それまでの生活を棄て、ビュザンティオンに移り住もうと決心したとき、――この件について私はすでに先の著書で述べておいたとおりであるが[4]――、テオドラの脳裏には次のようなことが浮かんできた。アマラスンタという女性は貴族の出身で、女王であり、またこの上ない美女でもある。そこでテオドラはとてつもなく恐ろしいことを思いついた。なぜなら、彼女が何か重大なことを決意すると、彼女は自分の計画をひるむことなく決然と実行する女性であるということがテオドラの脳裏に浮かんだのである。つまりアマラスンタの高貴な物腰と、とくに男らしい毅然とした態度がテオドラの猜疑心を引き起こしたのである。同時にテオドラは夫ユスティニアノスの心変わりをも恐れた。それでも彼女は自分の嫉妬心を針の先ほども見せなかった。だが彼女はアマラスンタを死に至るまで追いつ

(1)首都の対岸、小アジア側のビテュニアにある港町。ヘリオン（今日のアナドル・カヴァク市）は別名ヒエロンあるいはヘライオンとも呼ばれ、ボスポロス海峡から黒海に入る手前約六キロメートルの所にある。ユスティニアノス一世帝は町に港や宮殿、聖母マリア教会、アーケード、広場、公共のローマ風呂などの建築物を寄進したという（『建築』一-三-一〇他）。ヘリオンについては第二十五章でも言及されている。

(2)「海の怪物」が何であるのかは不明。『戦史』七-二-一九-九以下で海の怪物を「ケートス（κῆτος）」、すなわち鯨、イルカ、アザラシ等の大きな海にすむ動物を指している。この怪物は五〇年に渡ってビュザンティオンとその周辺を航行する船と人々を不安に陥れていたとされている。

(3)アマラスンタは東ゴート王テオドリック（在位四七一―五二六年、イタリアの支配者四九三―五二六年）の娘で、王の没後に後継者となった息子アタラリック王（八歳、在位五二六―五三四年）の摂政となる。同王の没後は女王（五三四年）としてイタリアを支配した。彼女は美女であるうえに、高等教育も受け、ギリシア語、ラテン語およびゴート語に通じた才女であった。だが彼女の親ローマ政策は東ゴート族、とくに東ゴート軍人層のあいだでは大きな反発と不満を招いていた。その後アマラスンタはテオダハットを東ゴート王に据えて自らは政治の実権を握り続けようと計画した。テオダハットは即位し、アマラスンタと結婚し、誓約を立てた。にもかかわらずテオダハット王は彼女をラウェンナの宮殿から追放し、エトルリア地方にあるボルセナ湖上の小島に幽閉して、次には彼女を暗殺した。彼女の死の真相は不明であるが、その死はユスティニアノス一世帝に東ゴート戦開始の口実を与えた。

(4)『戦史』五-二を指す。

めようと心に決めた。二　それでテオドラはすぐに夫ユスティニアノスを説得して、ペトロス[1]一人だけをイタリアへ皇帝の使者として派遣させた。三　このペトロス派遣に際してユスティニアノスは彼に指示を出しているが、その指示について私は先の著書の当該の箇所で述べておいたところである[2]。あのときの私はもちろん女帝を恐れて事件の真相を探り出すことはできなかった。四　テオドラは使者ペトロスに、できるだけすみやかにかの女性を亡き者にするようにとだけ命じたのであった。そしてテオドラは、彼が事を成功させたら、多額の褒美を与えようとペトロスに約束して、彼をその気にさせた。五　ペトロスがイタリアに到着すると、――人間の本性というものがひょっとして何らかの役職や多額の金貨が手に入る見込みがあると、それが不本意ではあっても違法な殺人に手を染めるものかどうかは私には分からないが――ペトロスがどのようにテオダハットを説得し、彼にアマラスンタ殺害を承知させたのかを私は知らない[3]。これによりペトロスは宮廷官房長官[4]の地位を得て、強大な権力を手に入れた。だが彼は他方ではあらゆる人々の憎しみの的となったのである。

文書官プリスコス

六　アマラスンタの事件はこのような結末に終わった。七　ところで、ユスティニアノスにはプリスコスという名の文書官[5]がいた。この男は極め付きの悪人だった。彼はパプラゴニア地方の出身で、その性格が主

(1) ペトロス・パトリキオス（五〇〇―五六五年）、宮廷官房長官、外交官、文筆家。彼は有能な弁護士として首都で活躍

していた頃に妃テオドラの知遇を得た。テオドラは五四三年にユスティニアノス一世帝に勧めてペトロスをイタリアへ派遣した。だがペトロスは東ゴート族に身柄を拘束され、三年間軟禁された。このイタリア滞在中にペトロスはアマラスンタ暗殺事件に関与したとされる（一八一頁註（2））。帰国後ペトロスは宮廷官房長官に指名され、例外的に二六年間もその地位にあった。彼は知識人として三章論争にも参加し、外交官としてはホスロー王との和平交渉（五六一―五六二年）を行なっている。文筆家としてのペトロスは『歴史』（断片のみ現存）、『帝国の諸儀式について』（一部現存）、五六二年の『外交交渉の記録』（断片のみ現存）を著わしている。ヨアンネス・リュドス*『官職論』二-二五はペトロスを徳の源泉と褒め称え、プロコピオス『戦史』五-三-三〇もペトロスを頭脳明晰で有能な外交官と褒めちぎるが、メナンドロス・プロティクトル*「断片」六-二はペトロスを高慢な駄弁家と酷評している。

（2）『戦史』五-三および四を指す。

（3）アマラスンタの親ローマ政策、テオダハットの権力欲と金銭欲、東ゴート軍人層のローマおよびアマラスンタに対する敵意が複雑に入り乱れたなかでのアマラスンタ暗殺の真相解明はプロコピオスにとって不可能であったようだ。『戦史』五-四-二五は「ペトロスがイタリアに到着すると、アマラスンタがこの世から姿を消した」というが、プロコピオスは辛うじてこの文章によりペトロスの暗殺事件への関与を示唆するにすぎない。プロコピオスは当時のイタリア国内での噂話を耳にし、またペトロスが帰国後に提出したであろう公式の報告書も知っていたと思われる。にもかかわらず彼は事件の真相を探り当てることはできなかったようだ。

（4）宮廷官房長官（*μάγιστρος*, magister officiorum）は宮廷における民政担当の各部局の総責任者を言い、三二〇年にコンスタンティノス大帝により創設されたという（『テオドシオス法典』一六-一〇-一）。属州を統括する道長官に対して宮廷官房長官は情報収集局、宮廷護衛部隊、国営の駅逓制度、国営の武器工場、国境警備隊の管理と監督を行ない、御前会議の招集や宮廷の諸儀式の総責任者をもつとめた。長官は元老院議員の最高身分を持ち宮廷において一大勢力を保持した。その影響力は七世紀を境に徐々に減少していき、九世紀には消滅した。

（5）文書官（*ἐπιστολογράφος*）は皇帝の指示に従って書簡の草案を作成する役人を言い、いわば皇帝の私設秘書と言えた。マラス*『年代記』一八-四三はプリスコスを名誉執政官、名誉公証人ならびにエクスクービトール隊隊長とし、ほぼ第十六章と同様の記録を残している。

人ユスティニアノスにことのほか気に入られ、彼自身も主人を非常に尊敬し、主人からも同様の評価を得ているると自分では考えていた。そのためプリスコスは莫大な財産を違法に、しかも非常に素早く手に入れた。八 だがテオドラは、プリスコスが相手を見下す態度を取り、そのうえ皇帝に反抗的な態度を取ろうとしていると夫に告げ口をした。九 当初、テオドラは実力行使には出なかった。けれどもしばらくすると彼女は、真冬のさなかにプリスコスを船に乗せ、彼女が決めた場所に彼を送りつけ、そこでいやがる本人を無理矢理に剃髪し、神官にしてしまった。一〇 皇帝はこの事件については何も知らないかのように振る舞った。皇帝は、プリスコスがこの地球上のどこにいるのかを調べようともしなかったし、以後は彼のことを口にすることもなかった。皇帝はいわば忘却による沈黙に入ってしまったのである。だが皇帝はほんのわずか残されていた彼の財産を残らず強奪した。

粛清の犠牲者たち

一一 テオドラが彼女の下僕の一人と怪しげな関係にあるという疑惑が持たれたときがあった。その下僕はアレオビンドスという名で、蛮族の出身であったが、若くて、眉目秀麗な青年であった。テオドラはこのアレオビンドスを自分の家令にしていた。だが、テオドラは先の疑惑を晴らそうとして、今いったようにこの若者にしんそこ心を奪われていたにもかかわらず、彼を何の理由もないのに自分の目の前でこれ以上はないほど痛めつけさせた。それ以後われわれはこの男のことを何一つ耳にしないし、誰一人として今日まで彼の姿を見た者はいない。一二 もし彼女が自分のしたことで何かを隠しておきたいと思えば、誰一人としてそのことを口にする者はいなかったし、またそれを想い出す者も一人としていなかったのである。それは、その事件を知っている者は、たとえ親類の一人にさえもそれを漏らしてはならなかったし、ぜひともその事件を知りたがった者も、それを知ることはできなかったからである。一三　つまり、人類始まって以来これほどの恐怖が暴君に対して生じたことはなかったのである。なぜなら、一度でも暴君に不快の念を与えた者は、その目から逃れることができなかったからである。一四　それは大勢いる密偵たちが市場や屋敷の中での噂話や出来事を彼女に密告していたからである。一五　彼女は、もし過ちを犯した人物をおおやけに処罰するのを避けたいときには、次のような方法をとった。一六　もし当人が上流階級の者であれば、彼女は自分が一人でいるときにその者を呼びつけ、配下の一人にその者を自分で引き渡し、その人物をローマ帝国の最果ての地に連れ去るように命じた。一七　するとテオドラの配下は、深夜になってからこの人物の身体をすっぽりとくるんで、縛り上げて船に積み、自分も乗船し、彼女が決めた目的地まで当人を運んだのである。そこで配下はこの人物を秘密裡にこの種の仕事に有能な者に引き渡し、この人物をこれ以上はないほど厳重に見張り、この人物については誰にも喋ってはいけないと厳命した。そして自分は首都に戻って来るのであった。この不幸な人物は、最終的には女帝の憐れみを受けるか、あるいはその地で長期間の苦しみを受け、死と戦い、衰弱して命を落とすかのどちらかであった。

緑組団員バシアノスの運命

一八　緑組に属する若者でバシアノスという男がいた。この若者はその名を知られた青年であったが、口を極めてテオドラを罵ったことがあり、テオドラはこの青年にひどく腹を立てていた。バシアノスはテオドラの怒りを聞いていないわけではなかったので、大天使の神殿(1)に逃げ込んだ。一九　そこでテオドラは時を移さず市民を取り締まる警吏(2)を差し向けた。しかし彼女はバシアノスを不敬罪で告訴したのではなく、彼を同性愛の罪で告訴したのである。二〇　役人はこの青年を神殿から追い出し、耐えがたい拷問で彼を懲罰した。市民全員は、この自由身分で、昔から自由な環境のなかで育った青年がそのような不幸に襲われているのを見ると、すぐさま彼の苦しみに心を痛め、天に向かって嘆き悲しみ、どうかこの青年を釈放してほしいと声高に叫んだ。二一　けれども彼女はますますバシアノスを痛めつけ、彼の性器を切り取り、何の調べもせずに彼を殺害し、その財産を国庫に没収した。二二　このようにこの女が一度でも怒りに狂うと、神殿も安全ではなく、法による禁止もその効力を失い、市民の懇願も彼女の不興を買った人物を救い出すのには明らかに充分ではないようだった。テオドラを阻止できるものは何一つなかったのである。

緑組団員ディオゲネスの運命

二三　テオドラが緑組のディオゲネスとかいう男に同じように腹を立てたことがあった。このディオゲネスという人物は教養もあり、誰からも、そして皇帝からさえも好かれた人物であった。それにもかかわらずテオドラは彼を是非とも同性愛の罪で密告しようと考えた。二四　テオドラはディオゲネスの二人の下僕を味方につけ、この二人を原告および証人として主人と対決させた。二五　この件は今までとは違って秘密裡や誰にも知られずに審理されたのではなかった。裁判は公開で行なわれ、ディオゲネスの名声により多くの名のある裁判官が選ばれた。二人の下僕の証言を正確に審理した裁判官によれば、二人の証言はとくにこの二人がまだ若者であったこともあり、有罪判決を下すには完全に有効ではないと判定された。そこでテオドラはディオゲネスの親類で、テオドロスとかいう若者を例の秘密の小部屋に押し込めた。二六 そこでテオドラはこのテオドロスをあるときは何度もお世辞を使い、またあるときは何度も暴力を振るった。けれども事が進展しないと見ると、テオドラは牛の腱をこの若者の頭の両耳のまわりに巻き、紐を何度もぐるぐると巻いて、結んでしまえと命じた。二七 そのためテオドロスは自分の両目が本来あるべき眼窩から飛び出してしまうのではないかと思った。にもかかわらず、彼は実際に起きていないことを起きたかのように作り話をするつもりはまったくなかった。二八 裁判官たちは、この訴訟にはかの二人の下僕以外には証人がいなかったので、ディオゲネスを無罪放免とした。首都住民はこぞってこれを祝い、祝賀の催しを開いた。

(1) ここでいう大天使の神殿とは恐らく首都の大天使ミカエル教会であろうと思われる。『建築』一-三-一四以下を参照。

(2) 市民を取り締まる警吏とは、九五頁註(3)にあるように首都総督支配下で、首都の治安維持にあたる警察官を指す。

第十七章

属州長官カリニコスの処刑

一　この事件は以上のような結末に終わった。本書の冒頭で私はベリサリオスやポティオス、それにブゼスがテオドラによりいかにひどい目に遭わされたかを述べておいた。(1) 二　さて青組の団員である二人のキリキア出身の不穏分子が、属州第二キリキアの属州長官カリニコスに大声を上げてつかみかかり、長官に対して違法な暴力行為に及んだことがあった。長官の馬丁がそのすぐ傍らにいて、主人を救おうとして抵抗したが、二人は馬丁を殺してしまった。馬丁は主人と市民全員が見ている前で殺されたのである。三　この二人の暴徒は、このたびの殺人およびその他の多くの余罪が認められ、長官は法と正義に則ってこの二人を処刑した。テオドラはこれを聞きつけると、自分が青組の味方であることを示すために、何の理由もないのにそのとき現役であった属州長官を先の二人の殺人犯の墓の傍で磔にさせてしまった。四　皇帝は表面では殺害された長官の死を声高に嘆き、悲しみ、不平を漏らしながらも玉座に座って傍観しているだけだった。彼はこの犯罪の共犯者たちに対して口では何度となく脅迫したが、実際には何の行動にも出なかった。けれども死者の財産を強奪しても、それが自分の品位を落とすことだとはまったく思っていなかった。

メタノイア修道院

五　妃テオドラは肉体を使って罪を犯した者たちに次のような罰を熱心にも考え出した。彼女は、市場の真ん中で三オボルスの代価で生活費を稼いでいた売春婦たちを確か五〇〇人以上は駆り集めた。そして彼女たちを首都の対岸に移送し、通称メタノイア修道院(2)に閉じこめ、これまでの生活を無理矢理に変えさせようとした。**六**　だが何人かの女たちは夜間に高いところから海中に身を投げて、この無理強いされた更生から逃れたのであった。

仲人テオドラ

七　ビュザンティオンに二人の若い女性がおり、二人は姉妹であった。彼女たちの家からは父親だけでなく、祖父の代にも執政官を出し、その家は昔からある元老院議員のなかでも最上級の家系に属していた。**八**　二人の姉妹は結婚したが、二人とも夫に先立たれ、未亡人となっていた。するとテオドラはこの二人の未亡人に身分の卑しい、吐き気を催すような二人の男を選んで、彼らと再婚するように二人に熱心に勧めた。テオドラは、そのように再婚せずにいるのは賢明なことではないと二人を諭した。**九**　二人の未亡人は、この再婚話が実現するのを恐れて、ハギア・ソフィア大神殿に難を逃れ、聖なる洗礼室に入り、室内の洗礼盤に

(1) 第一章から第四章までの内容を指す。

(2) 第十七章では妃テオドラが首都の売春婦たちの更正施設として首都の対岸にあった古い宮殿を修道院に改築し、これをメタノイア（「悔恨」）修道院と名付けた。ここには約五〇〇名の売春婦が収容されたという。『建築』一-九-一以下では妃のみでなく、ユスティニアノス一世帝もこの計画に参加したという。二人はこの修道院のために収入を確保し、多くの美しく、立派な建物を建て、かつての売春婦たちが元の職業に戻らなくても良いようにしたとある。

しっかりとしがみついた。一〇　しかし女帝はこの二人の未亡人に無理強いし、しきりとせき立てたので、二人はこうした苦しみから逃れるために再婚話を受け入れることを承知した。このようにテオドラにはいかなる場所も入れない場所はなく、テオドラの前ではいかなる場所も安全な場所はなかった。一一　それで二人の未亡人は、貴族の身分を持つ男性から多くの再婚の申し込みがあったにもかかわらず、極貧で、自分たちの身分よりも低い男たちと嫌々ながら再婚したのであった。一二　再婚した未亡人の母親もまた未亡人であった。彼女はあえて二人の娘の不幸を嘆き悲しんだり、大声で泣き叫んだりはせずに、結婚式に参列した。一三　テオドラは後日自分の残酷な行ないを償うつもりで、二人の夫を公的に出世させることで、再婚した二人の女性を慰めようと思った。一四　そこで彼女は二人の夫を官職に就けた。だが、そうはしてもらったものの、二人の若い女性は慰めを得たわけではなかった。なぜなら、二人は下男にとってさえ許しがたく、回復不能な虐待を夫から受けていたからである。この件について私は後日書くつもりである(1)。一五　テオドラは自分の意見さえ通るなら、官職や国家の権威、あるいはその他のことなどいっさい気にかけなかったのである。

テオドラの息子ヨアンネス

一六　テオドラがまだ舞台に立っていた頃、彼女は恋人の一人から妊娠させられてしまう羽目に陥った。だが彼女はこの不都合な事態に気がつくのが遅すぎた。そこで彼女は例によってこの子を堕胎しようと考え、ありとあらゆる手だてを試みた。しかし彼女はその時期を逸していて、この都合の悪い胎児を殺してしまうことはできなかった。なぜなら、胎児はすでにほとんど人間の姿になりつつあったからである。一七　テオドラはこの子を堕胎することができなかったので、その試みを諦め、この子を生まざるをえなくなった。新生児の父親はテオドラが困り果て、不機嫌なのに気がついた。というのも、彼女は自分が母親になれば、これまでのように肉体を使った仕事を続けては行かれないと考えたからであった。父親は、テオドラがこの子を殺してしまおうと本気で考えているのを知った。彼はこの子が男の子であったのでヨアンネス[2]と名づけ、自分の手元に引き取り、彼を連れてアラビアを目指して旅立った。一八　父親は死期が近づくと、ヨアンネスがすでに成人になっていたので、息子に母テオドラとのいきさつをすべて話して聞かせた。一九　息子は父親の死後、父の葬儀を執り行なった。そして息子はしばらく後にビュザンティオンに赴き、母テオドラの応接係の召使いたちにこれまでのいきさつを話した。二〇　召使いたちはテオドラが何か非人間的なことを考えていようとは思いもしなかったので、母テオドラに彼女の息子ヨアンネスが面会に来ていると伝えた。二一　だが、この女はこの一件が夫に知られてしまうのではないかと恐れ、召使いたちに息子を面会に連れてくるように命じた。二二　テオドラは息子がやってくると、息子をいつもこの種の仕事をすることになっていた家臣の一人に引き渡した。二三　この不幸な人物がどんな方法でこの世から姿を消してしまったのか、

（1）九三頁註（3）を参照。

（2）現在大多数の研究者は、妃テオドラに息子がいたとするプロコピオスの記述はきわめて信憑性が薄いと考えている。プロコピオスは宮廷における単なる噂話の類を引用したのであろうとしている。

私には説明することはできない。今日までこの人物を見た者は一人もいないし、また女帝の死後になっても見た者は一人もいないのである。

テオドラの横暴

二四　あの時代にはほとんどすべての女性の道徳が低下していた。つまり女性たちは夫たちに対してこれ以上はないほどの勝手気ままな悪事を重ねていたのだ。女性たちはそうした行動を取っても、危険な目にも遭わず、被害を受けることもなかった。なぜなら、たとえ彼女たちが不倫の罪に問われても、彼女たちは何の罰を受けることもなかったのである。というのは、彼女たちはただちに女帝の下に行き、事態を逆転させたからである。二五　女性たちには犯した罪の判決が下されるどころか、女性たちは逆に夫たちを犯してもいない犯罪で告訴し、夫たちを法廷に引き出したのである。その結果として、夫たちには何の落ち度も証明されないのに、夫たちは妻たちの嫁入り資金を倍額にして、妻に返済しなければならなかったのである。そしてほとんどの夫たちはむち打ちの刑を受け、監獄に収監された。そして夫たちは、またもや不倫を犯した妻たちがこれ見よがしにふざけ廻ったり、何一つ恐れることもなく不倫相手とふしだらな行ないをしているのを見ることになった。それどころか、彼女たちの不倫相手の多くはその不行跡のゆえに名誉を得てもいたのだ。二六　そのためこの上ない苦しみを妻たちから味わわされた夫たちは、以後こうした神をも畏れぬ悪行の数々を自らから進んで受け入れ、沈黙のうちにむち打ちの刑を逃れるのだった。そして夫たちは、自分たちの本心が発見されることがないように妻たちにかつてないほどの自由を与えたのであった。

二七　この女は、国政に関することすべてを自分の意向で動かして当然であると考えていた。彼女は官職につく者や神官たちを自分で選んだのである。彼女は、有能で善良な人物がそうした地位にはつかないように、そして当人が将来は彼女の命令を実行できるような人物であるという二つの事柄を絶えず調査し、注意深く監視した。二八　彼女はすべての結婚を神にも似た全権で管理した。誰一人として結婚前に自分の自由意志で婚約を結ぶ者はいなかった。二九　つまり、どの男性にも突如として妻となる女性が現われるのだ。それは異民族のあいだでは習わしになっているように、彼女が彼の気に入ったからではない。だがこの国では、彼女がテオドラの意向に添っているから彼の妻となったのである。三〇　逆に、結婚適齢期にある女性にも同じ運命が待っていた。つまり彼女たちも自分が選んだのではない男性と結婚しなければならなかったのである。三一　テオドラは、何度となく花嫁を花婿の部屋から何の理由もないのに引きずり出し、花婿に結婚を祝う歌を歌わせることもさせなかった。それについてテオドラは怒りを露わにして、この花嫁は気に入らないと言うだけだった。三二　テオドラは他の多くの人々にもこれと同じようなことを行なった。たとえば請願取り次ぎ官の地位にあったレオンや宮廷官房長官ヘルモゲネスの息子サトルニノスの場合がそうだった。すなわちサトルニノスの妻は彼の又従兄弟で、処女で、自由身分のうえにしとやかな女性であった。彼女の父キュリロスは生前に彼女とサトルニノスを婚約させておいた。三三　新婚の夫婦が寝室を整えた後で、テオドラは花婿を逮捕し、別の寝室に連行させた。サトルニノスは大声で嘆き悲しみながら、クリュソマロの娘と結婚した。三四　このクリュソマロはかつては踊り子で、同時にヘタイラーでもあった。この頃彼女はもう一人のクリュソマロとインダロという女たちと宮廷で暮らしていた。三五　つまりこの三名の女たちはファロスに仕える仕事と劇場での生活の代わりにテオドラのために雑用をして暮らしを立てていたのである。三六　サトルニノスはこのクリュソマロの娘と初夜をおくり、彼女が処女でないことを知ると、自分は処女と結婚したかったと友人の一人に漏らした。三七　この話がテオドラの耳に入ると、彼女は配下の者たちに命じ、ちょうど小学校の生徒にするように、彼を空中高く放り投げ、背中を鞭でひどく打ち据えさせた。なぜなら、彼の態度が気取っており、傲慢で、それは彼には相応しくないからであるとテオドラは言い放った。そして彼女はサトルニノスに、以後は他人を中傷するようなお喋りは止めるようにと命じた。

カッパドキアのヨアンネス

三八　カッパドキアのヨアンネスの身に何が起きたかを私は先の章で述べておいた(1)。この人物は国政で失敗したから失脚したのではなく、テオドラに憎まれていたから失脚させられたのである。その証拠は以下のとおりである。後年、ヨアンネスよりももっと悪辣なことを臣下に対してやってのけた人間でもヨアンネスのようなひどい運命は辿らなかった。それは、ヨアンネスがそれ以外のことでもあえてテオドラに異をとなえ、彼女を皇帝に誹謗したからであった。それが原因となって彼女と皇帝のあいだで危うく諍いが起きるところであった。三九　すでに述べたように、いくつかの理由のなかで私は最も真理に近いと思われる理由を以下にぜひ述べなければならない。四〇　私が先に述べておいたように、テオドラはヨアンネスを虐待し、その後彼をエジプトで逮捕した。だがそれでもヨアンネスを懲らしめたいという彼女の気持ちは満足しなかった。それどころか彼女はヨアンネスに対して偽証する人物を探し続けた。四一　そしてその四年後になってテオドラはキュジコス市の緑組の不穏分子二人を見つけることができた。この二人は主教に反対の立場を取る者であると言われていた。**四二**　テオドラはこの二人にお世辞を言い、脅し文句を並べて結局そのうちの一人にヨアンネス暗殺という汚い仕事を承知させることができた。それはこの男がテオドラを恐れていたのと、汚れた望みに駆られたからであった。**四三**　もう一方の男は、これとは逆にひどい拷問にかけられ、すぐにも命を落とすことになるかもしれなかったにもかかわらず、真実から離れようとはまったく思わなかった。**四四**　そのためテオドラはそうした口実ではどうしてもヨアンネスを暗殺することはできなかった。そこでテオドラはこの二人の若者の右手を切り落とさせた。なぜなら一人は偽証することを拒んだためであり、もう一人はこの悪巧みが世間に知られないようにするためであった。二人の両手の切断は首都の市場で、しかも公衆の目の前で行なわれた。**四五**　だがユスティニアノスはこの事件については何一つ知らない振りをした。

（1）七頁註（3）および『戦史』一-二五を参照。ヨアンネスがキュジコスの主教エウセビオス暗殺に関与していたという疑惑は立証されなかった。

第十八章

ヴァンダル戦役

一　ユスティニアノスは人間ではなく、前にも言ったように、[1]人間の皮をかぶった悪魔である。このことは彼が無数の人々に与えた禍の規模を見れば証明されるところであろう。二　なぜならその並外れた悪行の程度にこそ、これを実行した者の力がはっきりと看て取れるからである。三　ユスティニアノスの手で命を落とすことになった人々の数をすべて正確に数えることは、神以外の誰にも不可能なことのように私には思えるのだ。四　つまり私の推測では、この皇帝があの世に送った人間の数を数えるよりも、海岸の砂粒の数を数えたほうが早いと思われるからだ。住民の姿が消えてしまった土地をすべてそしてできるだけ数え上げると、無数のそして数え切れないくらい多くの[2]土地がそれに該当すると言わなければならない。五　なぜなら、あれほど広大な土地を擁していたリビアは、今では荒廃してしまい、かなりの距離を旅しても、住民一人にすら出会うことが困難となった。これは特筆すべきことである。六　ヴァンダル戦役[3]開始当初は、この地に八万人のヴァンダル兵がいたにもかかわらずである。[4]これらの兵士たちの妻子、従者の数を誰が数え切れようか。七　それに、それまでこの地方の町に住んでいた多くの市民、耕地を耕していた農民、海で働いていた漁民の大部分を私はこの目で見たが、こうしたリビア人全員の数を数えるなど誰にもできないことであろう。この地にはヴァンダル人たちよりもずっと多くのマウルシオイ人たちがいたが、彼らも妻子ともども死亡することになってしまった。八　そのうえ、このリビアの大地は多くのローマ人と彼らに従ってビュザンティオンからやってきた者たちの命をも呑み込んでしまったのである。それゆえ、もしリビアの地で亡くなった者たちの数を五〇〇万人と確信を持って主張する者がいるとすれば、その主張は、私の推測では事実にはほど遠いと言わざるをえない。**九**　その責任は、ヴァンダル族制圧後に皇帝がただちに全リビア領の征服を確かなものにしようとしなかったことにあり、さらには獲得した富が信頼すべき家臣の手に確実に委ねられるように事前に計画しなかったことにある。それどころか皇帝は、ベリサリオスが政権奪取を企てているというまったく根拠のない非難(5)をし、彼を即刻首都に召還してしまったのである。その結果、ユスティニアノスは以後リビア領をそのときどきの思いつきだけで支配し、全リビアの地を破滅させ、略奪し尽くしたのである。

---

(1)第十二章「人間の皮をかぶった悪魔ユスティニアノス」を指す。

(2)正確な数を計算しているわけではなく、ユスティニアノスが殺害した人々の数の多さを強調した表現。原文は「一万の三乗（*μυριάδας μυριάδων μυρίας*）」。

(3)ヴァンダル戦役については補註Aを参照されたい。

(4)プロコピオスは開戦当初（五三三年）のヴァンダル人は八万人という。同様の記録は『戦史』三-五-一八にもある。しかしその数はやや誇張ではないかというのが多くの研究者の見解である。

(5)「根拠のない非難」については『戦史』四-八-二以下にも同様の記述がある。皇帝はベリサリオスにヴァンダル族の捕虜を連れて帰国するか、それともカルタゴ市に留まるかどちらかにせよ、と伝言させた。ベリサリオスは皇帝に忠誠を尽くし、ただちに帰国した。

一〇　いずれにせよ、ユスティニアノスは土地の鑑定を任務とする役人(1)を即刻リビアに派遣し、前例のない酷税(2)をリビア人に課した。彼は最上の土地をわがものとし、アレイオス派の信徒たちに彼らの行なう密儀を禁止した。一一　彼はローマ軍兵士たちの給与を遅配させ、それ以外にも兵士たちを虐待した。そのためローマ軍兵士たちの暴動(3)が起き、その暴動は非常に多くの兵士たちの死をもって終了した。一二　それはユスティニアノスが今ある秩序を一つとして維持しておくことができず、何もかも混乱させ、すべてをめちゃくちゃにせずにはいられなかったからであった。

東ゴート戦役

一三　イタリアはリビアよりも三倍も広い国土を持っていた。だがイタリアの至る所で見ることができる人間の数は、リビアよりもずっと少ないのだ。それで私のあげる数はイタリアでの死者の実数にほぼ近いものと思われる。一四　イタリアで起きた諸事件の真相について、私はすでに先の著書で述べておいたところである(4)。すなわち、彼はリビアで犯したありとあらゆる悪事をイタリアでも犯したのである。一五　彼は通称会計検査官(5)と呼ばれる役人をイタリアに派遣し、すぐにすべての物をひっくり返し、破壊してしまった。一六　東ゴート戦役の始まる前までの東ゴート王国は、ガリアの地からシルミウム市のあるダキア国境までをその領土としていた。一七　そしてローマ軍がイタリアに上陸したときは、ゲルマノイ族がガリアとウェネティアの広大な領土を支配していた。一八　シルミウム市とその周辺の土地はゲパイデス族の支配下にあった。けれどもそれらの土地は、すべて、一言でいえば人のまったく住まない荒れ地であった。一九　なぜなら、住民のある者は戦争で命を落とし、またある者は戦争の結果として起きた疫病や飢餓で死んでいったからである。二〇　ユスティニアノスがローマ帝国の支配者となってからは、フン族、スクラベノイ族そしてアンタイ族がイリュリアとトラキア全土を、すなわちギリシアとトラキアのケロネソス地方を含むイオニア海からビュザンティオン郊外までの土地をほぼ毎年のように襲い、その地の住民に二度と回復できないほどの損害を与えたからである。二一　つまり、一回の敵の襲撃があるたびに、二〇万人以上ものローマ人

---

(1)ローマ共和政期に起源を持つ土地の鑑定人（*τιμητὴς τῆς γῆς*）を指す。鑑定人は住民の数を確定し、一覧表を作成、住民の不動産などの資産の評価と課税額の決定などの業務を行なった。

(2)「前例のない酷税」とは第十二章に挙げられている強制割増税や強制割り当て税などの新たな税金を指す。

(3)アフリカに駐屯していたローマ軍兵士は給与の遅配、戦利品の分配に対する不満、ローマ軍に協力していたアレイオス派兵士の不満、アフリカ道長官ソロモンに対する不満などから、五三六年の復活祭にソロモン暗殺計画を実行した。暗殺は失敗したが、反乱軍は数を増して集結し、危険を察したソロモンはプロコピオスと共にベリサリオスのいるシケリア島に難を逃れた。反乱軍はストザスのもとで独自の王国樹立を計るが、ベリサリオスはシケリア島から急遽カルタゴに戻り反乱軍を鎮圧した。このときローマ軍の兵士の三分の二が反乱軍に加わっていたという。ユスティニアノス一世帝はトラキア軍区総司令官ゲルマノスをアフリカ軍区総司令官に任命し、彼をアフリカに派遣した。五三七年、ストザスとゲルマノスの両軍はケラス・ヴァタリで激突し、反乱軍は破れた。ゲルマノスは五三七から五三九年までアフリカに留まり、状況を安定させた。

(4)『戦史』七-二三を指す。

(5)道長官府の会計検査官（*λογοθέτης, logotheta*）と呼ばれる官職（『テオドシオス法典』一-二六-一）。その任務は決算、納税額および税収入などの会計分野全般における検査や物価の査定などであった。他方会計検査官の職権濫用も頻発した。会計検査官は、七世紀に入り道長官の権限が縮小するに従い、独立した部局に権限を拡大していった。

がこれらの地方で殺害されたり、奴隷に売られたりした、と私は計算している。その結果、今日ではこれらの土地全域にスキタイの荒野[1]が確実に広がることになったのである。

ペルシア戦役

二二　リビアとヨーロッパでの戦争の状況は以上のようなものであった。サラセン人は、ローマ帝国の東方の住民、すなわちエジプトからペルシア国境までの土地に住むローマ人を絶え間なく攻撃し続け、少しも休むことなく殺戮を繰り返していた。その結果、この地方一帯はすべて極端に住民の少ない土地となってしまった。こうして命を落とした人々の数を正確に調べることなどは誰にも不可能なことである、と私は考える。二三　ペルシア人とホスローは、今述べた地域以外のローマ帝国領土に四回も侵入し[2]、多くの町を破壊した。ペルシア人は、占領した町やそれぞれの村で捕虜にした住民のある者たちを殺害し、ある者たちを連れ去った。そして彼らが襲った土地には住民を一人も残しておかなかった。二四　その後、ペルシア人はコルキス地方に進出し、今日までコルキス人、ラジケ人そしてローマ人が彼らの手にかかって命を落としてきたのである。

ユスティニアノスの失政

二五　けれどもペルシア人、サラセン人、フン人、スクラベノイ人およびその他の蛮族も、むろん帝国に甚大な被害を与えないうちはローマ帝国領から引き上げることはなかった。二六　蛮族もローマ帝国を攻撃してきたときや、あるいはそれ以上に都市を包囲したときに、ローマ軍との戦闘で多くの抵抗に遭い被害をこうむり、蛮族の兵士もローマ人と同じ人数だけ命を落としたのである。二七　つまり、ローマ人だけではなく、ほとんどすべての蛮族も確実にユスティニアノスの殺人欲の恩恵を受けることになったのである。二八というのは、ペルシアのホスロー自身の性格も悪かったが――これについては先の著書の該当する箇所ですでに述べておいたが(3)――ホスローに戦争を開始する口実を与えたのは、まさにこのユスティニアノスなのであった。二九　それというのも、彼は行動を起こすときには、それに適した時期を選ばず、むしろ時に逆行してそれを行なった。彼は、平和なときや休戦協定のあいだに狡猾な策を弄して隣人に戦争を始める口実を与えてしまい、いったん戦争が始まると、彼は何の理由もないのに消極的となり、戦闘準備もけちなために非常に緩慢にしか行なわなかったのである。ユスティニアノスは、これらのことに力を注ぐ代わりに天上のことに思いを巡らし、神の本性について必要以上に心を砕いていた。彼は血に飢えた殺人者であったので、戦いを止めることはなかったが、敵に勝利を収めることもできなかった。彼は細かいことにこだわり、必要なことは何一つしなかった。三〇　そのためユスティニアノスが皇帝座にいるあいだは、全世界がローマ人とすべての蛮族の血で常に溢れたのである。

(1)「スキタイの荒野」という表現はヘロドトス『歴史』四-一七による。
(2)四度の侵入とは、五四〇年のシリア領への侵入、五四一年のラジケ領への侵入、五四二年のローマ領への侵入、五四三―五四四年へのローマ領への侵入を指す。
(3)『戦史』一-二三-一以下を指す。

三一　一言でいえば、以上がこの時代のローマ帝国中における戦争中の出来事であった。三二　ビュザンティオンおよび各都市で起きた馬車競技応援団による騒乱を数え上げてみると、そうした騒乱により命を落とした人々の数は、戦死した人間の数よりも少ないことはないのではないかと私は思う。三三　なぜなら、罪を犯した者たちに対して正義と公平な処罰が行なわれることがまるでなかったからである。皇帝は、青組か緑組の一方を強力に支援したので、もう一方の応援団が大人しくしていなかったのである。一方は敗北感に打ちのめされ、他方は傲慢になった。一方は絶望し、他方は向こう見ずな行動に常に出た。そして双方はあるときは群れをなして相手を襲い、あるときは小人数で相手を攻撃した。うまく行けばたまたま相手が一人のときを狙って待ち伏せするときもあった。彼らは、そうしたことを実に三二年[1]ものあいだ、一瞬たりとも止むことなく行ない続けたのである。彼らは回復不能な被害をお互いに相手に与え、大部分の者たちは首都総督配下の市民を取り締まる警吏の手で処刑された。三四　だが処罰の大半は緑組の団員に対して行なわれた。そのうえ、サマリア派信徒ならびにいわゆる異端諸派の信徒に対する死罪がローマ帝国を死者で埋め尽くした。三五　これらの点について私はすでに詳しく述べてきたので[2]、今は要約してこれだけを述べておくことにしよう。

悪魔の化身ユスティニアノス

三六　こうした災難は、悪魔が人間の姿をしたことで全人類に降りかかってきたのである。その災難はユスティニアノスが皇帝になったことで、まさに彼自身がその原因を作ったと言えた。さて、彼がその目に見えない力と悪魔の本性によって人類に対して行なってきた数々の悪行を次に述べるとしよう。三七　すなわちユスティニアノスがローマ帝国を支配していたあいだ、多くの災難やそれ以外の不幸な事件がいくつも起きた。ある者によれば、そうした災難は性悪な悪魔の存在とその悪企みによるものであるとされている。また別の者によれば、神ご自身がユスティニアノスの悪行を憎み、彼のローマ支配に背を向け、ローマ帝国を殺人鬼である悪魔に引き渡したので、ローマ帝国はこのような状態に陥ってしまったのであるという。三八　すなわち、スキルトス川が氾濫したとき、彼はエデッサの市民に限りない災難をもたらす元凶となった。これについて私は後で触れることにしよう(3)。三九　ナイル川は例年どおり水かさが増したが、その時期が来ても水位は下がらなかった。そのため、すでに私が述べたように(4)、その地の住民に甚大な被害をもたらした。四〇　キュドノス川はほとんどタルソスの町をすきまなく包囲し、何日間も町を水浸しにし、修復不能な損害を与えないうちは川の水は引かなかった。四一　何度もの地震が東方第一の都会アンティオキア、その隣町セレウケイア、そしてキリキアで最も麗しい都市アナザルボスを破壊した。四二　これらの地震で命を

(1) 本書の完成時期は現在では五五〇年とされる。プロコピオスは、ユスティニアノスが先帝ユスティノス一世帝下で実権を握っていたことから、まず先帝の在位期間九年間を数え、これにユスティニアノス一世帝の即位した年（五二七年）から五五〇年までの二三年間を加えて、三二年という年月を計算している。

(2) 第十一章「異端諸派への迫害と強制改宗」を指す。

(3)『建築』二-七「エデッサ市は高度の建築技術による建造物のお陰でスキルトス川の氾濫から守られている」-一以下を指す。

(4)『戦史』七-二九-六以下を指す。

失った人々の数をいったい誰が数えられるというのか。さらにイボラ、ポントス第一の都会アマセイア、プリュギアのポリュボトス（ピシディアの人はこの町をピロメデと呼んでいる）と昔から人口の多いことで知られていたエペイロスのリュクニドスとコリントスの町を付け加えることができよう。**四三**　つまり、当時の地震でこれらすべての町は崩壊し、ほとんどすべての住民が死亡する結果となったのである。**四四**　その後、前にも書いたように[1]、ペストが発生した。この疫病は、先の災難を生き延びた人々のほぼ半数を死に追いやった。**四五**　ユスティニアノスがまずローマ帝国の政治の実権を握り、後に専制君主として国家を支配していたあいだにこれほど多くの人間の生命が奪われたのである。

第十九章

浪費家ユスティニアノス

一　さて、ユスティニアノスがどのようにしてあらゆる金品を強奪したかについて私はここで話しておこう。けれどもまずは、ある名のある人物がユスティノスの治世が始まったときに夢で見たという幻視の話をしよう。**二**　その人物は私にこう話してくれた。「自分は夢のなかでカルケドン市のこちら側の、ビュザンティオンの海岸のどこかに立っていたようだった。するとこの男［ユスティニアノス］が海峡[2]の真ん中に立っているのが見えた。**三**　この男はまず海峡の水を一滴残らず呑み込んでしまった。それで海峡はなくなり、彼はついには大地に立っているかのように見えた。けれども次の瞬間には大量の汚物やゴミで一杯になった水が海峡の両側にある下水管からあふれ出てきた。この男はこの汚水も下水もすべて同時に飲み干してしまったので、海峡のあった場所は再び一滴の水もない大地となったのだ」。

四　夢に現われた幻視はこのようなことを明らかにした。叔父ユスティノスが皇帝座に就いたとき、このユスティニアノスは帝国の国庫が金貨で溢れんばかりになっているのを知った。**五**　つまり、諸皇帝のなかで最も思慮深く、誰よりも倹約家であったアナスタシオス一世帝は、もし自分の後に帝位を継ぐ者が諸経費に事欠くようなことになれば、その者はきっと臣民の財産を強奪するようになることを恐れて――そうした事態はまさに起きたのだが――すべての国庫を金貨で満杯にしたうえでその生涯を終えたのである。**六**　ユスティニアノスは、あるときは無意味な建物をいくつも海岸沿いに建てたり[3]、またあるときは蛮族との友好関係を保つためと称してこの国庫金をあっという間に使い果たしてしまったのである。しかもその国庫金は、極めつけの浪費癖のある皇帝であっても、一〇〇年はそれで充分にやっていけるほどの莫大な額であると誰もが考えるであろう額であった。**七**　すなわち国庫金、皇帝の私有財産それにその他の皇帝の収入を管理している役人たちなら、アナスタシオス一世帝がその二七年間以上におよびローマ帝国を支配しているあいだに三二〇〇ケンテナリアの金を国庫に残しておいたと断言するであろう。**八**　ユスティノス一世帝の九年間

(1)『戦史』一―一二および一―一三を指す。

(2)「海峡」とあるのはボスポロス海峡を指す。海峡の潮の流れは非常に速く、通常は黒海方面からマルマラ海に向かって流れている。

(3)同様の記述は第八章「愚かな驢馬ユスティノスと辣腕の甥ユスティニアノス」にもある。

におよぶ治世のあいだに、かのユスティニアノスは破滅と混乱を国家にもたらし、違法な手段で国庫に四〇〇〇ケンテナリアの収入をもたらした(1)。それらすべての金はたったの一つも残ってはいない。それらの国庫金は、私が先の著書で書いておいたように(2)、ユスティノス一世帝が存命中に、すべてこの男の手で浪費されてしまったのである。九　つまり、ユスティニアノス自身がその治世の全期間中に不必要にも臣民から強奪し、浪費した金額の決算とか計算書きはなく、またそれらの総額などを明らかにすることはまったく不可能である。一〇　それはユスティニアノスが、いわば涸れることのない川の流れのように来る日も来る日も臣民を破滅させ、その財産を略奪したからである。だがそれらの金品はすべてすぐに蛮族への贈り物として、あるいは海岸沿いに建てられた多くの建物の建築費として流れ去っていったのである。

臣民の搾取家ユスティニアノス

一一　ユスティニアノスは国庫金をすばやく使い果たしてしまうと、次には臣民にその眼を向けて、仮借なく暴力をふるって多数の臣民から財産を略奪したのである。彼は、ビュザンティオンやその他の町に住む金持ちと思われる者にありもしない告発をした。彼は、ある者には多神教の疑いありとし、ある者にはキリスト信仰における異端の疑いありとし、またある者には同性愛の罪で、また別の者には神にその身を捧げた処女たち(3)との恋愛関係あり、さらには彼女らとの許されざる性的関係のゆえに、あるいは政権転覆教唆のゆえに、あるいは緑組への肩入れ、皇帝不敬罪、あるいはその他の何らかの名目をつけて告発したのである。また彼は、すでに死者となった者や偶然そうした機会があれば生きている人間の遺産相続人に自分から進んでなったのである。つまり彼は、自分は彼らからそうしてほしいと言われて遺産相続人になったのだと主張した。一二　それは彼がこれらの行ないを一番誇りにしていたからであった。彼に反対して起きたあのニカと呼ばれる反乱を鎮圧した後、彼がいかにしてすぐに元老院議員全員の遺産相続人となったかについて私は先に書いておいた。[4] また彼がニカの乱以前にも少なからぬ元老院議員の財産を一つひとつどんな風に強奪してきたかについても、私は同じく先に説明しておいた。

蛮族への贈り物

一三　ユスティニアノスは、あらゆる機会を捉えて蛮族という蛮族すべてに莫大な贈り物を与えた。彼は、東方、西方、南方そして北方に住む蛮族、ブレッタニアに住む蛮族、そしてその他地球上の至る所に住む蛮族に贈り物を与えた。だがわれわれは、これまではこれら蛮族の存在すらまったく知らなかったし、彼らを

(1) アナスタシオス一世帝は三二〇〇ケンテナリアの金を、ユスティノス一世帝が四〇〇〇ケンテナリアの金を貯えておいたとプロコピオスは言う。しかしこうした莫大な金はユスティニアノス一世帝の浪費癖により使い尽くされたとプロコピオスは同帝を非難している。これらの数千ケンテナリアという額には誇張があるというのが多数の研究者の見解である。

(2) 第八章「愚かな驢馬ユスティノスと辣腕の甥ユスティニアノス」を指す。

(3)『ユスティニアノス法典』九-一三-一（五二八年）では修道女や永遠の処女を誓った女性たちとの不適切な関係は死罪に当たるとされている。

(4) 第十二章「人間の皮をかぶった悪魔」にも同様の記述がある。

見るのも、また彼らの名前を聞くのも初めてであった。一四 蛮族たちは、この男のこうしたやり方を耳にすると、世界中からビュザンティオンにいる彼の許へ押し寄せてきた。一五 するとこの男は何の疑念も抱かずに、こうした事態をことのほか喜んだ。彼はローマ人の財産を浪費し、蛮族や海の荒波に向かって無駄に金を投げ捨てるのを偶然の幸運と思い、次々とすべての蛮族に来る日も来る日も莫大な贈り物を持たせて帰郷させた。一六 これによりすべての蛮族が完全にローマ人の富の所有者となった。つまり蛮族たちは、皇帝の手から金品を受け取るか、あるいはローマ帝国を略奪するか、あるいはローマ人捕虜を売り飛ばすか、あるいは休戦協定を売りつけるかしたのである。私が先に述べた夢のなかの幻視が、それを見た者にはこうした形で現実となったのである。一七 ユスティニアノスは、臣民の財産を巻き上げるために狡猾にも別のいくつかの方法を編み出すことができた。それらの方法についてはできるだけ詳しく次章で話すことにしよう。いずれにせよユスティニアノスはそうした方法で全人類の財産をいっぺんにまとめてではなく、少しずつ、だが休むことなく取り上げることができたのである。

第二十章

営業税

一 まず初めにユスティニアノスはビュザンティオン市民を総括的に管理するために首都総督を任命した。そして首都総督は、以後商人たちと毎年の収入を一年ごとに分け合った[1]。その代わりに商人たちは、自分たちの決めた自由な値段で商品を売ることを許された。二　そのため首都の住民は生活必需品を三倍もの値段を払って買わなければならなくなった。市民はこうした事態に対する非難の矛先を誰に向けたらよいのか分からなかった。三　こうした政策により市民には甚大な被害がもたらされた。なぜなら、国家が商人の納める税金の一部をわがものとしたので、納税局の官吏もそれに倣って私腹を肥やそうとし、さらにそれにより納税局の下役人たちもこうした恥ずべき行為にとらわれたからである。四　そして商店主たちも好き放題に不正な商行為に走り、商品を買う必要に迫られている顧客に修復不能な悪事を働くことになった。つまり、今何度も述べたように、商店主たちは客から何倍もの高い値段を取り立てたばかりか、故意に欠陥商品を数限りなく作り出したのである。

(1)「収入を分け合う」とは、商人たちが首都総督に税金を払うことを意味した。第二十六章「臣民への虐待」では、「皇帝が一年に三ケンテナリアもの金を税金としてパン屋から徴収していた」とある。皇帝は商人、職人、農夫、水夫などに同職組合などを通じて間接的な独占企業権を与え、その代わりに一定の税金を納めさせていた。そしてこれらの商売に従事する者たちには価格や賃金を自由に決定させたのである。そのために物価が高騰したとプロコピオスは皇帝を非難する。税金の徴収には市民取り締まり官（『修正勅令』一三「市民取り締まり官について」、五三五年）が当たったと思われる。だが首都総督、市民取り締まり官そして監察官の職務分担は明確ではなく、その担当する任務は、プロコピオスが非難するように、重複しており、不明確であった。

独占販売権

五　次に彼はいわゆる独占販売権(1)を多くの分野に導入し、一般市民の幸福をこうした暴挙を行なうことをためらわない人々に売り渡したのである。ユスティニアノス自身は、自分がこうした政策で収入を得さえすれば、彼の悪事の仲間にその仕事を任せておいて、彼らがその仕事を勝手気ままにしていても自分はそれには関与しなかった。六　彼は他のすべての官僚組織でも公然と同じような過ちを犯していた。それは、皇帝が盗品から一定の、少なからぬ割合を常に自分の取り分としたので、官庁や各部門の役人たちも自分たちの罠に掛かった犠牲者から何ら恐れるところもなく金品を強奪したからである。

市民取り締まり官と監察官の新設

七　これまでは市民を取り締まる一つの官職だけがすべての告発を処理できていたが、彼はそのために作られていたこれまでの古くからある官職が不充分でもあるかのように、別に二つの官職を国政に新設した。八　皇帝は、職業的な密告者の数を永続的に増やし、まったく無実の人間の身体を今までよりずっと早く拷問にかけることができるためにこの二つの官職を新設することに決めたのである。九　この二つの官職のうちの一つは、言葉のうえだけでは泥棒を捕まえるのがその表向きの仕事とされ、市民取り締まり官(2)という名称が与えられた。もう一つの官職に就いた役人は、同性愛者を罰し、女性と不倫をした人物や正統信仰に従わない者たちなどを告発することを任務とし、監察官(3)という名称が与えられた。一〇　市民取り締まり官は、盗品のなかに高価な品物を見つけると、それを皇帝の許に運び込むのが適当と考えて、この盗品の持ち主はどこにも見つかりませんと報告した。一一　こうすることで皇帝はいつでも最高級の品々を手に入れることができた。これに対していわゆる監察官は、犠牲者たちを粛清し、皇帝の望む品物を皇帝に献上したが、自分もそれに劣らず違法な手段を使って他人の財産で自らも裕福になった。一二　この二つの官職を得た役人たちは、犯罪の原告を連行してくることもなければ、その証人を提示することもなかった。彼らは常に原告もなく、調査もせず、まったく秘密裡に手当たり次第に誰彼構わず殺害し、その財産を奪い取ったのである。

---

(1)ビザンツ帝国の独占企業および独占販売業務は武器製造、貨幣鋳造、軍人および官僚の衣服製造、染色、とくに皇帝専用の緋色の染色、ギリシアの炎という生石灰と油の混合物からなる半液体の火器の製造、塩やパンの製造と販売などがある。プロコピオスの時代にはこれにさらに絹生産と絹製品の販売が加わった（第二十五章「絹産業の国営化」）。

(2)市民取り締まり官（πραίτωρ δήμων, praetor plebis）はローマ帝政期の夜警取締官（νυκτέπαρχος, praetor vigilium）に代わる部局としてユスティニアノス一世帝により新設された（五三五年）。その任務は泥棒、強盗、殺人、騒乱などの取り締まりにあった。市民取り締まり官はこれらの任務を遂行するための警察力と消防団を持ち、犯人に死刑を執行することもできた。

(3)監察官（κοιαισίτωρ, quaesitor）の本来の任務は、商用などのために属州から首都に上京した人々に対して商用が済み次第にただちに帰郷するように指示した。また人々が定職を持たずに首都に滞在し、ホームレスとならないように監視・指導した。首都の秩序を守るために監察官には裁判権も、警察権も与えられていた。プロコピオスはこれに加えて監察官には信仰や倫理に関する諸問題の解決も任せられていたとしている。監察官のポストは五三九年に導入されたとされる。

宮廷法務長官

一三　しばらくするとこの殺人鬼は命令を出して、この二つの新設の官職に就いた役人たちと首都総督支配下の役人の三者があらゆる告訴を受理できるものとした。それは、三者のうちのどの役人がより多く、またより迅速に同胞を破滅させることができるかを競わせるためでもあった。一四　そしてもしこの三つの役所のうちのどこか一つに告訴が提出されたら、その役所はすぐにその事案の審理を誰が扱うかを皇帝に問い合わせ、ただちに皇帝の指示を受けなければならないと命じた。その後皇帝は、この三つの役所のなかで他の二つより早かった役所の者が審理の担当者になるのだ、と指示するのだった。一五　彼はいわゆる宮廷法務長官と呼ばれた官職もそれに相応しくない姿に変えてしまった。言ってみれば、すべての諸先帝たちはこの官職に特別の注意を払っていて、とくに経験豊かで、法律に精通し、けっして賄賂の通じない人物がこの官職に就くように配慮してきた。なぜなら、もしこの官職に就いた人物が経験も少なく、物欲の激しい人間であったなら、それは国家にとっては将来にわたってたいへん大きな災難を呼び込むこととなるからであった。一六　この皇帝はこの官職にまずトリボニアノスを任命した。この人物の言動については先の著書で充分述べてきたとおりである[1]。一七　トリボニアノスが亡くなると、彼には一人息子と大勢の孫がいたにもかかわらず、皇帝はトリボニアノスの財産の一部をわがものとした。それでトリボニアノスの人生最後の日が来ると、ユスティニアノスは彼の官職にリビア生まれのユニロス[2]という人物を任命した。このユニロスという男は法律のことなど何一つ知らず、修辞学者でもなかった。彼はラテン語の文法はよく知ってはいたが、ギリシアの基礎を習いに小学校に行ったことが一度もないので、ギリシア語を正確に話すことはできなかった。彼は確かに何度もギリシア語を発音しようと努力はしたが、そのたびごとに家臣たちの嘲笑を買うことになった。彼はなりふり構わずに汚れた金貨を追い求めた。ユニロスは公衆の面前で皇帝が署名した文書を金貨と引き替え、それを何の恥とも思わなかった。一八　ユニロスという男はたった一枚の金貨のために見ず知らずの相手に手を差し出すことをまったくためらわなかった。一九　ローマ帝国は丸七年間というものこうした喜劇を演じるはめになった。二〇　このユニロスに寿命が来ると、皇帝はコンスタンティノス(3)とい

(1)『戦史』一-二四-一六以下を指す。

(2)ユニロスはアフリカ生まれの宮廷法務長官としてトリボニアノスの後任となり、七年間（五四一／四二—五四八／四九年）在職していた。第二十章「宮廷法務長官」においてプロコピオスはユニロスを法律にもギリシア語にも通じず、賄賂にも手を染めていたと酷評している。だが『学説彙纂』序文-九でユスティニアノス一世帝はユニロスを「その卓越した見解と名声により余が深く敬愛するユニロス」と述べている。またユニロスは『皇帝勅令作成の小規則集（*Instituta regularia divinae legis*）』を著わしていて（五四二年頃完成か）、この著作はカッシオドロスにも知られていた。

(3)コンスタンティノスは前出のユニロスの後任として宮廷法務長官（五四八／四九—五六二年）に指名された。彼は法学を治めてはいたが、若くて長官就任時には実務経験はなかったようだ。だが彼は皇帝にきわめて近い人物であった。彼の就任時は、プロコピオスが本書を完成する一年前であったと思われる。ユニロスは五五三年五月に皇帝の命令を受け、第五回公会議（コンスタンティノポリス）への出席を拒否したローマ教皇ウィギリウスの名前を二名折り板（ディプティコン）から削除するように第七会議で提案した。五六二年十一月から十二月にかけてユスティニアノス一世帝暗殺事件の審理が行なわれた。被疑者取り調べに当たったコンスタンティノスは、同僚ユリアノスと共に被疑者の一人アエテリオスを意図的に庇ったとの嫌疑を受け、取調官を罷免された。だが彼が宮廷法務長官を罷免されたとの記録はないものの、その後の彼の消息は不明である。

う人物をこの官職に就けた。この男は法律に通じていないというわけではなかったが、まだ年が非常に若く、弁護士としての経験を一つも積んでいなかった。そしてその性格には誰よりも強い盗み癖があり、おおぼら吹きでもあった。二一　このコンスタンティノスはユスティニアノスにとても気に入られていて、ことのほか深く信頼されていた。というのも、皇帝はこの男を通じて他人のものを盗み、いつもこの男に判決を下させておけば、それで不都合なことはないと考えていたからである。二二　それによりコンスタンティノスは短期間に莫大な財産を手に入れ、この上なく尊大な態度を取るようになった。彼はまるで空中を浮遊し[1]、あらゆる人々を見下すかのようであった。もし誰かが多額の賄賂をコンスタンティノスに渡そうとすれば、その者は彼の腹心の部下に賄賂を渡せばよかった。そうすれば当人は希望する案件を実現できると確信がもてた。二三　だが、誰一人としてコンスタンティノス自身に面会したり、ともに会話を交わしたりすることはできない。もしそれができるとすれば、それはコンスタンティノスが大急ぎで宮廷に行くときか、あるいは宮廷から退出してくるときであった。そうしたときでもコンスタンティノスは誰かに無駄に呼び止められて先を急ぐのを邪魔されたりしないように、ゆっくり歩かずに、せかせかと、しかも早足で道を行くのであった。

第二十一章

空気税

一　皇帝のやり方とは以上のようなものであった。皇帝は通常の税金に加えて、道長官[2]から毎年三〇ケンテナリア以上もの金を徴収した。二　彼はそれに空気税[3]という名称を与えていた。私が思うに、この名称は

(1) 一〇五頁註（3）を参照。

(2) 道長官は皇帝直属の最高位の行政官であり、帝国内には二名任命されていた。オリエント道長官（コンスタンティノポリス）とイリュリア道長官（テッサロニケ）はそれぞれの管轄区域内で複数の管区長官やその下の多くの属州長官を従えて国家の財政、行政そして司法の三分野を統括した。財政分野での重要な任務は毎年の徴税、臨時の課税と免税、国有地の賃貸業務全般、流通貨幣の管理、国営倉庫の維持と管理などであった。行政分野での主な任務はすべての属州における法と秩序の維持、属州長官の任命、罷免および監督、国営の駅逓制度の運営、国営の衣服工場や武器工場の運営、首都を初めとする食糧の確保とエジプトと首都を往復する穀物輸送船団の運営、パン、オリーヴ、魚などの食料品等の物価統制、公共建築物、港湾、城壁や道路などの建設と修復、高等教育機関に奉職する教員の人選、異端派信徒の監視と取り締まりなどである。司法の分野では道長官は民事および刑事裁判の控訴審を担当し、皇帝に次ぐ最高権威者とされた。オリエント道長官はこれらの任務を遂行するために約二〇〇〇名を下らない役人を管理下に置いていた。

(3) ユスティニアノス一世帝により導入された空気税（ἀερικόν）とは、違法建築物に対する罰金と言え、各家屋間に規定されている空間を守らない場合などに監督官庁から発見されしだい徴収された（『ユスティニアノス法典』八-一〇-一二-五c）。そのため特別税の印象が強くあり、さらにこの法律の悪用と濫用が重なり、プロコピオスはこの空気税を強く非難するのである。

以下のことをはっきりと示している。すなわち、この税金は事前に確定されたものでもなければ、従来から慣習として徴収されてきたものでもない。皇帝は、この税金をいわば空中から何らかの偶然により皇帝の手に落ちてくるように受け取るのであった。したがってこうしたことは彼の悪しき性格のなすわざと言わざるをえないのだ。三　この役目についている役人たちは、何の恐れもなくこの空気税という名の下に臣民の財産を略奪して憚らなかった。四　なるほどこの役人たちは皇帝に税金を差し出しはしたが、自分たちも何の苦労もなく皇帝の財産の一部をわがものとしたのである。五　ユスティニアノスはこうしたことにまったく注意を払わなくても当然であると考えていた。彼は役人のなかの誰かが急に大金持ちになると、当人に対して突如として反論不能な告訴を行ない、それにより彼の全財産を取り上げる機会を狙っていた。それがまさに彼がカッパドキアのヨアンネスに対して行なったことであった。六　確かにこの頃この役職についた人間は、誰もが突如としてとてつもない大金持ちになった。だがそのなかで二人だけ例外がある。その一人はポカスである。彼は、先の著書で私が書いておいたように[1]、至高の正義の番人と言うべき人物である。つまり、この人物はその役職にあるあいだはいかなる利益にも眼をくれようとはしなかったのである。もう一人の人物はバッソスで、彼は後になってからこの官職についた。七　この二人は共に一年間もその任期を全うすることはできなかった。というのも、二人は役に立たず、時代に逆行する者であるとされ、就任後数ヵ月で役目を解かれたのであった。八　だが私の話が細かい点に及び、果てしなくならないように一言だけ付け加えておこう。こうした状況はビュザンティオンにおける他の官職でも生じていたのである。

官職売買

九　さてユスティニアノスは、全ローマ帝国内の至る所で次のようなことを行なった。彼は最も悪辣な人々を選び出し、大金と交換にこの者たちに役職を売り渡し、官僚制度を腐敗させてしまったのである。[2]　一〇　なぜなら、賢明な人物や幾分の理性がある者ならば、何の罪もない人の財産を強奪するために自分の金を賄賂として差し出そうなどと考える者はいないからである。一一　ユスティニアノスは、官職を望む者たちからこうした賄賂を受け取り、彼らをその地位につけ、彼らに思いのままに臣民に対する悪事を働かせたのである。一二　そして役職についた者たちは、あらゆる土地とそこに住む人々を破滅させ、次には自分自身たちが大金持ちになろうとしたのであった。一三　都市の役職を手に入れるために両替商から多額の利息で借金をした者たちや、官職を自分に売ってくれた人に借金を返済しなければならない者たちが任地の町に着任すると、彼らのありとあらゆるよからぬ性格が臣民にすぐに知れ渡ることになった。というのも、彼

(1)『戦史』一―二四―一八を指し、そこではポカスの賞讃すべき性格が指摘されている。

(2)ユスティニアノス一世帝の治世下でもローマ帝政期以来の官僚制度の腐敗は横行していた。人々は何らかの官職を得るために賄賂を皇帝や高官に差し出していた。たとえばカッパドキアの属州長官の地位を得るには五〇ポンドの金を妃テオドラに差し出す必要があったとされている。また新任の官僚は辞令を交付してもらうために手数料をいわば認可料として支払う決まりがあった。辞令を交付する側からすると手数料は臨時収入と言え、それは低額の給与を補うものでもあった。

らは約束した金額を債務者に返済することと、それが済んだら次はいかにして自分たちが大金持ちになれるかだけに最大の努力を傾注したからである。そうした行為は彼らに危険や恥をもたらすものではなく、逆に彼らがより多くの犠牲者を何の理由もなく殺害した後で、その財産を強奪できればできるほど、より多くの名誉が彼らに与えられたのである。一四　つまり、殺人者とか略奪者という名称は、彼らにとっては実力者の代名詞となったのである。一五　だが、ユスティニアノスはこの地位についた役人たちのなかで大金持ちになった者を見ると、ただちに口実を設けて彼らをいわば底引き網にかけて、彼らの財産をまとめて残らず取り上げてしまうのであった。

一六　後年ユスティニアノスは法令[1]を発布して、何らかの役職にある者はいかなる盗みも絶対にしてはならず、官職を得るために賄賂を贈ったり、あるいは官職のために賄賂を受け取ったりはしないと誓約することとした。一七　そしてもし誰かがこの法令に違反するようなことがあれば、その者には先祖伝来行なわれてきた、ありとあらゆる呪いがかけられるべし、と彼は述べた。一八　けれどもユスティニアノスは、この法令を発布してから一年も経たないうちに自分からこの法令や呪いを無視し、さらにはこうした行為に対する恥を軽んじて官職の値段を取り引きする有様であった。それも密かに行なうのではなく、公共の市場で取引をしたのであった。一九　そして官職を金で買った者たちは、誓約をしたにもかかわらず、以前より頻繁にあらゆるものを強奪したのである。

賃貸される官職

二〇　その後彼は狡猾にも、もっと別の、これまで耳にしたことのないような方法を考え出した。彼は、ビュザンティオンおよびそれ以外の都市において最も重要であると考える官職をこれまでのように売買するのではなく、官職を賃貸する人物を捜し回り、複数の賃貸人を選び出した。賃貸人は、一定の報酬を得る代わりに、不正に取得した金品をすべて皇帝に差し出すものとした。二一　しかし賃貸料を払った者たちは、恐れることなくすべての土地からありとあらゆるものをかき集めた。それで金だけが目当ての雇われ人たちの勝手放題が横行し、彼らは官職の名の下に臣民から略奪した。二二　このようにして皇帝は、四六時中厳格に注意を払い、誰よりもいちばん悪辣な人間をこの地位につけた。彼は幸運にもそうした悪人をいつも捜し出せたのである。二三　さて、こうした悪辣な人間がまず官職につき、彼らに与えられた権限の持つ力がいかに悪質なものかが露呈されると、われわれは、人間の本性にはこれほど悪意に満ちたものが内包されているのだということに驚きを禁じえない。二四　次に、彼らの後任者が前任者よりも悪辣なことができると、以前はこの上なく悪人に見えた人間が今では逆に善良で高貴な人物に見え、その言動も後任者より優っているように見える、ということに人々はお互いに困惑を覚えるのであった。そして三番目の役人は、その悪辣

（1）ここで言う法令とは官職売買を禁止した『修正勅令』八-一以下（五三五年四月十五日）を指す。これによればこの法律に抵触した者には追放刑、財産没収および肉体的懲罰などが定められている。

さにおいて二番目の役人を上回るのであった。そしてまたその次には別の人物がその地位につき、悪行を新たに重ねることでその人物は彼の前任者により高い評価を与えるのであった。二五　悪弊がこのように広がってゆくと、その事実に照らして誰もが次のようなことをはっきりと知るようになった。すなわち、どの人間の悪も果てしなく増大するもので、その悪は先人の悪行を知ることでさらに増幅され、犠牲者を破滅させるに至る勝手放題がまかり通ることになる。そしてそうした悪行は、犠牲者の思いが許す限界ぎりぎりのところまで広がってゆくのだ、ということを誰もが知るのである。

フン族の跳梁

二六　ローマ帝国における官僚の状況は、およそ以上のようなものであった。トラキアとイリュリア地方の軍司令官たちは、好戦的なフン族の一群がローマ人を捕虜にし、ローマ領を何度も略奪して廻ったので、彼らの帰途を狙って彼らを攻撃しようとした。だが、彼らのもとにユスティニアノスから書面による命令が届いたので、軍司令官たちは計画した攻撃を中止しなければならなかった。なぜなら、彼らはユスティニアノスの書簡を読んだからである。それには異民族に対する攻撃を禁止する、と書かれてあった。なぜならフン族は、ゴート族およびその他のローマ人の敵に対する同盟軍として不可欠な存在であるから、と記されてあった。二七　それ以後この蛮族は、トラキアとイリュリア地方で敵のように略奪を働き、その地のローマ人を捕虜にした。だが彼らはローマ人の味方であり、同盟軍でもあったので、彼らはそれ以外の戦利品と捕虜を手にして自分たちの故郷に戻っていった。二八　しかしかの地の農民たちは、奴隷として連れ去られた自分たちの妻子への愛情から、しばしば無数の数となって自分たちの故郷に戻る途中のフン族を何度も襲い、その多くを殺害した。そして農民たちは自分たちの馬と略奪されたものすべてを取り返すことができた。だが、農民たちはそのために腹立たしい経験をすることとなった。二九 すなわち、ビュザンティオンから皇帝の使者がやってきたのである。皇帝の使者は、これらの農民を拷問にかけ、その身体を痛めつけ、何の躊躇もなく彼らに罰金刑を科した。そのうえ農民がフン族から奪い返した馬をすべてまたフン族に返させたのであった。

第二十二章

両替商人ペトロス・バルシュメス

一 皇帝とテオドラはカッパドキアのヨアンネスを粛清すると、すぐに代わりの人物をその地位につけようと思った。二人は一緒になってヨアンネスよりももっと悪辣な人間を捜し出そうと大いに努力した。二人は暴君の手先になるような人間はいないかと探し回り、ありとあらゆる人間の性格を厳密に調べ上げた。それは、今までよりももっと早く臣民を破滅させることができるようにするためであった。二 二人は暫定的にヨアンネスの後任としてテオドトスなる人物を採用した。この男の性格はむろん充分に悪辣なものであったが、それでもこの男は二人にはとくに気に入った候補者というわけではなかった。三 その後二人は国中あちこちと候補者を捜し回った。そして偶然にも二人は、ペトロスという名のシリア人両替商で、渾名をバルシュメス(1)という人物を捜し出した。ペトロスはもうかなり長いこと銅貨の両替用のテーブルに座っていて、この商売で最も汚れた利益を上げてきた。彼はオボロス銅貨をとても巧妙にごまかして、いつもお客をその指先の巧みさでペテンにかけていた。**四** つまり、彼は犠牲者たちの財産をずる賢く、誰にも邪魔されることなく盗み続け、犯行現場を取り押さえられると、誓いを立て、両手の犯した罪を大胆な弁舌で覆い隠したのであった。**五** 彼は道長官の部下の一員に加えられると、その任務を他の追随を許さないほど異常なやり方で押し進めた。そのため彼はテオドラにことのほか気に入られた。テオドラが望んだ悪事を実行するのが不可能なときでも、ペトロスはこれを彼女のためにやすやすとやってのけた。**六** そこでユスティニアノスとテオドラは、カッパドキアのヨアンネスの後任に任命した先のテオドトスをすぐさま解任し、このペトロスをその地位につけた。ペトロスは二人が希望することは何でも実現して見せた。**七** すなわち、ペトロスは兵士からすべての給与を取り上げてしまったのである。だが、誰一人として彼がそれを恥じているところも、また彼が恐れを抱いているところをも見ていない。それどころか彼は、以前よりも大規模に官職売買を押し進めたのである。しかも官職の売値を前よりも安くし、そうした不正な取引を行なうことを何とも思っていない輩に官職を売り渡したのである。そしてペトロスは、官職を金で買った者たちに支配下の人々の命と財産をあからさまに好き放題にさせておいた。**八** すなわち彼自身にも、また金で官職を買った者たちにも、すぐに略奪と強奪の自由が代償として約束されたのであった。そして国家の中心人物(2)が率先して人の命を商品として売買し、**九** 都市を破壊する契約を結んだのである。そして法に則った盗賊の姿が公共の市場や高位の裁判所のあちらこちらに見受けられた。この法に則った盗賊は、自分たちの仕事を官職に就くための手数料の徴集と呼んだ。そこには犯した過ちに配慮されるなどの希望はほんのひとかけらもなかった。

一〇　皇帝は、多くのそして優秀な人材の集まっている官僚のなかから、性格が最も悪質な人間を採用した。

一一　そのため皇帝だけが罪を犯すだけでなく、遅かれ早かれ官職についた人間もいずれは罪を犯すことになった。

一二　いわゆる宮廷官房長官も、その他のパラーティーノイ[3]と呼ばれる宮廷の諸官僚たちも、すなわち国

---

(1) ペトロス・バルシュメスはシリア生まれの両替商で、オリエント道長官府の役人のとき妃テオドラの知遇を得て出世した。国家財政管理局長（五四二年三月）、オリエント道長官（五四三年七月—五四六年五月）、国家財政管理局長（再任、五四七／四八—五五〇年あるいは五五五年までか）、オリエント道長官（再任、五五五年六月—五六二年五月）を歴任した。彼は「貴族」爵位を授与され、名誉執政官にも指名されている。バルシュメスという名前は「シモンの息子」を意味し、シモンは『使徒行伝』八-一八—二四ではサマリアの魔術師と記されている。彼は本書第二十二章において兵士への給与の廃止、官職売買の悪弊、すべての官庁における公金横領、シュノーネー制度の導入、臣下への下賜金の廃止、さらには絹製品売買の国営化（第二十五章）の元凶とされている。

(2) 「国家の中心人物」の原文は *τὸ κεφάλαιον τῆς πολιτείας* であり、中心人物とはユスティニアノス一世帝あるいはペトロス・バルシュメスを指すものと思われる。

(3) 「パラーティーノイ（*παλατῖνοι*, palatini）」は宮廷に仕える軍政および民政の役人の総称。本章での役人たちは具体的には国家財政管理局、皇帝私有財産管理局そして皇帝私有地管理局の役人のなかの一つを指す。

有財産の管理人[1]と皇帝の私有財産の管理人、つまりパトリモーニオンと呼ばれる皇帝の私有財産[2]を常に管理することになっている役人たちも同じような過ちを犯していたのである。総じて言えば、ビュザンティオンおよびその他の諸都市の官僚たちはすべて同様の過ちを犯していたのだ。一三　つまり、この暴君が国政の実権を握って以来、彼は各役所の役人が当然受け取るべき収入を何の正当な理由もないままに、あるときは自分自身で横領したり、またあるときは役人がそれらの収入を不当にも横領したりしたのである。そしてこれらの役人の指示に従わなければならない者たちは極貧の境遇に転落し、その全生涯を哀れな奴隷とまったく同じように主人に仕えなければならなかった。

シュノーネー制度の導入

一四　あるときビュザンティオンに大量の穀物が搬入されてきたことがあった。ところがこの穀物の大半はまったく腐っていた。だが、彼はこれらの穀物が食用にはならなかったにもかかわらず、この腐った穀物を東方の各都市にそれぞれの町の規模に応じて引き取らせた[3]。それもこれまでのように最上の品種を売るときのような値段で売りつけたのではなく、それよりもずっと高い値段を付けたのである。穀物商人は、この上なく恥知らずな値の付いた穀物をどうしても高い値段で買い取らなければならず、後にはこれらの穀物を海や下水口に棄てざるをえなかったのである。一五　ユスティニアノスは新鮮で、どこも悪くなっていない穀物が大量に首都に保管されているときでも、穀物がなくて困っている大多数の町に穀物を売りつけることにした。一六　つまり、その際にも皇帝は、国家が以前臣民に売っていた穀物の値段の倍額を付けたのである。一七　しかし、翌年にも穀物の収穫量が前年と同じにならず、穀物輸送船がビュザンティオンの港に入港しても、穀物が不足したか、あるいは必要な量の穀物が確保できないことがあって、ペトロスはこの状況に打つ手がなく、困惑した。そこで彼はビテュニア、プリュギアそれにトラキア地方から大量の穀物を買い上げようと決めた。一八　そのためこの地方の人々はたいへんな苦労をして穀物を海岸まで運び、さらに危険を冒して穀物をビュザンティオンまで運び込まなければならなかった。彼らはそれに対して表向きほんのわずかな報酬をペトロスから得ることは得たが、彼らの受けた損害の方がずっと大きかった。その結果、彼らは、もし自分たちがこの穀物を国の穀物倉庫に贈呈し、そのうえそのための手数料を支払うことが許され

(1)「国有財産管理局の役人たち（θησαυροί, thesauroi）」は全国に散在する国有地の賃貸料、元老院議員税、国営の鉱山や絹製品や武器製造の国営工場の収入、商人たちからの営業税、関税やそれ以外の国庫に入る諸収入を徴集・管理する役人を指す。この部局の役人は兵士への下賜金分配をもその任務とした。

(2)「皇帝の私有財産（τὰ πριβάτα, resprivata）」、「パトリモーニオン（πατριμόνιον, patrimonium）」とは皇帝および皇帝一族が使用するための私的財産を言う。私有財産を構成したのは皇帝私有地の賃貸料、皇帝への寄付金、個人による皇帝への遺贈、先帝等の遺産、刑事罰を受けた罪人から没収した動産および不動産一切、相続人のいない遺産、あらゆる種類の強制的に没収された財産などである。皇帝の私有財産は後継皇帝に遺産として残された。この種の財産は後には国家財政が不足するときにはその補塡に使用された。

(3)ユスティニアノス一世帝はペトロスを使って余剰農産物を地方の各都市に高額で強制的に引き取らせた。他方首都で穀物が不足すると地方から穀物を安い価格で強制的に買い上げた。一六七頁註（1）を参照。

れば、そのほうを大いに喜こぶほどだった。一九　この種の負担を人々はシュノーネー[1]と呼んだ。それでもビュザンティオンには必要なだけの穀物が入ってこなかったので、多くの人々はこうした方法をとった皇帝を非難した。二〇　同時に、ほとんどすべての兵士にそれまで支給されてきた給与が停止されたので、兵士たちは徒党を組み、首都では不穏な動きを見せ、多くの騒動を起こした。二一　そのときは皇帝もただちにペトロスに怒りを覚えたようで、次のような理由で彼を解任しようとした。まず第一には今述べたような理由で、第二にはペトロスが法外な額の財産を隠匿しているとの報告を受けたからである。その財産はペトロスが国庫から横領したものであるとされていた。二二　そしてそれは事実でもあった。しかしテオドラは夫にそうすることを許さなかった。それは、テオドラがペトロスの悪辣さと、臣民を破滅させる術を充分に心得ていた点をとくに高く評価していたからであると私は考えている。二三　というのも、テオドラ自身がこの上なく残酷な人間であり、人間味のかけらすら何一つない女だったからだ。彼女はその性格が自分に最もあうような配下を集めておくことが重要だと思っていた。二四　噂によると、テオドラはペトロスに魔法をかけられ、不本意ながら彼を庇護したという。二五　というのも、このバルシュメスという男は他人に毒を盛ったり、他人に魔法をかけることにとくに巧みで、そのうえいわゆるマニ教を崇拝し、自分がマニ教徒の指導的立場にあるということを誰にも隠すつもりはまったくなかったからである。二六　女帝はこうしたことを耳にしても、彼に対する庇護を止めようとしないどころか、逆にそのために彼を今までよりも手厚く庇護し、高く評価した。二七　なぜなら、テオドラも子供のときから魔術師や毒薬の調合師と行き来があったし、彼女の言動も毒殺や魔術と深く関係していたので、彼女も生涯にわたって毒薬や魔術を信じ、常にこれらに頼っていたからである。二八　噂によれば、テオドラは甘い言葉で夫におもねるよりも、逃れることのできない魔法の力で夫を意のままにしていたという。二九　というのも、この男は他人に好意的でもなければ、正義感もなく、また確固たる善意の持ち主でもなかったので、この種の悪巧みに結局はうち勝てなかったのである。彼は、殺人や金銭に対する欲望には明らかに弱かったし、彼を騙そうとしたり、彼に甘言を弄する人間の言葉にはやすやすと耳を傾けた。三〇　彼は最も力を注いでいる案件についても、何の理由もなく考えを変えた。彼の性格はいついかなるときでも砂埃に似ていた。三一　そのため彼の親族のうち誰一人として、またとくに彼を知る、名のある者で彼を心から信頼する者は実にこれまで一人としていなかった。彼の言動には一貫した信念というものが常に欠落していた。三二　このようにしてユスティニアノスは、今も言ったように、毒薬の調合師の術中に陥りやすかったし、いとも簡単にテオドラの手管にもはまってしまったのである。こうした事情から女帝はペトロスが魔術に精通していたので、彼をことのほか重用したのである。

（1）「シュノーネー（συνωνή, coemptio）」とは政府が事前に定めた価格で穀物などを強制的に買い上げる制度を言う。約五〇万人の人口を擁したといわれるコンスタンティノポリス市民や首都に駐屯した軍隊のための食糧確保、すなわちコンスタンティノポリスとアレクサンドリア間の穀物輸送船団の運営と管理や首都にある複数の穀物倉庫の維持と管理などは政府にとっても大問題であった。とくに飢饉や収穫が不作の年には緊急避難的な措置としてシュノーネーが必要になってきた。しかし時と共にシュノーネーは慣行となり、その悪用と濫用が問題視された（『修正勅令』一二〇）。

三三　皇帝はペトロスをこれまで任命されていた地位からやっとのことで外したが、その後すぐにテオドラのたっての頼みで彼を国家財政管理局長に任命した。(1)そのためそれまでの局長であったヨアンネスは、ほんの数ヵ月前にこの地位に就いたばかりなのに解任された。三四　この人物はパレスチナ生まれの、穏和で非常に善良な人物であった。彼は不正な利益を得るなどということは考えておらず、また他人に害を与えるなどおよそ考えもしなかった。三五　もちろん市民の誰もがヨアンネスを非常に敬愛してやまなかった。それがまたユスティニアノスと彼の妻には当然のことながらまったく気に入らなかったのである。二人は臣下のなかに善良かつ非の打ちどころのない人物を予想外にも見つけると、非常に驚き、また不機嫌となり、そうした人物をできるだけ早く追い出そうとつとめた。

三六　それでペトロスは、このようにしてヨアンネスの後任となり、国家財政管理局長の椅子に座った。それにより彼はすべての人々にとって最大の不幸をもたらす元凶となったのである。三七　というのも、彼は昔からこれまで毎年皇帝から多くの臣下にいわば慰問として与えられてきた下賜金(2)の大部分を支給停止にしたのである。彼自身は不正にも国庫金を横領して金満家となり、皇帝には停止した下賜金の一部を渡しただけであった。三八　もちろん下賜金を取り上げられた臣下もたいへん悲しんだ。それはペトロスが金貨を今までどおりに鋳造するのではなく、金保有率を切り下げたからである。(3)これはまさに前代未聞の出来事であった。

三九　以上が皇帝と皇帝が管轄する官僚たちのおよその状況であった。次に私は、ユスティニアノスがどんな手を使って、しかも至る所で土地所有者を破滅の淵へ追い込んだかについて述べようと思っている。

四〇　つい今しがたわれわれは、あらゆる都市に派遣された官吏の状況を伝え、次にこの官吏たちの手に掛かった犠牲者の苦しみを読者に詳細に伝えてきた。つまり、これらの官吏たちがまず第一に虐待し、その財産を強奪したのが土地所有者なのである。そこでこの話の続篇を次にすることとしよう。

第二十三章

免税措置

一　何よりもまず、どのローマ皇帝も昔からの慣習に従って国税の滞納分については一度ならず、何度もすべての臣民のためにこれを免除してきた。その目的は、滞納分のための収入をどこから工面したらよいの

（1）ここではペトロスの二度目の国家財政管理局長の任命を指す。

（2）ここで言われている「下賜金」（原文では単に「お金（τὰ χρήματα）」）は一種の年金と理解されるもので、宮廷に籍を置きながらも役職に就いていない者たちへの一種の給与と考えられよう。宮廷護衛兵、宮廷儀仗兵、皇帝護衛兵等がその対象となったと言えよう。

（3）ユスティニアノス一世帝下では金保有率は何度か引き下げられたと思われる。たとえば『戦史』七-一-三〇以下では会計検査官アレクサンドロスの悪行としてノミスマ金貨の切り下げが記録されている。ペトロスの金保有率の引き下げもそうした一時的処置の一つと思われる。これについては一八七頁註（2）を参照。

かまったく分からないほどの貧困に陥った臣民が、支払いに追われて絶えざる窒息状態に陥らないためであり、また納税者のなかですでに払うべき税金の全額を納めた者たちからも偽って税金をさらにゆすり取ろうという口実を徴税官に与えないためでもあった。ところがこの皇帝ときたら、その三二年間の治世のあいだ、一度としてそうした免税措置を臣民のために施したことがなかった。[1] **二** そのため貧困に陥った者たちは自分たちの土地を棄て、二度と再び戻ってこようとはしなかった。**三** そのうえ密告者たちはより裕福な者たちに対しては、彼らは昔から所有してきた土地に対して査定された税額よりも低い税金しか払っていないと言って告訴を振りかざし、彼らを苦しめた。**四** こうした不幸に見舞われた人々は新たな税金を納めなければならなくなることを恐れただけでなく、かなり長期間にわたって正当な理由もないのにこの種の税金に苦しめられるであろうことを恐れた。**五** そのため多くの者たちは、自分たちの全財産を密告者や国家に引き渡し、やっかい払いをした。**六** 次にメディア人とサラセン人がアシアの大部分の土地を略奪し、フン族、スクラベノイ族とアンタイ族が全ヨーロッパを略奪して廻り、いくつかの町をこれ以上ないほど徹底的に破壊し、また別の町ではこれ以上ないほど完全に町を焼き払い、住民を全財産もろとも奴隷として連れ去り、これらの地方を連日の襲撃で無人の荒野にしてしまったときでも、彼はどの町にも免税を許さず、敵に占領された町には辛うじて一年間だけの免税を許しただけであった。[2] **七** たとえ彼がアナスタシオス一世帝のように七年間もの免税を実施すると決断したとしても、[3] 彼がそれで必要な義務を果たしたことにはならない、と私は思う。なぜなら、当時のカバデスは建物をほとんど破壊せずに退却していったのに対して、ホスローはすべてを焼き尽くし、何一つ地上に残さずに破壊し、より大きな苦しみを犠牲者たちに与えたからである。

八　この笑うべき少額の免税を受けた人々とそれ以外のすべての人々は、何度もメディア軍の襲撃を受けたし、東方の諸属州の領土は絶えずフン族やサラセン族といった蛮族の略奪にあっていたのである。ヨーロッパにおける蛮族もそれに劣らず常にひどい行ないをしていて、その地のローマ人は一人残らず蛮族により苦しめられていた。だがこうした人々にとっては、この皇帝こそがどの蛮族よりもずっと手に負えない存在であった。**九**　なぜなら敵が引き上げてゆくと、土地所有者たちは穀物に関してのシュノーネー制度[4]や、いわ

---

(1)プロコピオスはユスティニアノス一世帝が三二年間のあいだ、すなわちユスティノス一世帝が即位した年である五一八年から本書完成の年である五五〇年までに一度も免税措置をしてこなかったとする。だがそれはプロコピオスの誤りである。『修正勅令』一四七—一（五五九年）によれば、同帝は五二二から五三四年までの税の滞納分を免除している。

(2)プロコピオスは前註にある誤った記述の後で、例外措置として異民族の略奪などにより荒廃した町の市民に対して一年間だけの免税措置を行なったとする。その免税は、五三〇—五三一年、および五三一—五三二年における一三ケンテナリアの免税を示唆するものと思われる（『聖サバス伝*』一七七—一）。

(3)「アナスタシオス一世帝の七年間の免税措置」とは、『戦史』一—七—三五によると、ペルシアのカバデス王がアミダ市を占領、同市を略奪し、市民を捕虜として連れ去った。その後同帝は五一一—五一二年に七年間の免税措置を実施したという。

(4)「シュノーネー」については一六七頁註（1）を参照。第二十三章でプロコピオスはさらにシュノーネーに付帯してくる各種の費用を臨時の特別税と捉え、これを非難している。

ゆるエピボレー[1]それにディアグラペー[2]といった悪税をすぐに課されることになったからである。一〇 これらが何であるのか、またその名称が何を意味するのかを次に説明しよう。

シュノーネー制度

一一 ローマ人土地所有者は、各人に課された税額に応じてローマ軍に食糧を供給する義務があった。土地所有者にはその代価が支払われるが、その額は目下の状況が必要としている額ではなく、軍が支払い可能とし、それで確定した額であった。また土地所有者の土地に必要とされている物資が実際にあるか否かなどの調査はされなかった。一二 この不幸な人々は、兵士と軍馬に必要な物資を調達しなければならず、しかもあらゆる物資を今までよりもずっと高い値段で買い付けなければならなくなった。そのうえ彼らは、こうした物資をたまたま自分が住んでいる土地からずっと離れた地方で購入しなければならず、また購入した物資を部隊が駐屯している場所まで運搬しなければならなくなった。それらの物資は補給部隊の将校の目の前で計測されることになっていた。だがそれは一般に行なわれている基準で計測されるのではなく、そのときどきの将校の思いつきで計測された。一三 これがシュノーネーと呼ばれた制度の実態である。この制度によりすべての土地所有者は麻痺させられることになった。一四 なぜなら、彼らはこれによりそれまでの一〇倍は下らない税金を毎年納めなければならなくなったからである。すでに話したように、彼らは当然のことながら調達した物資を部隊の駐屯地まで運ぶ費用を負担しなければならなかったし、しばしばたいへんな苦労をしてビュザンティオンまで穀物を運搬する費用までも負担しなければならないこともあったからである。さてバルシュメスと渾名された男だけがこの種の悪事を厚かましくもやっていたわけではなく、彼の前任者であるカッパドキアのヨアンネスも、またバルシュメスの後任としてこの役目に就いた者たち全員がこうした悪事を行なっていたのである。

エピボレー制度

一五　シュノーネー制度とはおよそ以上のようなものであった。エピボレーという税金の名称は、ある種の予期せぬ破滅を意味し、土地所有者に寝耳に水のように、突如として降りかかり、彼らの生きる望みを根こそぎ絶やしてしまうものであった。一六　すなわち、この税金は、すでに耕作する者がいなくなった農地や、収穫不能となった農地に対する税金であった。つまり、それまでの農地の持ち主や土地を耕す農民すべてがすでにいないか、あるいは完全に破産してしまっているか、それとも自分たちを苛酷に攻め立てる酷税を逃れようとして父祖伝来の土地を棄てたかのどちらかであった。政府はすでに犠牲となった者たちの税金

(1)「エピボレー（ἐπιβολή「転嫁」）」とは荒廃した農地の所有・利用権を所有者の親族や同じ村の農民に強制的に移すことを意味した。むろん新所有者は農地と共に納税義務も引き受けさせられた。国家はこの制度により一つの納税単位としての村からの納税額の減少を防ぎ、国庫への納税額を安定させようとした。

(2)「ディアグラペー（διαγραφή「割り当て」）」とは所有者がいなくなった土地の税金を同じ村の農民に強制的に転嫁する制度を言う。この制度も前註と同じく納税額全体の減額を防ぐための制度で、五四二年以後実施された。だが皇帝領、元老院議員領および教会領はこの制度から除外された（『修正勅令』一三一-五、五四五年）。

を、まだ破産していない土地所有者たちに何のおかまいもなくすべて転嫁したのである。

ディアグラペー制度

一七　エピボレーという名前はこのような税金を意味した。この制度はこの時代に非常に広範に実施されたようだ。ディアグラペーと呼ばれた税金についてごく手短に言えば、それはおよそ次のようなものであった。一八　とくにこの時代には多くの都市が数限りない不幸に見舞われ、それを避けることができなかった。それらの不幸の諸々の原因と種類について、今は述べることを差し控えよう。さもないと私の話が果てしなく広がってしまうから。一九　土地所有者は、これらの不幸の埋め合わせをする羽目に陥ったのである。というのは、土地所有者たちは自分に課された税額に応じて、割り当てられた金額を納めなければならなかったのである。二〇　土地所有者たちにとっての災難は当然のことながらこれに留まらなかった。あのペストが全世界を襲い、とくにローマ帝国がその犠牲となり、無数の農民がこれにより命を落とした。そのため大部分の農民が農地から姿を消し、そのため当然のことながら、農地は荒れ果ててしまった。だが皇帝は土地所有者に対して何の容赦もしなかった。二一　すなわち、毎年行なわれる税金の徴収は中止されることなく続行されたのである。皇帝は各人に課された税金だけではなく、隣接する、他の農民たちが棄てていった農地の税金までも、残った土地所有者に転嫁したのである。二二　そのうえ、土地所有者には今述べたばかりのディアグラペーと呼ばれる税金がすでに掛けられたが、それは言ってみれば土地を所有していることにより不幸な境遇に陥った者たちすべてに課された税金であった。さらに土地所有者たちは自分の屋敷の中で一番綺麗で、立派な部屋を兵士たちに提供しなければならなかった。そして自分はと言えば、兵士たちが滞在しているあいだは、いつも屋敷の中の一番悪くて、荒れ果てた部屋で暮らさなければならなかった。

二三　この頃には戦争も、その他の大規模な災難もなかったにもかかわらず、人々はユスティニアノスとテオドラの治世下ではこうしたあらゆる種類の災厄に間断なく見舞われたのであった。二四　ちょうどわれわれは住まいについて話をしたので、以下の点にも言及しておかなければならない。ビュザンティオン市内で自分の家を持っている人は、約七万人の異民族兵士が住むために自分たちの家を提供しなければならなかった。(1) そのため彼らは自分たちの家を使って利益を引き出すことができないばかりか、逆に家を持っていることにより別の災難を背負い込むことになったのである。

(1)プロコピオスは、首都住民が首都に駐屯する約七万名の異民族兵士のために宿舎と食料を提供する義務があると言う。だがこれは首都のみならず、地方や行軍中の軍隊についても同様の義務がその地の住民や農民に求められた。しかし『修正勅令』一三〇-九（五四五年）は「個人の家に兵士を泊めてはならない、軍は提供された食料に対して代金を支払うこと、兵士は住民に寄付を強要してはならない、住民は兵士に無料で食料などを提供する必要はなく、必ず領収書を求めるものとする」などと定めている。しかしこの条文が守られていたかはきわめて疑問と言えよう。

第二十四章

兵士に対するユスティニアノスの搾取

一　兵士に対してユスティニアノスが行なった悪業についても沈黙することはむろん許されない。彼は、人間のなかの最も性悪な者たちを兵士たちの上役に任命し、(1) 以後は兵士たちからできだけ多くの金をかき集めるよう彼らに命じた。その際この性悪な役人たちは、稼いだ金額の十二分の一を自分たちの取り分としてよいことをよく承知していた。二　彼らは会計検査官と呼ばれていた。会計検査官は毎年次のようなことを実施していた。兵士の給料は法の定めるところにより全員同額に順次支給されるのではなかった。まだ若い新参の兵士の給料はより少なく、すでに兵役に長年ついていて、兵員名簿の中段にその名が記載されている古参兵士にはより多くの給与が支給されることになっていた。三　しかし古参兵士が年を取り、除隊しようと思うときには、彼にはさらに高額の給与が支払われることになっていた。というのは、古参兵士が除隊した後で、将来彼の私生活において充分に生活できるだけの資金が彼の手元に残るようにするためであった。四　そして彼の寿命が尽きるときには、残された彼の家族を慰めるために幾分の資産を残しておけるようにという配慮からこのような給与体系となっていた。そのため兵士のなかで低い給与を貰っていた者も、亡くなった兵士や除隊した古参兵に代わって時とともにその地位を継ぎ、それぞれが年齢に応じた給与を国家から支給されたのであった。五　しかしこの会計検査官と呼ばれた役人たちは、このたびの何度もの戦争で兵士たちが大挙して戦死したにもかかわらず、これらの戦死した兵士たちの名前を同時に軍の兵士名簿から削除することを許さなかった。しかも軍の兵士名簿も一度として補充されることはなかった。それもかなり長いあいだのことであった。六　そのため兵士の実数が常に少なくなるという不利益な結果が国のために生じた。兵士たちのなかで生き残った者たちは、それまでに戦死した兵士たちが原因で昇進を邪魔され、低い給料のままにとどめ置かれたのである。それで彼らは本来支給されるはずの給与よりも低額の給与に甘んじなければならなかった。会計検査官たちは、このあいだじゅう兵士から搾取した給与をずっとユスティニアノスに引き渡していたのである。

会計検査官の横暴

七　事実、会計検査官たちはなおその他の多くの損害を兵士たちに与え、兵士たちを苦しめた。あたかも戦闘の危険に対する報酬でもあるかのように、彼らは兵士たちのある者を「ちっぽけなギリシア人[2]」と呼び、まるでギリシア人はけっして勇敢な兵士にはなれないかのように罵った。彼らは別の兵士たちを、まるで彼らが皇帝の命令もなく出征したかのように非難した。それで兵士たちが会計検査官に皇帝の命令書を見せると、彼らは皇帝の命令書を臆面もなく偽物であると言い張る始末であった。また彼らは別の兵士を数日間も

(1) プロコピオスは『戦史』二-一五-九においてラジケ地方に派遣されたヨアンネス・ジブスにも同様の表現を用いている。
(2) 同様の表現は『戦史』四-二七-三八にもある。

戦友と離れていたとして非難した。八　後年、宮廷護衛部隊の隊員[1]が全帝国中に派遣されたが、彼らは兵員名簿のなかでむろんおもてむき兵役に一番不適当とされた兵士たちを探させた。そして彼らが役に立たないとか、年を取りすぎているとか言って彼らから軍人ベルト[2]を剥奪さえしたのである。軍人ベルトを取り上げられた元兵士たちは、その後人々の行き交う広場で憐れみ深い人々からその日の糧を乞い求めなければならなくなった。その光景はその場に居合わせたすべての人々の涙と嘆きを誘った。会計検査官は、その他の兵士たちには彼らが元兵士たちと同じ運命に遭わないようにと言って、彼らから多額の金をむしり取った。それ以外の多くの兵士たちはさまざまな方法で搾取されたので、その結果非常に貧乏となり、誰一人として進んで戦闘に出て、苦労しようと思う者はいなくなった。九　そのためイタリアにおけるローマ人の支配が崩壊した。そのときアレクサンドロス[3]という人物が会計検査官としてイタリアへ派遣された。このアレクサンドロスは、一方では先の非難を兵士たちに浴びせて憚らず、他方ではイタリア人から金品をむしり取った。一〇　彼はその理由として、イタリア人がテオドリックと東ゴート族に対して取った態度を罰するためのものであると言った。会計検査官のために貧困と困窮に苦しめられる羽目になったのは、兵士たちだけではなかった。将校に仕える者たちは、以前はその数も非常に多く、また名声もある人たちであったが、今では空腹と恐ろしい貧困にさいなまされていた。一一　というのも、彼らはそれまで慣れ親しんできた生計をどのようにして立てていったらよいのか分からなかったからである。

国境警備兵の凋落

一二　兵士に関する話をここまでしてきたので、私はこれに加えて別の話題を付け加えることにしよう。これまでの諸ローマ皇帝は、以前は国境地帯の至る所に膨大な数の兵士をローマ帝国の国境警備のために配置していた。とくに東方ではペルシア人とサラセン人の攻撃を退けるために、最も多くの兵士が配置されていた。これらの兵士は国境警備兵(4)と呼ばれていた。一三　皇帝ユスティニアノスは当初この国境警備兵を冷淡に扱い、軽視していた。そのため主計監も国境警備兵の給与を四年あるいは五年も未払いのままに放置し

(1)ここで言う宮廷護衛部隊とはエクスクービトール隊の兵士を指す。

(2)金属の金具のついた軍人ベルトは、皇帝に仕える兵士の象徴であり、後一世紀に兵士の記章の一つとして導入された。軍人ベルトの剝奪は軍人の身分を失うことを意味した。

(3)彼の渾名「プサリディオス」とは「やっとこ」を意味している。その由来は、彼がこのやっとこを使って円形の金貨の端を削り取り、形状は元のままにするが、金貨の金保有率を減らしたことにある。その結果については第二十四章「兵士に対するユスティニアノスの搾取」と『戦史』七-一-二七-三三に記されている。同七-一-二七-三三は、アレクサンドロス・プサリディオスのイタリアでの搾取の実態を伝える。そのためローマ軍の士気は衰え、イタリア市民のローマ帝国とユスティニアノス一世帝への不満と反感が増大したという。

(4)国境警備兵（*λιμιτανέοι, limitanei*）とは文字どおり国境警備のための軍隊である。国境警備兵は国境沿いに設置された要塞に駐屯し、外敵の来襲に備えた。兵士たちは要塞周辺に農地を与えられ、平時にはこれを耕す農民兵でもあった。与えられた農地は世襲とされ、兵士の家族も通例兵士と共に要塞内あるいはその周辺に暮らし、兵士は二四年の勤務に就いた。プロコピオスは東方における国境警備兵の廃止を第二十四章で伝えるが、イタリア、エジプト、パレスチナ、リビアそしてドナウ川沿岸一帯では国境警備兵は存続した。

ておいた。そしてローマ人とペルシア人のあいだに和平が成立すると、この不幸な国境警備兵たちは「お前たちも平和の良さを満喫するのだから」と言われて、今言った年月のあいだに溜まっていた未払いの給与を国庫に進呈する羽目になった。後になると皇帝は国境警備兵に与えられていた兵士という名称を理由もなく取り上げてしまったのである。一四 それ以後ローマ帝国国境には防衛力がなくなり、兵士たちはとつぜん憐れみ深い人々が差し出す手に縋ることになったのである。

宮廷護衛兵

一五 これとは別の、三五〇〇名以上の兵士たちが昔から宮廷の護衛に当たっていた。この兵士たちは宮廷護衛兵(1)と呼ばれていた。一六 国はこの部隊の兵士たちには昔から他のどの部隊の兵士よりも高給を払ってきていた。ユスティニアノス以前の諸皇帝はアルメニア人のなかから優秀な者を選んでこの部隊の兵士に採用してきた。一七 けれどもゼノンが皇帝となってからは、軟弱で、戦闘にはまったく向かない男子であっても誰もが宮廷護衛兵を名乗ることができた。一八 そして時が経つと、奴隷ですらも代価を払ってその地位を買い、宮廷護衛兵となることができた。さらにユスティノスが皇帝となると、このユスティニアノスは莫大な入隊金と交換に多くの人々を入隊させた。一九 さて、ユスティニアノスは後に宮廷護衛兵の数にはまったく不足がないことを承知していながら、さらに二〇〇〇名もの兵士をこの部隊に入隊させた。この二〇〇〇名の兵士は余剰兵と呼ばれた。二〇 だがユスティニアノス自身が即位すると、彼はただちにこれらの余剰兵を解雇した。けれども受け取った入隊金を彼らに返還することはなかった。

二一　ところでユスティニアノスは、この宮廷護衛部隊に所属する宮廷護衛兵に対して次のようなことを考え出した。リビア、イタリアあるいはペルシアに対してローマ軍の派遣が目前に迫ると、皇帝は宮廷護衛兵が兵士としてはまったく役に立たないのを充分に承知のうえで、彼らにも部隊として遠征の用意をするようにとの命令を出した。すると宮廷護衛兵たちは出征を恐れ、一定期間は自分たちの給与を断念した。宮廷護衛兵たちはこうしたことを何度も堪え忍ばなければならなかった。二二　いわゆる宮廷官房長官の地位にあったペトロス[2]は、その在職中は来る日も来る日も数え上げることができないほど多くの搾取により宮廷護衛兵たちを苦しめた。二三　彼はなるほど穏和な性格で、一見すると他人を虐待するようなことは絶対にしないように見えた。だがその実、この男こそあらゆる人間のなかで最も質の悪い盗人であり、まさに恥ずべき、汚辱に満ちた人間であった。このペトロスがテオドリックの娘アマラスンタ殺害を迫った人物であることを私は先の著書のなかで述べておいたところである[3]。

(1) 宮廷護衛兵 (σχολάριοι, scholarioi) は皇帝の身辺警護を任務としていた。だが時と共に実戦部隊兵としての性格は薄れ、宮廷における祝祭行事などの儀式に参列することを主たる任務とするようになった。したがって兵士には体格の立派さと容姿の良さが求められた。宮廷護衛兵は宮廷官房長官の管轄下にあり、大宮殿の大広間に待機していたという (第十四章「請願取り次ぎ官」)。ユスティニアノス一世帝は一時期同部隊を七つから一一部隊に増やしたが、後に再び七部隊に戻した。一部隊五〇〇名の兵士から成り、その地位は購入可能であり、兵士には終生の年金が与えられた。

(2) このペトロスは一二二頁註 (1) にあるペトロスと同一人物である。

(3) 『戦史』五-四-一七および本書第十六章「東ゴート女王アマラスンタの運命」を指す。

宮廷儀仗兵と皇帝護衛兵

二四　宮廷護衛のためには、先の宮廷護衛兵よりもずっと高位の、別の複数の護衛兵部隊があった。この部隊の兵士たちは、先の護衛部隊の兵士たちよりも多くの金を払って部隊の兵士に採用されていたので、国も彼らにはより多くの給与を支払っていた。この部隊の兵士たちは宮廷儀仗兵(1)および皇帝護衛兵(2)と呼ばれていた。彼らは昔から軍事活動とはまったく無縁の存在であった。二五　なぜなら、彼らは通常観閲式と容姿が立派なだけで宮廷護衛のために採用されただけであったのだから。彼らのうちのある者はビュザンティオンに、また別の者は昔からガラティア市やその他の地方に配置されてきた。二六　ユスティニアノスはこれらの兵士たちをも絶えず今述べてきたようなやり方で脅迫し、彼らの給与を無理矢理に放棄させたのである。このことについて私は主要な点だけを以下に記しておこう。二七　ローマ皇帝は従来の習慣に従って五年ごとに兵士一人一人に一定の額の金貨を下賜してきた。二八　つまり、ローマ皇帝は五年ごとに帝国内の全属州に役人を派遣して、各兵士一人につき五枚の金貨(3)を与えることを習慣としてきたのである。二九　そしてそのための資金は、これまではいつも何らかの方策により捻出されてきた。けれどもこの男がローマ帝国の支配を一手に握ってから、つまり、この男が帝位について以来三二年(4)という月日が過ぎても、この男はこうした慣習に従わないばかりか、それを実行する気配もまったく見せなかった。その結果、この習慣は人々の記憶から消え去ってしまったのである。

年功序列制度の破壊

三〇　次に私は臣民を搾取する別のやり方について述べることにしよう。ビュザンティオンで皇帝や高位の役人に仕える者たち、あるいは軍人や事務官、またはそれ以外の職場で働く者たちは初めは名簿の最下位に記載された。けれども時が経ち、先輩たちが亡くなったり、その職を辞したりすると、各人は先輩が占めていた地位に昇格していった。そして最終的には当人が名簿の最高位に上がり、その地位の最高位を占めることとなった。三一　この地位まで登り詰めた者たちには昔から多額の給与が支払われた。その額は毎年一〇〇ケンテナリアを上回った(5)。彼はそれを老後の資金に充て、それにより他の多くの人々もそこから広く利

（1）宮廷儀仗兵（*δομέστικοι*, domestikoi）は戦場には赴かず、本来はその言葉が示すとおり皇帝などの従者を意味した。宮廷儀仗兵は主に高級将校の子弟で、容姿端麗な若者が皇帝の許可を得て入隊した。その任務が諸儀式に参加することを主とする点で前出の宮廷護衛兵と同じであった。

（2）皇帝護衛兵（*προτίκτωρες*, protektores）は皇帝の護衛を任務とし、長年の兵役を終えたベテラン兵士が入隊した。しかしプロコピオスはベテラン兵士が減少し、そのため皇帝護衛兵の能力が落ちたことを嘆いている。またその地位が金銭で購入可能となり、その存在も前出の宮廷儀仗兵と同様となっていた。

（3）兵士は給与の他に家族を含めての穀物、衣服、燃料などの現物支給を受けていた。さらにコンスタンティノス大帝以後は五年ごとに五枚の金貨を下賜金として受け取っていた。その他に共和政期以来の慣習として首都の建都式、皇帝や副帝の即位式、皇帝一族の誕生日などの記念日にそうした下賜金が授与された。プロコピオスはユスティニアノス一世帝はこれを廃止したと言う。

（4）一四三頁註（1）を参照。

（5）一〇〇ケンテナリア、すなわち一万ポンドの金という額は作者の誇張ではないかと推測される。

益を得ることができた。それがまた国家の事業にも多くの繁栄を常にもたらすことになった。三二　けれどもこの皇帝はこうした資金のほぼ全額を召し上げてしまい、本人やそれ以外の人々を苦しめた。つまり、本人がまず貧困に陥り、次には以前からこの資金による恩恵を受けていた人々が貧困に陥ったのである。三三　もし誰かがユスティニアノスの三二年間の治世のあいだにそのために彼らが受けた被害額を数え上げることができるとすれば、彼らが搾取された額がいかに莫大なものであったかが分かるというものである。

第二十五章

税関の設置

一　この暴君はこうしたやり方で兵士たちを虐待してきた。そこで私は、次に商人、船員、職人、市場で商売をする商人たち、それにこれらの人々と関係する他のすべての人々がどのようにしてこの暴君に痛めつけられたかを話すことにしよう。二　ビュザンティオンの両側には二つの海峡(1)がある。海峡の一つはセストス市とアビュドス市のあたりでヘレスポントス方面に向かい、もう一つの海峡は、いわゆる黒海の入り口に向かっていて、そこにヒエロンと呼ばれる町がある。三　ヘレスポントス方面に出る海峡には国の税関(2)はこれまでなかった。ところが皇帝の命令により一人の役人が派遣され、アビュドス市に役所が置かれた。この役人は、皇帝の許可を得ずに武器を積んだ船がビュザンティオンに入港してこないか、あるいは逆に権限を持つ役人の許可書と認印を持たずにビュザンティオンから出航してきた船がいないかを調査するのを任務としていた。というのも、通称宮廷官房長官府の役人の許可がないといかなる船もビュザンティオンから出航してはならなかったからである。この役人は、船の所有者からほんのわずかな関税を取り立てたが、それはまるでこの関税官の仕事のほんの手間賃としてそれを取り立てるというくらいの少額であった。**四** だがもう一方の、黒海方面に派遣された関税官は常に皇帝から給与を支給されていた。そして今私が述べたような任務をきわめて厳密に行なっていた。とくに彼は、黒海沿岸一帯に住む蛮族の手に渡ってはならないような品物がローマ帝国から流出し、敵の手に渡らないように厳重に注意した。しかし関税官はここを通過する船舶から関税を徴収してはならないことになっていた。**五** けれどもユスティニアノスが皇帝になると、海峡の両側の出口に税関が設けられ、関税官が常に二人派遣され、彼らには定期的に規定の給与が支払われた。

---

(1)「海峡」とはボスポロス海峡とダーダネルス海峡を指す。

(2)ユスティニアノス一世帝はダーダネルス海峡からマルマラ海に向かう小アジア側の町アビュドスに税関を置いた。アビュドスの関税官は通行する船舶に対して武器などの禁輸出品の検査、通行証の確認、関税の徴収などを行なった。他方黒海と首都の間を航行する船舶に対してはヒエロンの町に税関を置いた。ヒエロンの関税官もアビュドスの関税官と同じ任務を遂行した。関税額については「オクターウァ」(八分の一税)が法典などで挙げられているが、一二・五パーセントという額が港で商品に課される関税か、あるいは売上税なのかは不明である。そのうえ後期ローマ帝国における通常の関税額は二ないし二・五パーセントであるのに較べると、上記の関税額は高額であり、その理由と実体は不明である。

皇帝は彼らにあらゆる権限を駆使し、できるだけ多くの金額を自分のために取り立てるようにとの命令を与えた。六　二人の関税官は、ユスティニアノスに忠誠心を見せたい一心から船の積み荷の総額に相当する関税を船主から一度にまとめて略奪して自分たちの任務を果たしたのである。

七　海峡の両側に皇帝が設置した税関で彼はこうしたことを行なったのである。彼はビュザンティオンではさらに次のようなことを考えついた。彼は側近の一人で、シリア人のアッダイオスという人物を選び、首都の港に入港する船舶から一定の利益を自分のために引き出すよう彼に命じた。八　つまりアッダイオスは、ビュザンティオンの港に入港したすべての船舶の船主に船の積み荷に対して一定の金額の損失を与えないうちはその船を出航させなかったのである。さもなければ彼らは空船でリビアやイタリアへ戻っていかなければならなかった。九　そのためにある船主などは帰りの積み荷とその後の海上貿易を諦め、すぐさま自分の船を焼き払い、進んで海運業から手を引いてしまった。一〇　だがこの職業で生計を立ててゆかなければならない者たちは、これ以後は貿易商人から三倍の手間賃を取って、彼らの荷を運んだ。すると貿易商人たちは、この高騰した運賃を品物を購入する顧客から取ることで埋め合わせをしようとした。その結果、ローマ帝国の臣民はさまざまな点で飢えに苦しむことになった。

少額硬貨の切り下げ

一一　国政について言えば以上のような有様であった。皇帝と妃が少額の硬貨(1)に対して行なった悪事についても私は沈黙してはならないと思っている。一二　両替商人は、これまでノミスマ金貨一枚につき二一〇枚のフォリスと呼ばれるオボロス硬貨をいつも客に渡してきた。そこで皇帝と妃は自分たちの利益のために次のような策を考え出した。すなわち二人は、ノミスマ金貨一枚につきわずか一八〇枚のオボロス硬貨を両替するようにと命令した。それで二人はノミスマ金貨一枚の価値を七分の一[2]切り下げたことになり、すべての人々に損害を与えた。

絹産業の国営化

一三　さて、皇帝と妃は大部分の商品をいわゆる独占販売制度に移し替え、日一日と顧客の息の根を止めていった。だが、二人は衣服を扱う商人たちだけには手を付けずに従来どおりとした。けれども二人は次の

---

(1)「少額の硬貨」とはフォリス銅貨を指す。ユスティニアノス一世帝は五二七年には銅貨の切り下げを行なった。それまでは金貨一枚に対して銅貨二一〇枚だった両替のレートを一対一八二に切り下げた。しかし市民の反対が多かったので、五三八年には元のレートに近い一対二〇〇に変更した。これについては第二十二章「国家財政局長の交代」を参照。

(2)百科事典『スダ*（*Σοῦδα, Suda*）』は六分の一とするが、ここはハウリー版に従い、七分の一（*ἑβδόμην μοῖραν*）とした（Haury, p. 155）。

ようなことを考え出した。一四　絹製品[1]は昔からフェニキアのベリュトス市とテュロス市で作られてきた。一五　絹商人、親方それに職人は昔からこれらの町で暮らしてきた。そして絹製品はこの二つの町から全世界に向けて送り出されてきた。一六　ユスティニアノスの治世下で、絹商人たちがビュザンティオンやそれ以外の都市で絹製品を今までより高値で売るようになった。絹商人たちは、自分たちは今はこれまでより高い仕入値でペルシア商人から絹を買い付けなければならなくなったし、ローマ帝国内の税関の数も今では以前より多くなったので、とその理由を説明した。皇帝は、表向きは誰に対してもこれに立腹した様子を見せ、絹布一リトラの最高価格はノミスマ金貨八枚と法律で決定した。一七　そしてこの法律に背いた者には所有する財産没収の刑が科された。だが、商人たちはそうしたことは技術的に不可能であり、またまったく実行不能でもあると考えた。なぜなら、商人たちは今までより高い仕入値で絹製品を買い付け、これを今までより安い売値で客に売ることはできないからであった。一八　そのため商人たちはこれまでの商売を続けることを諦めて、自分たちの手元に残っていた絹製品を小出しにして闇で売りさばいた。買い手はもちろん上流階級の人間であった。上流階級の人々は絹織物でその身を飾ることに喜びを感じていたり、あるいはそうする必要があったのである。一九　けれども何人かの密告者がこのことを女帝に漏らしたため、それが妃の知るところとなった。彼女は、密告の中身を調べもせずに、ただちに商人たちからすべての絹製品を取り上げ、そのうえ彼らに一ケンテナリオンの金貨による罰金刑を科した。その後かの二人の専制君主は、何の躊躇もなくビュザンティオンにおける絹製品に関する事業を自分たちの管理下に置いてしまった[2]。そして皇帝の私有財産管理局長がローマ帝国の絹産業をその管轄下に置くことになった。二〇　かの二人は、皇帝私有財産管理局長の地位には渾名をバルシュメスと呼ばれたペトロスを任命し、間もなくペトロスに神をも恐れぬ所行を許した。二一　すなわち、彼は他人に対しては誰にでも法律をきわめて厳格に守るように迫ったが、絹製造業者に対しては自分のためにだけ製造するように強要したのである。そしてペトロスはそれらの絹製品を闇取引ではなく、堂々と公共の市場で売却したのである。それもなんらかの色に染められた絹布を一ウーンキアー[3]につきなんとノミスマ金貨六枚以下では売らず、皇帝色に染められた絹布、つまりホロベーロン[4]と

(1) 絹糸や絹製品は従来はペルシア商人の手により絹の道と紅海を通じてローマ・ビザンツ帝国に輸入されてきた。ユスティニアノス一世帝はペルシア商人を介さずに、アベッシニアを経由して直接絹製品などを輸入しようと試みた。だがその試みは失敗した（五三〇—五三一年）。その後「永遠の和平条約」締結によりペルシア商人が再び絹製品を輸出し始めた（五三二年）。だがその価格は高く、ユスティニアノス一世帝は絹製品の最高価格を一リトラにつき金貨八枚、後には金貨一五枚とした。しかし五四〇年、第二期ペルシア戦争が勃発したため、絹製品が再び市場から消えた。ペトロス・バルシュメスは国家財政管理局長として絹産業の国営化を導入した。五四五年のペルシアとの休戦協定以後も絹製品の国有化は続いた。約三〇グラム（一ウーンキアー）の絹が金貨六枚、ホロベーロンは金貨二四枚の値が付いた。五五二から五五四年のあいだに蚕糸が「セリンダ」国あるいは地方から帝国に輸入され、以後帝国は絹製品を自国で生産できるようになった。セリンダ国あるいはセリンダ地方がどこかは特定されていない。そして五七〇年にはシリア、小アジアや南ギリシアには絹工場が出来ていた。

(2) この写本で欠落している箇所は Haury, p. 156, 23 により補足した。Veh, p. 214 および Dewing, p. 298, 3 もこれを継承している。

(3)「ウーンキアー（*οὐγκία*, uncia）」は貴金属、薬剤、布などを量る重量の単位で、一ウーンキアーは約三〇グラム。

(4)「ホロベーロン（*ὁλόβηρον*, holoverum）」はホネガイから取った染料で染色された絹布で、正真正銘の緋色に染色された絹布を意味した。

呼ばれる絹製品を実にノミスマ金貨二四枚以上の値段で売ったのである。二二　それによりペトロスは皇帝に莫大な収入をもたらすこととなったが、自分自身はそれ以上に多くの金貨を密かに着服したのである。こうした事態は彼の着任から現在まで続いているのだ。二三　つまり、今日までペトロス一人だけが誰憚ることなく絹製品の卸売り業者兼小売り商人であり続けているというわけである。二四　以前にビュザンティオンやその他の町でこの商売に携わっていた者たちは、それが海路であれ陸路であれ、この商売により予想どおりの苦難を強いられることになった。二五　これらの町の住民のほとんど全員が、今言ったような状況によりあっという間に乞食同然の身分に成り下がってしまったのである。つまり、労働者や織り工は当然のことながら飢えと闘わなければならなくなり、彼らのうちの多くの者は、そのために国籍を変え、ペルシア人の住む土地へ逃亡せざるをえなくなった。二六　ただ皇帝私有財産管理局長だけは依然として絹産業を利用し、先に述べたように、商売の売り上げの一部を皇帝に差しだし、自分自身はそれ以上の金額を収賄し、国民の不幸と引き替えに金持ちになった。絹産業については以上のような具合だった。

第二十六章

弁護士

一　ユスティニアノスがどのような方法でビュザンティオンやその他の町の誉れや至宝のすべてをはぎ取ることができたかをわれわれは以下に述べよう。二　まず初めに、皇帝は弁護士(1)の身分を破滅させようと決めた。確かに弁護士は、これまでは贅沢な暮らしをし、弁論を終えると自らの弁論に胸を張ったものだった。だが、ユスティニアノスは、すぐに弁護士からすべての報酬を取り上げ、相争う双方の弁護士に命じて誓約を交わし、和解するように命じたのである。こうして皇帝から不当な扱いを受けた弁護士たちはまったく意気消沈してしまった。**三** そのうえ皇帝は、ビュザンティオンとローマ帝国全土にいた元老院議員やそれ以外の富裕な人々の財産を、すでに述べたように、何もかも奪い尽くしてしまったので、以後は弁護士という職業には活動の場所がなくなってしまった。**四** なぜなら、人々にはもはやお互いに争うに足るだけの財産は何一つ残っていなかったからである。それで数多くいた弁護士は今やそのためにすぐに激減し、名望家であった弁護士も今や帝国領内至る所できわめて卑しい職業に成り下がり、当然のことながら彼らは極度の貧

(1) 弁護士は医師、教師と並ぶ自由な職業で、人々から尊敬される職業であった。弁護士は法律問題の専門家として、修辞学の技術を駆使して官僚の汚職や行政上の不備、免税措置などについても皇帝に市民の声を代表して伝えることができた。弁護士はコンスタンティノポリスやアレクサンドリアといった大都会では同職組合を結成していた。皇帝レオン一世はイリュリクム道の弁護士の数を一五〇名と限定していた(『ユスティニアノス法典』二-七-一七)。ディオクレティアヌス帝の最高価格令では弁護士の報酬を二五〇から一〇〇〇デナリウスとしている。シュネシオスやリバニオスの例が示すように、有名な弁護士は宮廷法務長官や属州長官や道長官にもなり、元老院議員ともなった。弁護士は作者プロコピオスのいわば同業者でもあった。リュドス*『官職論』二-一七とアガティアス*『歴史』一三-一以下も弁護士という職業が衰退していると指摘する。他方マララス*『年代記』一八-六七は、弁護士が法律で定められている以上の報酬を受け取ってはならないという法律が繰り返し発布されている、と指摘している。

困に陥ってしまったのである。なぜなら、弁護士が受け取るものは屈辱しかなかったからである。

医師と教師

五　皇帝は、医師[1]と自由身分の子弟を教える教師たち[2]をも日々の糧に苦しませた。それは、以前の諸皇帝たちがこれらの身分の人々に国費で食料援助をしていたのに対して、この男はこうした援助をすべてうち切ったからである。六　市民の誰もが公共のためと観劇のために自費で賛助金を拠出してきたところだが、この皇帝ときたらこれらの市民の賛助金をもすべて移し替え、厚かましくも国税と合体させてしまったのである。七　これ以後医師や教師は誰からも顧みられず、公共の建築物に配慮する人物は一人もいなくなってしまった。国費で点灯される街灯は、一つもなくなってしまった。そのうえ市民の楽しみである娯楽もすべて姿を消してしまった。それで劇場、大競技場そしてサーカスは至る所でその活動を停止した。八　まさにこうした環境がかの女性を生み、育て、教育してきたというのに。九　皇帝は後になるとビュザンティオン市内の劇場をも閉鎖させた[3]。というのも、皇帝はそうした場所で生計を立てている多数の、いや無数といってもよいほどの人間に慣例となっている補助金を出すのを止めようと考えたからである。一〇　その結果、市民個人にも、国全体にも悲嘆と落胆の空気が蔓延し、それはまるで天から災難が降りかかってきたようであった。そのためすべての人々の生活が陰鬱そのものとなった。一一　人々が自宅や市場や神殿での会話で話題にしたのは、他ならずただただ不幸や苦しみ、そしてこの上ない運命の打撃だけであった。

一二　諸都市の状況は以上のようなものであった。なお以下のことも述べるに値しよう。ローマ帝国では

(1)公共の機関（病院）につとめる医師には国営の高等教育機関につとめる大学教授と同じように給与や免税措置が与えられており、医師は社会的にも上流階級に属していた。他にも宮廷に出入りする医師、町などに雇われていた医師、各地方の町などに雇われている医師などがいた。ユスティニアノス一世帝はカルタゴ市が雇う五名の医師に給与を払っている。最年長の医師には金貨九九枚、次には金貨七〇枚、そして最後の三名には金貨五〇枚を給与として与えている。無論情報はないものの個人医師もいたと思われる。ユスティニアノス一世帝はイタリア占領後に文法家、医師、修辞学者、法律家にこれまで同様の給与を与えている。

(2)ビザンツ帝国で教育を担う教師には三段階ある。初級（小学校クラスに該当か）では聖書の暗記などによりギリシア語のアルファベットによる読み・書きおよび発音を習う。この段階では教師に代わり、両親、司祭や修道士などが子弟に教えることもあった。中級（中学・高校クラスに該当か）ではホメロスやトゥキュディデスなどの著作を教材に文法、文体、語彙等を習う。この段階では公立の教師の他に私塾の教師、司祭等が教師に代わることもあった。そして最終段階は自由の七教科に匹敵する教科、なかでもヘルモゲネスなどの著作により修辞学などを習う上級があった。この高等教育（現在の大学に該当か）では国営の高等教育機関（たとえばコンスタンティノポリスの「大学」）に雇われている教師からリバニオスのようにアンティオキアで修辞学校を開いていた私塾の教師がいた。

(3)ユスティニアノス一世帝下では皇帝権の強化と中央集権化が進み、それと共に都市の自治と市参事会の権限が大きく後退した（『修正勅令』一七四-五、五三五年）。劇場の閉鎖と踊り子の追放などの処置についてマララス*はユスティノス一世帝下でも伝えている（『年代記』一七-一二）。街灯や公共の建築物の荒廃についてもプロコピオスは第二十六章で伝えるが、それらはいずれも本書執筆時の一時的状況ではないかと考えられている。

毎年二人の執政官[1]が任命されてきた。一人はローマ市に、もう一人はビュザンティオン市におかれた。一三 この名誉ある地位についた者は、二〇ケンテナリア以上もの金を国家のために出費しなければならなかった。しかしこれまでは、そのうちのわずかな費用を当人が負担し、残りの大半を皇帝が受け持ってきた。一四 この寄付金の大部分は、今述べた上記の人々や、次には極貧の人々、とくに劇場関係者に配られ、首都における市民の活動が休みなく栄えるために使用された。一五 けれどもユスティニアノスが皇帝となって以後は、それに相応しい時期になってもこの習慣はすべて実施されなくなった。なるほど当初ローマ帝国内ではかなり前から執政官が一人は任命されてきたが、極貧が人々の生活を絶え間なくしめつけ、皇帝からは習慣となっている寄付金が臣民に与えられず、あらゆる方法で、またあらゆる方面から臣民の財産が略奪されてからというもの、人々は、彼が仕事をしているところを夢のなかでさえもかいま見ることはできなくなった。

臣民への虐待

一六 臣民を破滅させたこの男が、いかにして国庫金をすべて浪費し、次には元老院議員個人、さらには元老院全体の財産そのものを取り上げていったかを、私はすでにじゅうぶん事細かに述べてきたところである[2]。一七 ユスティニアノスがそれ以外の富裕と言われる人々の財産を偽の告発により奪い取ることができたかについても、私はもう充分に話したことと思う[3]。それは兵士、高位の役人に仕える人々、宮廷警護に当たる兵士たち、農民、土地所有者、領主、弁論術に携わる人々だけではなく、さらには商人、船主、船員、職人、市場の商人、劇場で働いて生活の糧を得ている人々およびその他のすべての人々、つまり言ってみればユスティニアノスにより被害を受けることになったすべての人々をも意味するのだ。

一八　ユスティニアノスがいかにして乞食、卑賤な身分の者そして困窮に陥ったり、多くの苦しみに苛まれている人々をひどく扱ったかを続けて話しておこう。そして次に、皇帝が神官たちにいかなる悪事を働いたかを後段で述べることにしよう。(4)　一九　まず初めに皇帝は、先に述べたようにすべての商店を支配下に置

(1) 執政官が廃止されたのは五四一年である。最後の執政官はバシレイオスである。その後の執政官は皇帝が兼任している。五四一年という年は第二期ペルシア戦役の二年目であり、アンティオキア市がホスローにより占領・略奪された翌年、ペストがエジプトから帝国に入り、首都に迫る一年前、イタリアからベリサリオスが首都に召還され、ペルシア戦に転戦するという動乱の年であった。こうした政情不安な情勢のなかで、それまでは東西ローマ統一の象徴であった二名の執政官制度は最後を迎えたのである。その原因は第一に執政官就任時の経済的負担が大きすぎたことにあった。就任の祝賀式には大競技場での馬車競技その他のイヴェントを賄う費用や祝賀行列の際に見物人にばらまくご祝儀の金貨などが莫大な額にのぼったこと。第二には皇帝権の増大、言葉を代えれば皇帝の独裁化の強化とこれに伴う都市の自治の後退、執政官の権限の縮小が挙げられる。執政官については一五頁註（1）をも参照。

(2) 第十四章「元老院の衰退」を指す。

(3) 第十九章「臣民の搾取家ユスティニアノス」、第二十六章「臣民への虐待」および第二十九章「ユスティニアノスの二枚舌」を指す。

(4) この約束も七頁註（2）、九三頁註（3）および一三一頁註（1）同様に現存の写本には見あたらない。

き、生活必需品を売る店を独占企業化し、すべての人々から三倍以上もの値段を取り立てた。二〇　私にはそれ以外のことがあまりに多すぎるように思われるので、いわば終わりのない言葉でこれらのすべてを数え上げるつもりはない。つまり、職人、乞食、生活苦にあえぐ人々はパンを買わなければならなかったのにである。ユスティニアノスはパンを買わなければならない人々を永遠に搾取し続けたのである。二一　すなわち、パンそのものには灰が多く入り混り、パンの値段は以前よりも高騰していたのに、皇帝は一年に三ケンテナリアもの税金をパン屋から徴収する決定をしたのである。[1]つまりこの皇帝ときたら、こうした神をも恐れぬ暴利の道を何の躊躇もなく突き進んでいったのである。二二　役人たちはこの独占企業の口実のもとに自分たちの利益を貪る方法を思いつき、いとも簡単に莫大な富を築いた。役人たちは好景気のときでも、予想に反して貧困にあえぐ人々を人為的にいつも飢餓状態に陥れた。なぜなら、誰もがパンを買い、パンを食べなければならなかったのに、役人たちはよその土地から小麦を運び込むことをまったく許さなかったからである。

首都の水道施設の崩壊

二三　首都の水道施設[2]が破壊されたままで放置され、飲料水がほんのわずかしか首都に供給されなくなっているのを見ても、誰もこれに注意を払い、これに修復の費用を出そうとする者は一人もいなかった。しかも多くの人々は喉の乾きで窒息しそうになり、井戸に群がり、すべてのローマ風呂が閉鎖されてしまっていたのにである。こうした状況にもかかわらず、この皇帝ときたら海岸沿いに多くの建物を建てたり[3]、それ以外にも意味のないことに莫大な量の金貨を無駄使いした。皇帝は首都郊外の至る所に宮殿を建てたが、それはまるで先帝たちの誰もがいつも住んでいた宮殿が自分と妃には手狭になったとでも言う風であった。二四このようにしてユスティニアノスは、出費を節約するために水道施設の改修を行なわなかったのではなく、同胞を破滅させるためにこれを行なわなかったのである。なぜなら、誰一人としてユスティニアノス以上にすべての人々から唾棄すべきやり方で金品を強奪し、それらの金品をまたすぐに悪しき目的のために喜んで

(1) 粗悪なパンについて『戦史』三-一三-一五以下は、カッパドキアのヨアンネスがパン釜を焚くための燃料と職人の手間賃を節約するためにパン種をアキレウスのローマ風呂の釜の下に入れ、パン種に少し焦げ目が付くとこれを取り出し、生焼けのパンを船倉に積み込ませた。そのため船団がメトネの港を出港するとパンは腐り、悪臭を放った。酷暑のなかでこのパンを食べた船員は病気になり、そのために五〇〇名以上の船員が死亡した、と伝えている。こうした手抜きにより製造されたパンは他にも見られたであろう。パンの価格は小麦の価格に連動していたので、価格の高騰が一方的に施政者の恣意によるものとするプロコピオスの見解は偏っていると言えよう。パンの無料配布については二〇一頁註（2）を参照。

(2) ここで言う水道施設とはウァレンス帝の水道橋と市内に張り巡らされた水道管や貯水槽を指している。首都住民のための飲料水やローマ風呂に必要な水は首都から約一五キロメートル離れたハルカリと呼ばれた水源地から水道橋により首都に運ばれ、多くの水道管により市内に八〇箇所以上あったと言われる地下貯水槽などに貯えられた。プロコピオスは水道施設の老朽化をユスティニアノス一世帝の怠慢の結果であるとする。しかし水道施設は絶えず補修されなければならず、そのための国費の出費は大きかった。すでにゼノン帝のときには執政官就任の費用の一部が水道施設の補修工事のために充てられたという。他方ユスティニアノス一世帝は五二八年にウァレンス帝の水道橋を補修し、さらに同帝は大宮殿の一角にあるバシリカ会堂の中庭に地下を掘り、ここに大貯水槽を作った。この貯水槽が今日のイェレバタン・サライである。

(3) 同様の非難は第八章「愚かな驢馬ユスティニアノスと辣腕の甥ユスティニアノス」にもある。

使い果たしてしまう人間は、この世が始まって以来いなかったからである。二五　こうしてパンと水という二つの必需品が、飲料水と食事に最も困っている人々や貧困に苦しめられている人々から遠ざけられてしまったのである。私が今述べたように、この皇帝は飲料水とパンという二つの物を通じて彼らに被害を与えたのである。つまり一方では飲料水の供給を困難にし、他方ではパンの値段をこの上なく高騰させたのである。

パンの無料配布

二六　彼は、私が次にすぐに述べるように、ビュザンティオン市内だけでなく、他の諸都市に住む乞食たちをも虐待した。二七　すなわち、テオドリックがイタリアを征服したとき、(1)彼はローマ市内の宮殿を守備する宮廷護衛部隊を存続させ、それにより彼はかつての行政組織の名残りを保とうとしたのである。そして兵士一人一人に毎日給与を払った。二八　これらの兵士たちの数は非常に多かった。それはこの部隊にはいわゆる宮廷監察官、(2)宮廷護衛兵、それに宮廷儀仗兵がいたからである。テオドリックは、これらの兵士にも兵士としての名前だけは残し、辛うじて生活できるだけの給与を支給し、その給与を遺産として兵士たちの子供や孫に相続させた。二九　彼は、聖ペトロの神殿(3)の周辺で物乞いをして生活を立てていた人々に毎年国庫から三〇〇〇メディムノスもの穀物を無料で配給することを決めた。こうした援助はアレクサンドロス・プサリディオスがイタリアへやってくるまで継続されていて、誰もが穀物を無料で貰っていた。三〇　だがこの男はすぐに、しかも何の躊躇もせずにこうした援助をうち切ることにした。これを知ったローマ皇帝ユスティニアノスはアレクサンドロスの決定を支持し、以前よりもいっそう高く彼を評価した。アレクサンドロスはこのたびの旅行でギリシア人にも次のような方法で大きな損害を与えた。

テルモピュライの監視塔

三一　野蛮人たちがペロポネソス地方に来襲する恐れありとの警告があると、昔からその周辺に住む農民たちがテルモピュライの監視塔[4]に入り、監視役を務め、交代で監視塔の城壁を守ってきた。三二　しかし当時アレクサンドロスがテルモピュライにやってきて、ペロポネソスの状況を考慮した結果、農民たちにこの

---

(1)東ゴート王テオドリックがオドアケルを破り、彼を暗殺し、事実上イタリアの支配者となったのは四九三年三月十五日である。テオドリックがビザンツ皇帝アナスタシオス一世帝から東ゴート王および同帝下のイタリア軍区総司令官として承認されたのは四九七年である。

(2)宮廷監察官（*σιλεντιάριος, silentiarius*）は皇帝の側近で、宮廷内の秩序維持、皇帝の身辺警護、宮廷内の儀式の運営と管理、御前会議の招集という任務の他に、皇帝から与えられる特別の任務があった。初出は三二八年であり、四三七年には総勢三十名の宮廷監察官が三名の監察局長の下で活動していた。高級官僚としての宮廷監察官には元老院議員の身分が与えられた。

(3)聖ペトロ教会は三二四年にコンスタンティノス大帝により工事が始められ、三四九年に完成した五廊式の壮麗なバシリカ式建築である。現在の大聖堂は十五世紀半ば頃より十七世紀にかけて建築された。カトリック教会の総本山で、ローマ教皇の公邸が隣接している。

(4)テルモピュライは中部ギリシアのロクリス地方にある隘路で、カリドロモス山脈とマリア湾南岸の間に位置する。その隘路の幅は五〇メートル、長さは四キロメートルで、その最も狭い箇所に産出する熱い源泉のゆえに「テルモピュライ」（「熱い門」）と呼ばれる。ここに監視塔が設けられていた。

監視塔を任せることはできないと判断した。三三　そこで彼は二〇〇〇名の正規兵をテルモピュライの監視塔に配置させた。だが彼は兵士の給与を国庫から支給させたのではなく、ギリシア全土の公金と劇場からの売上金をすべて国庫に移し、これを兵士の給与に充てるものとする、と表向きは説明した。これ以後ギリシア全土、とくにアテナイ市では公共の建築物は修復されず、それ以外の良き事業も何一つ行なわれなくなった。三四　だがユスティニアノスは、このプサリディオスの政策を少しの躊躇もなく正しいと認めさえしたのである。

アレクサンドリア市長官へパイストスの悪行

三五　この件については以上のような状況であった。次にアレクサンドリア市の貧民についても言及しなければならない。へパイストスなる人物がこの町で弁護士をしていた。この人物がアレクサンドリア市長官[1]となり、馬車競技応援団員による騒動を鎮圧し、不穏分子たちから恐れられた。彼はアレクサンドリア市民全員にこれ以上はない苛酷な政策を実施した。三六　すなわち、彼はすぐにアレクサンドリア市内のすべての商店をいわゆるモノポリオンと呼ばれる独占企業の網におさめ、彼以外の人物が小売り商人として職業に就くことを許さなかった。つまり、彼だけがあらゆる商品を売る小売商となり、すべての商品を売ったのである。もちろんそれらの商品の値段は、市長官の権限で自由気ままに決められた。アレクサンドリア市民は生活必需品に事欠き、飢え死にせんばかりとなった。これまでは極貧の人々にとっても生活すべてがとても安上がりだったのにである。現在彼らに一番不足しているのはパンである。[2]三七　というのも、今では彼だけがエジプトからの小麦を買い上げ、彼以外の第三者には誰一人として一メディムノスの小麦を買い付けることも許さなかったからである。このようにして彼はパンとパンの値段を思いのままに操作した。三八　彼は今や短期間のうちに無限の富を手に入れ、そして独占企業化を望んだ皇帝の意向を満足させもしたのである。三九　アレクサンドリア市民は市長官を恐れ、こうした状況の下では騒ぎを起こさず、沈黙のうちに目下の状況を堪え忍んだ。皇帝はとぎれることなく入ってくる金貨に敬意を表して、この人物をこの上なく高く評価した。

(1)アレクサンドリア市長官は全エジプト領の総督を兼ねていたので、その官職名は「アレクサンドリアおよびエジプト総督」と呼ばれた。市長官兼エジプト総督は組織上オリエント道長官の管轄下にあった。だがその日常業務は皇帝からの直接の指示に拠った。主たる業務は徴税、すなわちエジプト領全体の納税額の決定、人口の増減の調査、土地の査定、関税額の徴収、請願書の処理、免税措置の決定、穀物輸送船団の管理などである。民事では遺産相続、後見人の決定、司法では個々の案件を法律顧問に任せることもあるが、自らが判決を下すこともあった。エジプト総督としては罰金刑、追放刑、採石場での強制労働や死刑の判決を下すことができた。またエジプト駐留のローマ軍の指揮権も所有した。

(2)パンはホメロスの時代から知られた最も重要な食料で、ビザンツ人にとっても基本的な食料であった。パンは小麦、大麦などから作られ、家庭や専門のパン屋あるいは国営のパン工場で焼かれた。ビザンツ帝国は恒常的なパン不足に悩み、政府は穀物の国営化を行ない、パンの価格を安定させようと試みた。コンスタンティノス大帝はローマ市の習慣に倣ってコンスタンティノポリス市民にもパンの無料配布を行なった。三三二年五月十八日から始まったパンの無料配布は当初八万人の市民にチケットと交換に行なわれた。第二十六章に言われているへパイストスの悪行なるものは恐らく一時的なものであり、穀物の不作などという緊急事態への対処であったと思われる。

小麦の無料配布の停止

四〇　このヘパイストスは皇帝の意向に今までよりもなお一段と迎合することができるように、次のような策略を思いついた。四一　ディオクレティアヌスがローマ皇帝となったとき、彼は毎年国庫から大量の小麦をアレクサンドリア市でそれを必要とする人々に下賜することを決定した。四二　市民は当時この小麦を自分たちで分けあい、今日までその習慣を子孫たちに伝えてきた。(1)　四三　ところが市長官へパイストスがアレクサンドリア市に赴任してくると、彼はそれ以後生活に困窮している市民たちから毎年二万メディムノスもの小麦を取り上げてしまい、これを国庫に納めてしまった。彼は、これらの貧民たちが正当な権利もないままに、また公共の利益に反してこの小麦を今日まで手に入れておりました、と皇帝に報告した。四四　皇帝は彼の政策を支持し、彼を本気でいっそう高く評価した。けれどもアレクサンドリアの貧民のなかで小麦の無料配布に生活の糧を求め、これに希望を繋いできた者たちは、困窮を極めた生活のなかでこの非人間的な扱いに苦しむことになったのである。

第二十七章

アレクサンドリア市における異端派信徒の処刑

一　ユスティニアノスの犯した悪行の数々はあまりに多く、これらの悪行を言葉に移し替えるには永遠という時間があっても十分ではないのだ。二　したがって私は、無数の話題のなかからほんのわずかな話題を選び出し、これを述べることで満足することとしよう。なぜなら、これらのわずかな話題からも、ユスティニアノスという人間の本性がすべて後世の人々に明瞭となるであろうからである。つまり、ユスティニアノスという男が悪党であり、神にも、神官にも、法律にもまったく配慮せず、臣民のことをまじめに考えているとはとても思えないからである。むろん彼は恥を知ることなどまったくなく、国益を優先しようなどという考えもなく、また国益に資することを少しでも行なう、などという考えもまったく持っていなかった。皇帝は自分の行動に口実を設けるなどということも考えなかった。彼の頭は、ただこの地球上にあるすべての金品を強奪することだけで一杯で、それ以外のことはいっさい念頭になかった。ではこの件について話すこととしよう。

三　彼はパウロスという名の人物をアレクサンドリアの大神官に任命した。時のアレクサンドリア市長官はフェニキア生まれのロドンという人物であった。四　皇帝は、大神官パウロスの希望が実現不能に終わることのないように、あらゆる点において大神官の希望を支援すべしとの命令を市長官ロドンに伝えた。五

(1) 六世紀にはアレクサンドリアから二七〇〇万モディムノスの小麦がコンスタンティノポリスに運ばれ、その小麦は六〇万人の市民のパンとなり、そのうえ八万五〇〇〇人の市民に無料のパンとして配給されたという。これらのパンは国営のパン工場で焼かれた。パン職人は同職組合を結成していた。

つまり、ユスティニアノスはこうした方法でアレクサンドリアの異端派信徒たちをカルケドン公会議の決定[1]に従わせることができると考えたのである。六　さてここにパレスチナ出身のアルセニオスという男がいた。この男は薄汚い限りの男であったにもかかわらず、女帝テオドラがきわめて困難な状況に陥ったときに女帝の役に立ったことがあった。それにより彼は絶大な権力と莫大な富を手に入れ、そのうえ元老院議員の地位にまで昇った。七　この男はサマリア派の信徒であったが、目下の権力を失わないために、キリスト教徒であると詐称する術を心得ていた。八　だが、アルセニオスの父と兄弟はアルセニオスの権勢をあてにし、スキュトポリス市に住み、父祖伝来の信仰を守り、アルセニオスの同意のもとにこれ以上はないほどの悪事をすべてのキリスト教徒に対して働いた。九　そのため市民は二人に反抗して立ち上がり、この二人を惨めな死に至らしめた。そのため多くの不幸がパレスチナの人々を襲うことになった。一〇　さて、いずれにせよアルセニオスがあらゆる不祥事の元凶であったにもかかわらず、ユスティニアノスも女帝テオドラも当時このアルセニオスにいっさいの罰を与えようとはしなかった。ただ二人はアルセニオスに宮廷への出入りをその後禁じただけだった。その理由は、二人がこの男のためにキリスト教徒との絶え間ない面倒事に巻き込まれたからというものであった。一一　このアルセニオスはその後間もなく皇帝の役に立とうと考えて、アレクサンドリアの大神官パウロスと一緒にアレクサンドリア市に向けて出発した。彼はさまざまな仕事の役に立つかたわら、とくに大神官を助けてアレクサンドリアの人々の改宗を実現しようとし、人々を説得するのに全精力を傾けた。一二　そこでアルセニオスは、自分は宮廷への出入りを差し止められていたあいだにキリスト教の教義に余すところなく通暁したと断言した。一三　だがアルセニオスはそれでテオドラの機嫌を損ねただけであった。というのも、私が先の著書ですでに述べたように、[2]彼女は信仰に関しては皇帝とは別の道を歩んでいたようであったからである。一四　さて、二人がアレクサンドリア市に到着すると、パウロスはプソエスという名の輔祭を市長官ロドンに引き渡し、彼を処刑するように命じた。彼によれば、輔祭プソエスだけが皇帝の命令の実現を阻んでいるということであった。一五　ロドンは数通におよぶ、熱意に満ちた皇帝の書簡に記されている指示に鑑みてこの輔祭を拷問にかけなければならないと考えた。ところが輔祭は拷問にかけられると、すぐに息絶えてしまった。一六　この件が皇帝に報告されると、皇帝は女帝のたっての求めにより、まるで自分がこれらの人物に命令したことをすべて忘れてしまったかのように、すぐさますべての責任をパウロス、ロドンそしてアルセニオスに押しつけてしまった。一七　そこで皇帝はローマ市の貴族リベリウスを新たにアレクサンドリア市長官に任命し、彼と何名かの有名な神官をアレクサンドリア市に派遣し、事件の真相を究明するように命じた。これらの神官のなかにローマ教会の助祭長ペラギウスがいた。ペラギウスは大神官ウィギリウスの管轄下にあって、ウィギリウスに代わってその任務を果たすように指示されていた。一八　さて、殺人が立証されると、大神官パウロスは即座に大神官の座を罷免された。市長官ロドンはビュザンティオンに逃れ、一三通にのぼる皇帝の命令書を提示した。だがそれにもかかわらず、皇帝は市長官ロドンの首を刎ね、彼の財産を国庫に没収させたのであった。それらの書簡のなかで

(1) 四五一年十月八日から三十一日にかけてカルケドン市で開催された第四回公会議ではネストリオス派とキリスト単性説派の教義があらためて異端と断罪された。

(2) 第十章「テオドラとユスティニアノスの共謀」を指す。

皇帝はロドンに対してパウロスの指示にはすべて従い、パウロスがその計画を希望どおりに実現できるように、何ごとであれパウロスにけっして逆らわないようにとロドンに何度も念を押していたのにである。一九　アレクサンドリアの新市長官リベリウスは、テオドラの意向を受けてアルセニオスを磔の刑に処した。皇帝はアルセニオスがパウロスと交流があったということ以外には、何の罪もアルセニオスに着せることができなかったにもかかわらず、彼の財産を国庫に没収したのであった。

二〇　ユスティニアノスの言動が正しかったか、あるいはそうではなかったのかは、私には判断しかねるところである。しかし、なぜ私がこの件を持ち出したかという理由を次に述べておこう。二一　パウロスはその後しばらくしてビュザンティオンにやってきた。パウロスは、この皇帝に七ケンテナリアもの金を贈呈し、自分の罷免は違法であったので自分は大神官の座に復帰させられてしかるべきではないかと皇帝に申し出た。二二　ユスティニアノスは贈呈された金を恭しくおさめ、パウロスを丁重にもてなした。そして目下は別人が大神官の座を占めているにもかかわらず、皇帝はすぐにもパウロスをアレクサンドリアの大神官に復帰させようと喜んで同意した。その様子は、まるで皇帝がパウロスの仲間やその配下の者たちを殺害し、彼らの財産を強奪したことをまるで忘れてしまっているかのようであった。二三　今や皇帝陛下[1]は非常な努力を傾注した。そしてあらゆる努力を払った末に、パウロスが大神官の座にいずれにせよ復帰するであろうことが確実視された。二四　ところが、当時ビュザンティオンに滞在していたウィギリウスは、こうしたことを指示した皇帝に従うことをきっぱりと断った。つまり彼は、自分自身は先に自らが下した決定を覆すことはできないし、それでは教皇ペラギウスの意見を代弁することもできなくなると説明した。二五　つまり、この皇帝ときたら金品を強奪することより他のことはまったく念頭になかったのである。この種の話をもう一つしておこう。

サマリア派信徒パウスティノス

二六　パウスティノスという人物がいた。この男はパレスチナの生まれで、もともとはサマリア派の信者であった。だが彼は、法の求めるところにより名目上キリスト教徒を名乗っていた。二七　このパウスティノスは元老院議員となり、その地方の行政責任者であったが、その職を解任された。その後しばらくして彼がビュザンティオンにやってきたときに、何人もの神官が、彼はサマリア派の掟に従い、パレスチナ地方に住むキリスト教徒にひどい仕打ちをしていると告訴した。二八　ユスティニアノスはこれを知ると、機嫌を損ね、自分の政権下でキリストの名が誰によってであれ冒瀆されたことに怒っているかのような印象を人々に与えた。二九　そこで元老院は事件の審理を行ない、皇帝のたっての要請によりパウスティノスに追放刑を宣告した。三〇　だが、皇帝はパウスティノスから欲しいだけ大量の金貨を受け取ると、すぐに元老院の判決を無効としてしまった。三一　パウスティノスは即座に元の地位に復帰し、皇帝の許に出仕して、パレスチナとフェニキア地方にある皇帝直轄領管理官に任命され、何の恐れもなくすべての案件を自分の思いどおりに押しすすめた。三二　われわれの証言は短いが、それにもかかわらず、ここに挙げたわずかな証

(1) ここでプロコピオスは本書でたった一度だけ皮肉を込めてユスティニアノス一世帝を「皇帝陛下」と呼んでいる。

拠からも、ユスティニアノスがどんなやり方でキリスト教徒の正義を守ろうとしたかが明らかになったことと思う。三三　また皇帝が目前の金貨の枚数で何のとまどいもなく法を揺り動かしたかをごく手短に話しておこう。

第二十八章

エメサ市の文書偽造犯プリスコス

一　エメサ市にプリスコスという人物がいた。この男は他人の筆跡をまねる技術に精通していて、この悪しき技を使いこなす絶妙な名人と言えた。二　エメサの教会(1)はたまたま何年も前にある著名な人物の遺産相続人に指定されたことがあった。三　この人物は貴族の爵位を持ち、マンミアノスという名前で、生まれも高貴な家柄であり、その財産も莫大なものであった。四　ユスティニアノスの治世下で、今述べたかのプリスコスはエメサ市内のすべての家をしらみつぶしに調べ上げ、とてつもない資産家はいないか、そして高額の罰金刑を科すのに十分な資産家はいないものかを調べたことがあった。プリスコスはそうした資産家の先祖にまで遡り、細大漏らさず調べ上げたのである。そのとき彼は、先祖が書き残した数枚の古い文書を偶然にも発見した。彼はそれらの文書を真似て、多くの文書を偽造した。それらの文書には、先祖の人々がマンミアノスに多額の借金をしたので、彼にその借金を返済することに同意するものであると書いてあった。五　これらの偽造文書に書かれていた返済するという借金の額たるや、実に合計一〇〇ケンテナリアもの金を下らなかった。六　ところで、マンミアノスがまだ生存中に首都の広場に店を出していた人物がいた。この人物は真実とその他の徳ゆえに人々から多大の名声を得ていた。彼はエメサ市民のために多くの文書を書き上げ、それらの文書一つひとつに自筆で署名・捺印をしていた。ローマ人は彼の職業を公証人(2)と呼んでいた。プリスコスは、人並みはずれた技術でこの公証人の文書を巧みに偽造し、それらの偽造文書をエメサ市の教会責任者らに手渡した。それらの偽造文書には、返済が予定される額の一部をプリスコスに贈与すべし、とも書かれてあった。七　けれども法律がそれを妨げることになった。というのは、その法律がほとんどの係争事件の時効をすべて三〇年とし、わずかなものといわゆる抵当権に関する係争事件の時効を四〇年と定めていたからである。そこで次のような悪巧みが考え出された。八　関係者一同はビュザンティオンに上京し、この皇帝に大量の金貨を献上し、どうか自分たちに協力して何の罪もないエメサの市民たちを奈落の底に突き落としてほしいのです、と皇帝に嘆願した。九　皇帝は献上された金貨の山を懐に収めると、ためらうことなくただちに法律を発布し、教会が自らに与えられた請求権を失うのは、これまでの時効期間ではなく、

(1) プロコピオスはこれまでは教会を「神殿（*ἱερόν*）」と呼んできたが、本章ではこれに代わってすべて教会を「教会（*ἐκκλησία*）」と表現している。

(2)「公証人（*ταβελλίων*, tabellio）」とは、公文書および私文書の公正さを証明することを任務としていた。彼はその他にも公文書の作成、あらゆる種類の法律行為の確認書、訴訟関係の文書や役所に提出する文書の作成などを行なった。とくに公文書などの重要な文書には作成日時の記載、三名の証人および公証人の署名と誓約が求められた。

一〇〇年が過ぎた後とすべしとした。[1]そしてその決定をエメサ市だけではなく、全ローマ帝国領内で有効とした。一〇　ユスティニアノスは、エメサ市の事件を調停するためにロンギノスなる人物を派遣した。ロンギノスは実行力があり、身体もとても大きく、後年首都総督にもなった人物である。一一　エメサの教会責任者たちは、まずある市民からの先の偽造文書の記録をもとにして二ケンテナリアの金の請求を求めて告訴し、ただちに勝訴した。なぜなら、当事者が時の経過があまりに長く、過去の経緯について何も知らず、弁明することができなかったからである。一二　その他のすべてのエメサ市民、なかでもエメサの名望家たちは一人の例外もなくこの密告者たちの犠牲となり、誰もが深い悲しみに突き落とされた。一三　けれどもこうした不幸が今や大多数の市民に襲いかかろうとしたそのとき、神の摂理が次のように介入することとなった。一四　すなわち、ロンギノスはこの悪事の張本人プリスコスに命じてすべての偽造文書をまとめて提出させたのである。そしてプリスコスが逃げ口上をいうと、ロンギノスはプリスコスをこっぴどく杖で痛めつけた。一五　するとプリスコスは体力のある男が与える杖の痛みに耐えきれず、仰向けに倒れた。彼はすぐに身体を震わせ、恐怖に襲われ、ロンギノスが自らが犯した悪事をすべて見通していると思い、自白した。このようにして彼の詐欺行為はすべて白日の下に曝され、以後はこうした密告という犯罪は止んだのである。

ユダヤ教徒に対する迫害

一六　彼は以上述べてきたようにいつでも、そして毎日のようにローマ法を貶めてきた。それだけではなく彼は、ユダヤ教徒が崇めている法をも排除しようと熱心に努力した。一七　すなわち、ユダヤ教徒たちの復活祭の祝日がキリスト教徒の祝日よりも時期的に早く来るときには、彼はユダヤ教徒がこの適切な時期に祭りを祝うことを禁じたのである。そしてユダヤ教徒がこの時期に彼らの神に感謝の祈りを捧げ、彼らのあいだで習慣となっている儀式を行なうことも禁じたのである。一八　また多くのユダヤ教徒は、復活祭の時期には羊の肉を食べたので、彼らは国家の法に背いた廉で役人から問いただされ、高額の罰金刑を科された[2]。一九　私はこれ以外にもこの種のユスティニアノスによる悪行を無数と言ってよいほど知っているが、私は執筆を終えたいので、それらを本書に盛り込むつもりはない。なぜなら、これまで記載してきたことでこの男の本性は充分明らかになったことと思うからである。

(1) ユスティニアノス一世帝は五三〇年に三〇年の時効を定めた（『ユスティニアノス法典』一-二-二三）。だが五三五年には、第二十八章にあるように、これを一〇〇年に変更した（『修正勅令』九）。だがその後五四一年にはこれを四〇年とした（『修正勅令』一一一）。教会に関する時効のみは五四五年に五〇年としている。皇帝の政策が変動していることは明らかで、プロコピオスは五三五年の変更とエメサのプリスコス事件を関連づけて説明しようとしている。

(2) ユダヤ教徒は「暗闇に座る人々」とされ、ユスティニアノス一世帝は異端諸派に対する職業の禁止を初めとする諸禁止令のなかにユダヤ教徒をも含めた（『ユスティニアノス法典』一-五-一二（五三一年）、『修正勅令』四五（五三七年）、『修正勅令』一四六（五五三年））。コンスタンティノポリス市内でのユダヤ教徒は独自の居住区に住み、ラビの指導の下で共同体を構成し、宗教的かつ社会的な自治を享受していた。ユダヤ教徒は商人、職人、医師、通訳、農民などとして暮らしていた。ユダヤ教徒については第十一章「異端諸派への迫害と強制改宗」、第十三章「彼の誤った信仰心」、第二十七章「アレクサンドリア市における異端派信徒の処刑」なども参照。

第二十九章

ユスティニアノスの二枚舌

一　私は次に彼が悪徳漢であり、偽善者であることを明らかにしよう。ユスティニアノスは、つい先ほど話題にしたリベリウスをその地位から罷免して、代わりにエジプト生まれで、ラクサリオンという渾名のあるヨアンネス[2]を任命した。[1]二　リベリウスの最大の親友ペラギウスは、この罷免の件を知ると、ヨアンネス任命の件は事実であるかを皇帝に問い合わせた。三　すると彼はそうした行為をすぐに否定し、またそうした解任の決定には反対であると断言した。それどころかユスティニアノスは、ペラギウスにリベリウス宛の書簡を手渡した。その書簡で皇帝はリベリウスに目下の地位をできるかぎり堅持し、けっしてその地位を手放してはならないと命令した。四　なぜなら、皇帝たる自分はリベリウスを現在の地位から解任するつもりはないのだから、と言った。ところで、先のヨアンネスにはエウダイモンという名前の叔父がいた。この叔父はビュザンティオンに住み、執政官の名誉を受けるほど出世していて、莫大な財産を持ち、これまで皇帝の私有財産管理局長を勤めてきた。五　このエウダイモンは今述べた甥の任官の件を聞きつけると、自分の甥の就任が確実かどうかを自分で皇帝に尋ねた。六　すると皇帝は、リベリウスにあてて書いたことをすべて否定し、今度はヨアンネスに文書を手渡した。それにはいかなることがあろうとも新たな任務を手放してはならない、という皇帝の命令が記されていた。七　なぜなら、自分はこの件に関するいっさいの変更を望まないからである、ともそこには書かれてあった。そこで皇帝の文書に記載されている命令を信じたヨアンネスは、リベリウスに官邸を引き払うように要請した。なぜなら、ヨアンネスはすでにリベリウスが解任されたものと思っていたからである。八　他方リベリウス自身も明らかに皇帝の書簡を盾にヨアンネスの要請には従わないと返答した。九　するとヨアンネスは、武装した配下の者たちを引き連れてリベリウスに襲いかかり、リベリウスも自分の部下と共にこれに抵抗しようと決めた。そこで戦いが始まり、多くの者とその地位を所有していたヨアンネス自身が命を落とした。一〇　そこでエウダイモンのきわめて強力な要請により、リベリウスがビュザンティオンに召還された。元老院がこの事件を審理し、リベリウスに無罪の判決を下した。というのも、リベリウスは自分から攻撃を仕掛けたのではなく、ヨアンネスの攻撃を防ごうとしてこの惨事が起きたからであった。一一　皇帝は密かにリベリウスに罰金刑を科してしまうと、その後はこの件に触れようともしなかった。

エウダイモンおよびその他の人々の遺産相続

一二　さて、ユスティニアノスは真実を話すとか、正直にものを言うということの意味を今述べたような

(1) ローマ市の貴族リベリウスは第二十七章「アレクサンドリア市における異端派信徒の処刑」にあるように、アレクサンドリア市長官のポストを罷免され、ヨアンネス・ラクサリオンが彼の後任となった。リベリウスについては『戦史』五-四-一三を参照。

(2) 渾名ラクサリオン（*λαξαρίων*）は「小さなかかと」を意味する。

ものと理解していた。ここで次のような話を付録として付け加えるのも時宜を得たことであると私は思う。先のエウダイモンは、その後しばらくすると亡くなった。多くの親類が後に残ったが、エウダイモンは一枚の遺書も残さず、それ以外にも一言の遺言も残さずに逝った。一三　同じ時期に宮廷宦官の総責任者であるエウプラタスという人物が亡くなった。彼には甥が一人いたが、その甥にも莫大な遺産についての遺言を一言も残さなかった。一四　皇帝は二人の遺産を取り上げ、自分で勝手に遺産相続人となり、正規の遺産相続人には三オボロスの銅貨も渡さなかった。一五　この皇帝は、法律や友人たちの親族をこのように尊敬の念をもって扱ったのである。一六　ユスティニアノスは、かなり以前に逝去したエイレナイオスの遺産も、彼自身は何の権利もないのにこのようにしてわがものにしてしまったのである。

一七　同じ頃に起きたもう一つのこの種の事件も私は黙って見過ごすことはできない。アスカロンの町の市参事会員名簿で首席を占めていたのは、アナトリオスという人物であった。このアナトリオスの娘を妻にしたのがカイサレイア市きっての名家の出であるマミリアノスであった。一八　彼女はアナトリオスの一人娘であったので、彼の唯一の遺産相続人であった。一九　古来より法律はこのような場合には、諸都市の市参事会員が男子の遺産相続人を持たずに逝去した場合には、遺産の四分の一が町に遺贈され、残りの四分の三が女子の遺産相続人に与えられるものと定めてきた。皇帝はこの場合にも彼の特性を発揮した。つまり皇帝は新法を発布し、このような場合の遺産の扱いを逆にしたのである。すなわち、市参事会員が男子の遺産相続人を持たずに死亡した場合には、女子の遺産相続人が遺産の四分の一を受け取り、国家および市参事会が残りの四分の三を受け取るものとしたのである。(1)　二〇　だが天地開闢以来、国家も皇帝も市参事会員の財産には手を付けてはならないことになっていた。二一　さて、この新法が効力を持った後、アナトリオスは人生最後の日を迎えた。そこでアナトリオスの娘は、新法に則って父の遺産を国家と市参事会に分与した。皇帝自身と市参事会員は彼女に書簡を送り、国家および市参事会が正当かつ合法的に認められた遺産を受理したので、彼女を反訴から解放したことを彼女に知らせた。二二　その後アナトリオスの義理の息子であるマミリアノスが死亡した。マミリアノスは娘を一人残していただけであったので、その娘が当然のことながら亡父の遺産を相続した。二三　彼女はある名望家の男性と結婚していたが、のちに母がまだ存命中に亡くなった。彼女には娘も息子もいなかった。二四　そこでユスティニアノスはただちにその遺産のすべてを没収した。そして驚くべきことには、老女となったアナトリオスの娘が亡夫の遺産や亡父の遺産で豊かになるのは神の御心に適うことではないと言い放った。二五　けれども皇帝は、この老女が今後は物乞いをしなくても済むように、彼女が生存中は一日につき金貨一枚を彼女に下賜するように指示した。彼女の遺産を取り上げることを決めた書簡には、「余はこの金貨を神への篤い信仰心のゆえに彼女に与えるものである」と書き添えてあった。「なぜなら敬虔な勤めと神をうやまう行ないを実行することが余の信条であるのだから」

（1）アスカロン市のアナトリオスの一人娘の遺産相続については、第二十九章「エウダイモンおよびその他の人々の遺産相続」にあるように、『修正勅令』三八「市参事会員の子弟の遺産相続について」一一（五三五年）が適用されている。その他の遺産相続については本書第十二章「元老院議員ゼノン」および「元老院議員ヨアンネスおよびその他の事件」をも参照。

と皇帝は言った。

請願取り次ぎ官マルタネスの悪行

二六　だが、私の話が冗長にならないようにこの種の話を書き留めるのはこの辺で充分と言えよう。なぜなら、われわれのうち誰一人としてこの種の事件をすべて記憶して、話すことなどできないのだから。二七　ユスティニアノスは金の話となると、自分の最も忠実な配下である青組の者たちでも容赦しなかったことを私は明らかにしておこう。二八　キリキアの地にマルタネスという人物がいた。彼は、私が先の著書で述べたように、(1)レオンの義理の息子で、通称請願取り次ぎ官と呼ばれる地位にあった。二九　皇帝はマルタネスにキリキアの暴動鎮圧を命じた。マルタネスは、暴徒を鎮圧するという口実のもとにキリキアの住民の大半をこの上ないやり方で苛酷に搾取した。彼は住民の財産を強奪し、その一部を暴君ユスティニアノスに贈り、残りを当然のこととしてわがものとし、私腹を肥やした。三〇　一部のキリキア人たちは、黙って自分たちの目下の運命を甘受した。だが、タルソス市の青組の団員たちは皇帝の配下として自由な行動を許されていると思いこみ、マルタネスが不在のときに市の開かれる広場に集まり、マルタネスに対して罵詈雑言を浴びせた。三一　マルタネスはこれを知ると、すぐに大勢の兵士を引き連れてタルソス市に乗り込んできた。彼は夜のあいだに兵士たちを民家の周りにすべて配置し、早朝に暴徒を殲滅するように命じた。三二　青組の団員たちはこれを自分たちに対する襲撃と思い、力の限り抵抗した。薄暮のなかで多くの血が流された。市参事会員の一人であるダミアノスが放たれた矢に当たり落命した。三三　このダミアノスはタルソス市の青組の団長であった。この事件がビュザンティオンに知れ渡ると、青組の団員たちは激怒し、大声を上げて町中を騒ぎ廻った。彼らはこの件で皇帝にしつこく善処を迫り、レオンとマルタネスをもの凄い勢いで脅迫し、何度なく彼らを罵った。三四 皇帝は表向きこの事態に少なからず怒って見せた。皇帝はすぐに書簡を作成し、マルタネスの取った措置についての調査と処罰を行なうように命じた。三五 だが、レオンは多額の金貨を皇帝に贈呈し、いわば金の力で青組の怒りと皇帝の青組への好意をただちに押し戻したのである。この事件は審理されることなく終わり、後日マルタネスがビュザンティオンに上京したとき、ユスティニアノスは彼を大歓迎し、丁重にもてなした。三六 マルタネスが御前を退出したとき、青組の団員たちが彼を宮殿内で待ち伏せし、彼をさんざんに殴りつけた。もしレオンから密かに賄賂を受け取った青組の団員たちが止めに入らなかったら、マルタネスは危うく殴り殺されるところだった。三七 とは言え、皇帝が賄賂を受け取り、告訴を審理もせず、これを放置し、乱暴者たちが皇帝の住む宮殿内で臆面もなく高位の役人に襲いかかり、無法にも彼に手を出すなど、いったいこれ以上憐れむべき国があると誰が言えるのだろうか。三八 だがこの件に関しては、マルタネスに対しても、またマルタネスに対して暴力を振るった不逞の輩に対しても、罰は一つも下されなかった。これらのことから、読者の誰もがユスティニアノスの性格を判断することができよう。

（1）第十四章「悪徳官吏レオン」および第十七章「テオドラの息子ヨアンネス」を指す。

第三十章

駅逓制度の衰退

一　この男が国家の繁栄について幾分でも配慮を巡らしていたかどうかは、彼の駅逓制度(1)と情報活動網(2)についての政策を見れば明らかとなろう。二　つまりユスティニアノス以前の諸皇帝は、諸々の事件が迅速に報告され、何一つ遅滞なく連絡されるように配慮してきた。すなわち、帝国領土内のすべての地域において敵が起こした諸々の事件、諸都市における暴動やそれ以外の予期せぬ出来事、全ローマ帝国支配下にある属州長官やその他のすべての人々の言動についての報告がそれである。さらに、毎年属州から首都に送られてくることになっている税金が遅れることなく、また安全に輸送されるように、諸皇帝は国営の速達便の網を細かく国中に張り巡らしてきたのである。それは次のような仕組みになっていた。三　頑健な男子が一日で踏破できる距離(3)ごとに宿駅が設けられていた。ある街道では八つの宿駅が、また別の街道ではそれ以下の宿駅が設けられていた。だが宿駅が五つ以下という街道はほとんどなかった。四　各宿駅にはいつも約四〇頭の馬が用意されていた。そして馬の数に見合う馬丁もすべての宿駅に配置されていた。五　先に述べた任務を負った者は、最高の良馬を何度か乗り継いで、普通なら一〇日かかるところをときには一日で目的地に到着してしまい、今私が述べた任務をすべて遂行したのである。六　そのうえ至る所に住んでいた土地所有者、とくに内陸に住んでいた土地所有者はこの駅逓制度の恩恵を最大限に受けていた。というのも、彼らは余剰農産物を馬と馬丁の食糧として毎年国家に売却し、多額の報酬を受けることができたからである。七　こうした方法で国家はすべての納税対象者から科された税金を徴収し、彼らは逆に国家からすぐに先の報酬を受け取ることができた。このようにして国家には必要な物が欠けることはなかった。

八　これまではおよそこうした状況だった。だがこの皇帝は、カルケドン市からダキビザ市までの路線をまず廃止させ、ビュザンティオンからヘレヌポリス市へ行くすべての急使には、人々が反対したにもかかわ

（1）駅逓制度（*δρόμος δημόσιος*, cursus publicus）は国営の郵便および輸送制度を言う。その制度は古くはペルシアの制度を手本とし（ヘロドトス『歴史』八-九八）、共和政および帝政期ローマでも実施され、ビザンツ時代にはコンスタンティノス大帝により再編されたとされる。輸送には物資輸送のための定期便と皇帝特使とその手荷物輸送のための速達便の二種類があった。この制度を利用する者は許可証を持参していた。物資輸送や特使の移動には徒歩の他に馬、驢馬、船などが使用され、国道沿いには馬の交代や宿泊などのためにほぼ一日で移動できる距離ごとに宿駅が設置されていた。馬匹や人員、そして馬車にかかる費用は道長官が負担することになっていた。しかし実際には地方の住民や農民が負担しなければならなかった。

（2）帝国内外で諜報活動を行なっていたのは諜報員（*ἀγγελιαφόροι*, agentes in rebus）と呼ばれる役人で、その数はレオン一世帝の治世下で一二四八名であったという（『ユスティニアノス法典』一二-二〇-三）。諜報員は敵国の情報収集の他に、属州長官などの地方に在住する官僚の行動と役人全般の不正を監視し、これらを皇帝に報告し、さらに一種の秘密警察官として国内外を巡回した。彼らは他にも検察官の役目を果たしたり、関税業務や種々の国営事業の監視と監督、ときには外交交渉などをも行なった。プロコピオスは、ユスティニアノス一世帝が諜報員という言葉をいっさいなくしてしまったとするが（第三十章）、その主張は作者の誇張と言える。

（3）『戦史』三-一-一七は、「一日に歩ける距離は二一〇スタディオンである」としている。一スタディオンは一八五メートルである。したがって一八五メートル×二一〇スタディオンは約三八キロメートルとなる。その数は研究者の見解と一致している。

らず、無理にも海路を使用せよと命じた。九　その際急使は、通常は対岸に渡るのに使用する小型の船に乗り航行した。だがいったん嵐が起きると、彼らは非常に大きな危険を冒して旅をすることになった。なぜなら、急使が緊急の報告を携えているときには、航行に適した時や凪が来るまで待機することはできなかったからである。一〇　ユスティニアノスはペルシア方面への駅逓では従来どおりの制度を維持させた。だがそれ以外の東方への駅逓では、エジプトへのそれを含めて、一日の道のりの距離ごとに置かれていた宿駅には職員が一人しか置かれず、馬の代わりに数匹の驢馬が用意されているだけであった。一一　そのため各地方で起きた諸事件はほとんど報告されないか、報告されても遅すぎたり、事件のずっと後だったりした。当然のことながら救援に駆けつけるにはまったく間に合わなかった。土地の所有者は自分たちの農作物を腐らせ、農作物は放置され、彼らの存在が永遠に意味のないものとなってしまった。

情報網の崩壊

一二　情報網については次のような具合だった。昔から多くの諜報員が国費で採用されていた。彼らは商人やその他の名目で敵地に入り込み、ペルシア王の宮廷に潜入し、あらゆる事柄を詳細に調べ上げた。そして彼らは、ローマ領内に再び戻ると、その地の属州長官に敵の秘密をすべて報告できた。一三　その結果、彼らは事前に得た情報に注意し、予期しない事件は何一つ起こらなかった。こうした情報網はメディア人も昔から持っていた。ホスローは、こうした情報網の整備に大金を費やし、それにより多大の成果を挙げたといわれている。一四　すなわちホスローは、それでローマ領内で起きたすべての事件に精通していたのである。これに反してユスティニアノスは、この種の情報網の整備にはいっさい費用を出さず、それどころかローマ帝国から諜報員という言葉をなくしてしまったのである。そのため多くの弊害が生じ、ラジケ領も敵のペルシア軍に奪われてしまった。なぜなら、ローマ軍はペルシア王とその軍隊が地球上のどこにいるのかさえ知ることができなかったからである。一五　昔からローマ帝国は非常に多くの駱駝を所有していた。これらの駱駝はローマ軍が敵地に遠征する際には必要な品々を積んで、軍に同行した。一六　農民は、駱駝のお陰で輸送の賦役を強制されることもなく、兵士も食糧に不足することもなかった。ところがユスティニアノスは、駱駝の数をほとんどなくしてしまったのである。そのためローマ軍の兵士たちは敵地への遠征に出ると、今では必要な物資を確保することもできなくなった。

一七　こうした事態は今やローマ帝国にとって最も深刻な打撃と言えた。だがユスティニアノスが引き起こした些細で、笑うべき事件も付記しておこう。一八　カイサレイアの町にエウアンゲロスという有名な雄弁家がいた。彼は、運命がもたらした順風に乗って他人の財産と広大な土地の所有者となることができた。一九　後にエウアンゲロスは海沿いにあるポルピュレオンという村を三ケンテナリアの金で購入した。だが皇帝ユスティニアノスはこれを知ると、即座にポルピュレオン村をエウアンゲロスから取り上げ、購入価格のほんの一部を彼に与え、彼には臆面もなくこう言い放った。「エウアンゲロスは雄弁家なので、このような村を所有するのはまったく相応しくないのだ」。二〇　われわれはこの種の事件についてはまずまずのところを話してきたので、もうこれ以上話すのはやめにしよう。

跪拝礼(1)の励行

二一　ユスティニアノスとテオドラによる国政の改革は、次のようなものであった。古来より元老院議員が皇帝に拝謁するときは、次のように拝礼するのが習わしであった。「貴族」身分の男性は、皇帝の右胸に向かって頭を垂れる。二二　すると皇帝は彼の頭に接吻し、それで退出させた。貴族身分以下の廷臣はすべて右膝を折り、皇帝に拝礼して退出した。二三　だが、妃に向かって拝礼する習わしはこれまで一度としてなかった。けれども、ユスティニアノスとテオドラに謁見する者は誰でも、たとえ貴族身分の者であっても、まず床に顔をつけ、両手と両足を伸ばし、皇帝と妃の足先に接吻した後でなければ、起立することを許されなかった。二四　というのも、テオドラはこうした敬意の表明をけっして止めるつもりがなかったからである。それどころか彼女は、ペルシア人やその他の蛮族の使節も彼女の前に出ると、まるでローマ帝国が妃の支配下にでもあるかのように、自分が彼らに下賜金を与えることを当然と心得ていた。だが、このようなことは天地開闢以来一度として起きたことがなかった。二五　昔から、皇帝に謁見した者は、皇帝を皇帝と呼び、妃を妃と呼び、その他の廷臣には目下の地位に応じた呼びかけを行なってきた。二六　だが、今では皇帝あるいは妃に謁見し、二人のうちのどちらかと会話をするときには、皇帝を主人、妃を女主人と呼び、高位の廷臣を奴隷と呼ぼうとしない者は、無知蒙昧と言われ、口を慎むことをまったく知らない人間と言われた。そしてこうした態度を取らなかった人物は、皇帝と妃に対する最大の過ちと傲慢な態度を取った廉で以後は宮廷からその姿を消さなければならなくなった。

二七　以前はごくわずかな者しか、それも非常な苦労をしなければ宮廷には入れなかった。だがこの二人が政権の座に就いてからは、属州長官もその他の官僚もともに宮廷にたえず出入りするようになった。二八　その理由は、これまでは属州長官は正義と法を自分の裁量で実施することができたことにある。二九　つまり、属州長官や官僚は自分たちの日々の任務を自分たちの公邸内で処理し、臣民は暴力沙汰を見たり、聞いたりすることはなかったので、当然のことながら皇帝を煩わせることはきわめて稀であったからである。三〇　だがユスティニアノスとテオドラの二人は、それが臣民を不幸に陥れるにもかかわらず、いつもあらゆる案件を自分たち二人で処理し、臣民を無理矢理に奴隷のように跪かせたのである。裁判所ではほとんど来る日も来る日も一人も人間を見かけることはないのに、皇帝のいる宮廷では毎日多くの人が群れ集まり、したい放題の振る舞いをし、大混雑とありとあらゆる奴隷のような言動が常に見られた。三一　この二人に仕える廷臣たちは、昼は一日中、夜の大部分も宮殿で寝ずに待機していなければならなかった。彼らは、いつもの時間が来ても睡眠も取れず、食事にもありつけなかったので、健康を損なうことになった。そのうえ

（1）「跪拝礼（*προσκύνησις*, adoratio）」とは古くはペルシア宮廷のしきたりを模範にローマ帝政期、とくにディオクレティアヌス帝以後のローマに取り入れられた習慣と言え、ビザンツ宮廷においても行なわれた皇帝や妃への拝礼を言う。臣下などが皇帝あるいは妃に謁見する際に、臣下などは敬意の表明として跪拝礼を行なった。その形は完全にひれ伏す姿勢からただ膝を折り曲げるものまであった。ビザンツ時代の跪拝礼は専制君主たる皇帝支配の象徴として新たな意義を与えられた。主人である皇帝に対する奴隷である臣下の拝礼と意味づけられた。したがって跪拝礼の拒否は皇帝および妃に対する不敬罪と見なされた。跪拝礼は宮廷のみならず、教会や修道院で祈りを捧げる信者、罪を悔い改める罪人にも見られ、さらには賢者や聖人への敬意を表明する際にも行なわれた。

廷臣たちは見せかけの幸福からも見放されることになった。三二　こうした実態を知らない人々は、ローマ帝国の富はいったいどこへ行ってしまったのかとお互いに話し合った。三三　すなわち、ある者たちはローマ帝国の富はすべて蛮族の手に渡ったと言い、また別の者たちは、皇帝が数多くある宝物殿にそれらの富を納め、鍵を掛けて保管してしまったのだと確信を持って主張した。三四　ユスティニアノスが人間としてこの世からいなくなれば、あるいは彼がそうであったように悪魔の大王としてこの世を去れば、生き延びた人々は真実を知ることになろう。

補　註

A　ユスティニアノス（皇帝、在位五二七年八月一日―五六五年十一月十四日）

(1) 出自
(2) 即位までの経歴
(3) 治世
　(ア) 法典の編纂
　(イ) 宗教政策
　(ウ) 行政改革
　(エ) 経済政策
　(オ) 交易と改宗
　　(a) 紅海
　　(b) クリミア半島
　(カ) 建築事業
　(キ) 諸戦役
　　(a) ペルシア戦役（第一―三期）
　　(b) ヴァンダル戦役
　　(c) 東ゴート戦役（第一―三期）
　　(d) 西ゴート王国領の一部を占領
　(ク) バルカン半島における異民族
　　(a) ゲパイデス族、コトリグール族、ウティグール族
　　(b) スクラベノイ族とアンタイ族
(4) 業績
(5) 性格と容姿
(6) 逝去

(1) 出自――四八二年頃、バルカン半島のニーシュ南方四五キロメートルにあるタウレシウム近郊のベデリアナ要塞近くの農家に生まれる。父はサッバティオス、母はユスティノス一世帝の姉妹（姓名不詳、ただしウィギランティアとの説あり）。ユスティニアノスの母語はラテン語であり、彼は成長してギリシア語を習得したと言われている。

(2) 即位までの経歴――ユスティニアノスは成長すると叔父ユスティノスに引き取られ、叔父（エクスクービトール隊員）の養子となり、ユスティニアノスを名乗った。叔父ユスティノス自身は生粋の軍人で、無学であったが、甥ユスティニアノスに高等教育、なかんずく修辞学と法律を学ばせ、同時に軍事教育をも受けさせたという。ユスティニアノスの無類の知識欲と幅広い好奇心は、この青年時代に芽生えたものと言えよう。彼は教育を終え、成人に達した頃、宮廷警護を任務とする宮廷護衛部隊のなかの「白の軍服組（カンディ

ダーティー）」と呼ばれる精鋭兵となり、皇帝の身辺警護に当たっていた。以上が五一八年（三六歳）になる前までの経歴である。彼がいつ上京し、いつ養子となり、いつまたどのような教育を受けたか、いつカンディダーティーとなったのか等々については不明である。

叔父ユスティノスがユスティノス一世として即位した直後、ユスティニアノスは皇帝の身辺警護部隊である宮廷儀仗隊の隊長に就任している（五一八年）。その後ユスティニアノスは、ユスティノス一世帝の下で首都駐屯歩兵・騎兵両軍総司令官に任命され、五二一年には執政官に指名されている。執政官就任の祝賀にユスティニアノスは二八万八〇〇〇枚の金貨をご祝儀として祝賀行列に集う市民に配布している。このときの祝賀式の盛大なことは前例を見ず、市民の評判になったと言われている。五二三年にユスティニアノスは「貴族」爵位を得ており、五二五と五二七年のあいだには副帝（カエサル）の称号と共に、皇帝の親族に与えられる「最も高貴な人（ノビリッシモス）」身分を得た。これによりユスティニアノスには後継皇帝の地位が確実視されるようになったと言えよう。ユスティノス一世帝の妃エウペミアが逝去すると（五二四年以後）、ユスティニアノスはテオドラと結婚している。

ユスティノス一世帝の治世を陰で支配していたのがユスティニアノスであったことは確かであると言えよう（第九章）。ユスティニアノスが叔父の政権下で影響力と権威を増した頃、元老院はユスティノス一世帝が高齢になったことに鑑みて、ユスティニアノスを共同皇帝に昇格させてはいかがかと同帝に進言した。すると同帝は「いずれは皇帝の緋衣を纏うことになろうこの若者に対して諸君は充分に警戒すべきであろう」と答えて、元老院の進言を拒否したという（ゾナラス*『歴史要覧』一四-五-三五）。ユスティノス一世帝が甥ユスティニアノスを共同皇帝に昇格させることを了承したのは、同帝が病床にあり、逝去する四ヵ月前であった（五二七年四月一日）。その四ヵ月後の八月一日にユスティノス一世帝が逝去すると、ユスティニアノスは同日に正帝として即位し、テオドラも女帝に昇格した。ここに三八年におよぶユスティニアノス一世帝の治世が公式に開始されることになる。

(3) 治世 —— ユスティニアノス一世帝の治世は、妃テオドラの死（五四八年）を境にして、前半と後半で明暗を分けることになる。五二七年（四五歳）から五四八年（六六歳）までの二一年という前半の時代は、栄光の時代と位置づけられる。これに対して五四八年（六六歳）から五六五年（八三歳）までの一七年間という後半の時代は、政治的消極さと神学的瞑想が顕在化した時代と言えよう。アガティアス*『歴史』五-一四は、「当時［五五九年］皇帝は老人となり、人生の晩年に入り、労苦を厭うようになったようだ。皇帝は敵同士を戦わせ、自らの力を信じて積極的な行動に出るよりも、必要とあれば敵に贈り物を与えて敵を慰撫する方法をとった」と記している。

ユスティニアノス一世帝の信念と行動が強く発揮されたのは、国内的には『ローマ法大全』に見られる法整備と、二度の異端派信徒迫害などに見られるキリスト教正統派教義による国内統一である。対外的には言うまでもなくヴァンダル戦役、東ゴート戦役に見られる旧ローマ帝国西方領の奪回であり、長期に渡るペルシア戦役に見られる帝国の東部国境の死守にあった。

(ア) 法典の編纂 —— ユスティニアノス一世帝は、即位の翌年に国家の繁栄に不可欠とされる法律の整備に取りかかった。『ユスティニアノス法典』序文で同帝は自らの信念をこう述べている。「国家を最も強力に守るのは武器と法律である。ローマ人という幸福な国民は武器の力と法の力により国力を確かなものとし、過去においてもまた未来においても神のご加護によりあらゆる民族に対して優位に立つことになろう」。同帝は即位の翌年に法学者トリボニアノスを委員長とする編纂委員会を組織し、『ローマ法大全』に含まれる三つの法律全集を刊行した。『ユスティニアノス法典』は、それまでのグレゴリアヌス法典、ヘルモゲネス法典、テオドシオス法典およびテオドシオス帝以後の諸皇帝の勅令を一つの法律全集に編纂し直した法律全集である（初版五二九年四月七日、改訂版五三四年十二月二十九日）。続けて皇帝はトリボニアノスに『学説彙纂』と『法学提要』の編纂を命じた。『学説彙纂』は、法学者ガイウス、パピニアヌス、ウルピアヌスやモデスティヌス等の重要な学説と判例を編纂したもので、各学説間の矛盾や重複を取り除き、膨大な量の学説を五〇巻、一五万項目に整理した（五三三年十二月十六日）。『法学提要』は、ユスティニアノス法典をコンパクトに一冊にまとめたもので、法律の教科書となり、後には官僚の法律手引き書となった（五三三年十一月二十一日）。ユスティニアノス一世帝没後、五八〇年頃、同帝の勅令一五三本とユスティノス二世帝とティベリオス二世帝の勅令をあわせて一五本がまとめられ、合計一六八本の勅令を集めた『修正勅令』が刊行された。上記四つの法律全集は十六世紀に『ローマ法大全』と命名された。『ローマ法大全』はユスティニアノス一世帝没後もビザンツ帝国の法規範であり続けた。

(イ) 宗教政策 —— 政教一致を国是とするビザンツ帝国の皇帝は総主教を上回る霊性を持つとされ、ユスティニアノス一世帝もコンスタンティノス大帝に倣って自らを教会外の使徒と強く自覚していた。同帝は「玉座に座る神学者」と称されるほど教義に関心を持ち、自らも論考や勅令により反オリゲネス論を展開している。同帝は、ユスティノス一世帝と同じくキリスト教正統派信仰を強く支持し、国内の宗教的混淆状態を整理し、正統派教義による宗教界の統一、つまり諸異端派の撲滅と異教徒の改宗を急務とした。同帝によれば異端派信徒とは「普遍的な教会とわれわれの正統かつ聖なる信仰と関連を持たない人々すべて」(『ユスティニアノス法典』一-五「異端派信徒およびマニ教徒について」-一二、五二七年)であった。同法典一-五に異端派と断罪されているのは、マニ教徒、ユダヤ教徒、サマリア派信徒、モンタノス派信徒、アレイオス派信徒、アスコドロギート派信徒(モンタノス派の一分派)、オフィート派信徒(グノーシス派の一分派)、ボルボリ派信徒(グノーシス派の一分派)そして異教徒である。同帝は正統派以外のすべての教義を異端派とするのである。

これら異端派信徒に対して同法典は職業の禁止令を発布する。すなわち、異端派信徒にはいっさいの爵位の授与、民政および軍政におけるいっさいの公職への就任、弁護士としてのいっさいの活動、キリスト教教理の解釈が拒否される。さらに彼らにはいっさいの礼拝行為と集会、あらゆる証言、遺産相続と遺贈が禁止される。すなわち、同帝は異端派信者および異教徒を非社会的存在として市民生活から閉め出そうとするのである。他方同帝は、同法典(一-一一「異端派信徒の供儀と神殿について」-一〇)で異端派信徒の改宗を強く勧めてもいる。以上の法的規制の執行者は首都総督、各属州長官、総主教や府主教である。

同帝は、五二九年異教徒を信奉する法学者や哲学者が集まるアテナイのアカデメイアに対してその教育活動を停止するように命じている。しかしアカデメイアは、その後約半世紀ほど活動を継続していたことが知られている。同帝は上述の法的規制に加えて異教徒を撲滅するために大規模な迫害を行なった。第一回の迫害は五二九年に行なわれ、前首都総督、皇帝秘書官、貴族等がその犠牲者となった。エペソスの主教ヨアンネスは、五四六年に皇帝の命令を受け首都で異教徒の摘発を行なっている。高位高官、貴族、文法学者、哲学者や医師が犠牲者となり、彼らは拷問により異教徒であることを自白すると逮捕され、むち打ちの刑を受け投獄された。また彼らの所有する書物や神々の絵画や彫像が練兵場内で焼却された。

こうした法規制や弾圧、強制改宗に対してサマリア派信徒やユダヤ教徒は、五二九年六月と五五五年七月に大規模な暴動を起こしている。暴動は武力で鎮圧され、東方属州では大恐慌が起きたとマララス*は伝えている(『年代記』一八-三五他)。プロコピオスも第十一、二十七と二十八章で異教徒や異端派信徒の抵抗を伝えている。

だが、同帝の挙げる異端派のなかにキリスト単性説派が挙げられていないことは注目に値しよう。単性説派はすでにアルメニア、エジプト、シリアそしてエチオピアなどで多くの支持者を得た一大勢力となっていた。したがって同帝は単性説派信徒を他の群小異端諸派と同列に扱うことはできなかった。それは単性説派を支持した諸属州が政治的に離反することを恐れたし、同時に妃テオドラが単性説派の熱心な信奉者であったことも影響したと言えよう。彼女は、自らが所有するホルミスダス宮殿内に五〇〇名近くの単性説派の修道士や聖職者を保護していたという。だがテオドラは、彼らに無用な争いや騒ぎを起こさず、これ以上単性説派の聖職者を叙解せず、平和を保つように要請したという。こうした事情もあり、ユスティニアノス一世帝の対単性説派政策は一貫しない。あるときは寛容、あるときは弾圧政策を採っている。五三二年には正統派と単性説派の聖職者の会合が開かれ、その後単性説派への弾圧は止んだ。また五三四/三五年にはアンティオキアのセウェロスが皇帝の賓客として首都を訪問したりもした。さらに五四三年以後、同帝はテオドロス・モプスエスティア、テオドロス・キュロス、エデッサのイバスらの著作をネストリオス派の疑いのありとする論争(「三章論争」)を起こし、上記三著作を断罪するために第五公会議を首都で開催した。しかし同派との妥協は実現せず、逆に単性説派によ
る東方分離派教会が六世紀には誕生した。エジプトにコプト教会、アルメニアにアルメニア教会、エチオピアにエチオピア教会そしてシリアにヤコブ派教会などが誕生するに至った。同帝は最晩年に入るとハリカルナッソスのユリアノスの教義に強く惹かれた。その教え(「キリスト受難不可論」)はキリストの神性と人性における物質と特質を同一視し、キリストの肉体はロゴスのものとなった瞬間に不滅なものとなる、という。五六五年一月、コンスタンティノポリス総主教エウトゥキオスはこの教えを異端の疑いありとして否定した。総主教はそのためプリンス島に追放された。

(ウ) 行政改革 —— ユスティニアノス一世帝の最大の目的は内外ともに強力な国家を作り上げることであった。そのための行政改革は、官職売買や汚職をなくし、官僚が就任時に支払うことになっている辞令交付手数料の廃止、大土地所有者による農民の土地の併呑の防止、管区制度の廃止と属州の統廃合の実施、属州における軍民分離の原則の変更、国税収入をより確実にするためのエピボレー制度を初めとする諸制度の強化などに焦点が絞られた。同帝による行政改革は、カッパドキアのヨアンネスの第二期オリエント道長官時代を中心に行なわれた。上記の改革は、すべての組織や制度の変更を意味するのではなく、従来行なわれてきた組織や制度を必要に応じて部分的に改めた点に特色がある。

賄賂が絡む官職売買の悪習はローマ帝政期以来なくなるこ

とはなく、ユスティニアノス一世帝の時代まで続いている。同帝は五三五年四月十五日に『修正勅令』八「裁判官は辞令交付手数料を支払わずに就任すること」を発令し、手数料と賄賂を禁止しようとしている。

農業立国であったビザンツ帝国の経済を支えたのは、土地を所有する自由農民が納める租税であった。だが、中小自由農民は役人の恣意と職権濫用、重税と種々の賦役に苦しめられ、土地を棄てる者や土地を大土地所有者に提供し、その保護下に入る者が続出した。その結果、一方では納税額が減少し、他方では大土地所有者層が増大した。大土地所有者の多くは政府や軍の高官であり、同時に元老院議員でもあった。ユスティニアノス一世帝はオリエント道長官カッパドキアのヨアンネスに命じて大土地所有者の増大を抑制するためにさまざまな政策を実施させた。

土地を棄てた農民やユスティノス一世帝のように首都での出世を夢見る多くの地方在住者が首都にやってきた。だが、首都に到着しても職を得られない多くの者たちが乞食やホームレスとなり、首都における不満分子となり、彼らはやがて犯罪や暴動の温床となった。ユスティニアノスは、これらの不満分子たちが起こす窃盗などの犯罪を取り締まるために「市民取り締まり官」を新設し（五三五年）、次には同性愛者、不倫を犯した者、異端派信徒などを取り締まるために「監察官」を創設した（五三九年）。

ユスティニアノス一世帝による行政改革の第二の柱は、コンスタンティノス大帝以来のいくつかの管区長ポストを廃止し、その権限を属州長官に委譲すること、および属州の再編と統合、さらに属州長官による軍政と民政の一括統治であった。それはディオクレティアヌス・コンスタンティノス体制の変更を意味し、同時に七世紀のテマ制度への道を開くことになった。五三五年に始まるこれら一連の改革ではオリエント管区長職が廃止され、その権限は属州第一シリア長官職に委譲された。同じくアシアナ管区長官職が属州フィルギア・パカティアナ長官職に、ポントス管区長官職が属州第一ガラティア長官職に移るなどし、これら属州長官は軍政と民政の権限を一手に握った。同じく属州イサウリア長官、属州ポントス・ポレモニアコス長官、属州パプラゴニア長官、属州カッパドキア長官なども軍政と民政の権限を一手に握った。これらの改革はいずれもペルシア軍の侵攻に備えた政策であるのは明らかである。ローマ領アルメニアは四つの属州（第一から第四まで）に分割されたが、アルメニア住民はアルメニア独自の法律と習慣を守ることが許された（五三六年）。これ以後アルメニア人の帝国への移住が頻繁となった。

(エ) 経済政策 —— ユスティニアノス一世帝は対ペルシア、ヴァンダルおよび東ゴートに対する戦いを継続するためと遠大な建築活動を推進するために莫大な資金を必要とした。そのために同帝は法律で定められた徴税を厳格に実施し、税の滞納分の取り立ても先帝たち以上に厳しく行なった。したがって免税措置の回数も少なくなった。また五四〇年に再開された第二期ペルシア戦役や、東ゴート戦役遂行のための戦費捻出、五四二年のペストの猛威による人口減少の悪影響、長年にわたる都市参事会員の凋落と地方都市の衰退などが国の経済を圧迫した。ユスティニアノス一世帝はこうした事態を打開すべくさまざまな政策を実施した。

同帝は税収入を確保するために従来行なわれてきた納税連帯制度を維持し、エピボレー制度（一七三頁註（1））やディアグラペー制度（同頁註（2））を継続している。さらに空気税（一五五頁註（3））という新税を導入している。そのうえ同帝は市民の寄付金（一九三頁註（3））を国庫に流用し、大衆の娯楽などを中止させたり、アビュドス市とヒエロン市に新たに税関を新設したり（一八五頁註（2））、元老院議員等から財産と土地を強制没収したり（第十二章）、営業税（一四九頁註（1））の徴収や独占企業を新たに導入したり（一五一頁註（1））、絹産業を国営化する（一八九頁註（1））などして国庫への収入増を図った。他方同帝は、出費を節約するために宮廷儀仗兵を初めとする兵士への下賜金を廃止したり（一六九頁註（2））、パンの無料配布を廃止したり（二〇一頁註（2））、フォリス銅貨の切り下げを試みたり（一六九頁註（3））した。さらに同帝は駅逓制度の維持に必要な人員や馬匹の数を減らしたり（二一九頁註（1））、諜報員の数も削減したという（同頁註（2））。ローマ共和政時代から連綿として続いた執政官制度も同帝の下で廃止されている（一九五頁註（1））。

(オ) 交易と改宗

(a) 紅海 —— 東方との交易にはペルシア商人、アベッシニア（エチオピア）商人およびヒムヤル（イエメン）商人などが従事していた。東方、とくにインドや中国からの産物はセイロン島を経由して交易が行なわれていた。紅海での中継地点はアベッシニアの首都アドゥリスであった。アドゥリス市にはリビアから奴隷、香料、パピルス、象牙などが集まった。だが絹貿易はペルシア商人が独占していた。アベッシニア、イエメン、ソコトラ島は、ローマ皇帝コンスタンス二世のときにアレイオス派の主教テオピロスによりキリスト教が伝えられていた。アデンやサファルの町にはキリスト教会が建立された。他方アベッシニアの対岸のヒムヤル王国では最終的にユダヤ教が根付いた。そのためアベッシニア王国とヒムヤル王国のあいだでは、ゼノン帝あるいはアナスタシオス一世帝のときに争いが起きた。その原因はヒムヤル王国内でキリスト教徒に対する迫害が起きたからであった。こうして六世紀の前半に両王国が争っていたとき、ユスティニアノス一世帝はアベッシニア王国に使節を派遣し、アベッシニア商人に勧めてペルシア商人が独占している絹貿易に参加させようとした。だがその計画は成功せず、ペルシア商人がセイロン島に集まる中国産の絹製品をすべて買い占めてしまった。だが五五二年頃、二人の修道が蚕をセリンダ国あるいは地方から帝国に持ち帰り、養蚕業を開始することに成功した（一八九頁註（1））。

(b) クリミア半島――クリミア半島のケルソネソス市と首都を結ぶ海上貿易は帝国にとって重要であった。それはヴォルガ・ドンの両河川一帯の後背地と首都を往復する航路であったからである。ユスティニアノス一世帝は、フン族、クリミアのフン族、ウティグール族、テトラクシテス族（ゴート族の一部か）、アラーン族、サビール・フン族、シックス族、アバスギ族、アブシリアン族等が平和的な交易を求めたり、皇帝の保護を求めてきたときには彼らに金品や称号・爵位などを与え、彼らをキリスト教徒に改宗しようとつとめた。

(カ) 建築事業――同帝が国内できわめて広範囲に建築活動を繰り広げたことはプロコピオス著『建築』（全六巻）に詳しい。『建築』は公文書館に保存されていた政府の公式記録をもとに執筆されたものと思われ、コンスタンティノポリス（第一巻）、メソポタミアとシリア（第二巻）、アルメニアとクリミア半島など（第三巻）、バルカン半島（第四巻）、小アジアとパレスチナ（第五巻）そしてエジプトとリビア（第六巻）における同帝の建築活動を詳細にかつまた同帝への賞讃を込めて記録している。その対象となったのは新規の建築のみならず、老朽化した建物の修復や再建なども扱い、それらはすべて良きキリスト教皇帝の模範的行為と考えられていた。

コンスタンティノポリスでは、ニカの乱で焼失したハギア・ソフィア大教会の再建に始まり、聖エイレーネー教会、聖使徒教会、ブラケルネの聖母マリア教会、聖コスマスとダミアノス教会、聖セルギオスとバッコス教会、メタノイア修道院などの多くの教会と修道院を寄進したり修復したりしている。世俗の建築物としては、元老院議事堂、ユスティニアノス宮殿を初めとする諸宮殿、青銅の門、ユスティニアノスの騎馬像と妃テオドラの銅像、サンプソンの療養所、外国人宿泊所、貯水槽や港、その他の公共建築物を多数建設している。メソポタミアとシリアでは、対ペルシア戦の拠点であるダラ（ス）要塞の城壁の修復と強化が行なわれた。城壁には新たに胸壁が築かれ、城壁も三重に作りかえられ、さらに城壁には四角形の保塁が取り付けられ、外側に壕が掘られ、掘りには水が張られた。シリアでは、五四〇年にホスロー王により占領され、略奪を受けたアンティオキア市の再建が行なわれた。アルメニアでは、アルメニア軍区総司令官の公邸所在地であるテオドシウポリスの防衛施設を強固なものとした。バルカン半島では、ゲパイデス族やスクラベノイ族やアヴァール族といった異民族が頻繁にドナウ川を渡河して帝国領土内に侵入し、略奪を働くようになった。これに対してユスティニアノス一世帝は、莫大な費用を投じてトラキア、マケドニア、ダルダニア、エペイロスおよびギリシア各地に要塞を新たに建設し、老朽化した要塞を修復した。たとえばユスティニアノス一世帝の生誕の地である属州ダルダニアでは、八つの要塞を新たに建設し、六一の要塞を修復・再建した。ドナウ沿岸一帯を除いたバルカン半島では三三四の要塞が記録されている。ドナウ沿岸ではシンギドゥヌム市とヴィミナキウム市を初めとして二八の要塞が修復・再建されている。トラキア地方では三一の要塞が記録されており、バルカン半島のヨーロッパ側の領土では少なくとも一七二の要塞が記録されている。小アジアとパレスチナではエペソス市郊外の使徒ヨハネ教会の修復と再建が、テネドス島では巨大な穀物倉庫の新築などが記されている。遠く離れたシナイ半島では聖カタリナ修道院の名が挙げられている。同帝はジブラルタル海峡の北アフリカ側にあったセプトウムの要塞を修復し、多数の守備兵を配置し、町には聖母教会を寄進した。帝国東方、黒海沿岸の町トレビゾンドやケルソネソスの町を再建し、防衛設備を整えた。

(キ) 諸戦役

(a) ペルシア戦役 ── ペルシア戦役はユスティニアノス一世帝とカバデス王およびホスロー王との戦いであった。ペルシア軍は三期に渡り黒海あるいは地中海への突破口を求めて帝国領内に侵入したが、ユスティニアノス一世帝はときに武力を持ってこれを阻止し、ときに金銭をもって和平を買い取り、東部国境と帝国領土を守り抜いた。

第一期（五二七─五三二年）── ビザンツ帝国とペルシア王国の戦いは、すでにユスティノス一世帝下で前哨戦とも言うべき戦いが始まっていた。戦いの発端は、ラジケ王ツァットのギリシア正教への改宗と王がローマ皇帝ユスティノス一世帝の保護下に入ったことにあり、同時にそれまでのペルシア支配からの脱却にあった。カバデス王は軍をイベリア（今日のグルジア、カフカス地方）に送り、イベリア地方を占領し、さらにラジケを狙った。これに対してユスティノス一世帝はシッタスとベリサリオスをペルシア領アルメニアに侵入させ、その地を略奪させた（五二六年）。だが本格的な戦いは五二七年に始まり、ダラ（ス）の戦い（五三〇年六月、ベリサリオスの勝利）とカリニコンの戦い（五三一年四月、ベリサリオスの敗戦）を経て、五三二年春の「永遠の和平条約」締結をもって終了した。ペルシア側は年間一万一〇〇〇ポンドの金を受け取り、コーカサスの峠を異民族の来襲から守ること、ビザンツ側はペルシア領アルメニア内にある二つの要塞をペルシア側に返還し、ダラ（ス）の要塞から守備隊をコンスタンティアの要塞に移動させること等が和平の条件であった。

第二期（五四〇—五四五年）——ホスロー王が再度戦端を開く決意をした原因は以下のようなものであったという。東ゴート王ウィッティギスが共同の敵ユスティニアノス一世帝に対する同盟を申し入れてきたこと、アルメニア地方でユスティニアノス一世帝に対する反乱が起きたこと、ビザンツ支配に不満を抱いたラジケ王グバゼスが再度ホスロー王に接近してきたこと、アラビアのラハミ族（親ペルシア）とガッサン族（親ビザンツ）の紛争が勃発したことなどであった。五四〇年、ホスロー王はシリアに侵入し、アンティオキア市を占領し、町を破壊し、略奪し、多くの捕虜を連れ去った。翌五四一年に王はラジケ地方に侵入した。だがベリサリオスの反撃を受けて退却した。翌五四二年、ホスロー王はコマゲネ地方に侵入し、カリニコンの要塞を破壊するなどした。しかしこの年の夏にはペルシア国内でもペストが流行したため、王は急遽帰国した。五四三年、ナベデス麾下のペルシア軍とマルティノス麾下のローマ軍がアンゲロン要塞の近くで戦い、ローマ軍は敗退したが、ペルシア軍は追撃せずに帰国した。五四四年、ペルシア軍はメソポタミアに侵入し、六日間エデッサ市を包囲した。だがペルシア軍は町を占領することはできなかった。その後両国は五四五年に五年期限の和平協定に調印した。ビザンツ側は二〇〇〇ポンドの金を支払い和平を買い取った。だがラジケ問題は未解決のまま残された。第二期の戦いでホスロー王はシリアを突破口に地中海への足がかりを摑もうとしたが、その試みはベリサリオスの反撃などで失敗した。

第三期（五四九—五六二年）——第三期の争いはラジケ王グバゼスの再度の変心により引き起こされた。グバゼス王はホスロー王の専制君主的政治手法に不満を抱き、再度ユスティニアノス一世帝に保護を求めてきたのである。五四九年、ダギスタエオス麾下のローマ軍はペトラ要塞の奪回を試みたが、失敗した。代わったベッサス総司令官は五五一年春にペトラ要塞を奪回した。五五一年秋、両国は五年期限の休戦協定（—五五五年）を締結した。ペルシア軍は要塞を奪回することはできず、翌五五二から五五四年までペトラ要塞の周辺を略奪した。五五七年に先の休戦協定は再度更新された。そして五六二年、両国は「五〇年の和平協定」を締結し、ビザンツ側は三万ポンドの金を支払い、ペルシア側はラジケ地方の領有を放棄するというものであった。他に十二項目の規定が決められた。ここに長かった両国の争いは終わりを告げた。

(b) ヴァンダル戦役（五三三年六月―五三四年三月）

―四二九年、ヴァンダル族はガイセリック王の下でスペインから北アフリカに渡り、カルタゴ市を首都としてヴァンダル王国を樹立した。四七四年、ヴァンダル王ガイセリックはローマ皇帝ゼノンと無期限の友好条約を締結し、両国はユスティニアノス一世帝の時代まで平和裡に過ごしてきた。

ヴァンダル戦役の発端はヒルデリクス王（在位五二三―五三〇年）の臣下で、アレイオス派の信徒ゲリメルがヴァンダル貴族たちの支持を集め、五三〇年五月十九日にクーデターを起こしたことにある。ヴァンダル軍がムーア族のアンタラスに敗れたことによりヴァンダル貴族や軍人たちの不満が頂点に達したためクーデターは成功した。ヒルデリクス王は妻子ともども逮捕・投獄され、廃位に追い込まれ、代わりにゲリメルがヴァンダル王（在位五三〇―五三四年）に即位した。ヒルデリクスは六六歳で、穏和な性格で、キリスト教正統派信仰を奉じており、ユスティニアノス一世帝とも長期間にわたり親交があった。ユスティニアノス一世帝はヒルデリクス王の投獄と廃位の報せを受けると、ただちにゲリメル王に対して前王の釈放と復位を要求した。だが、ゲリメル王はユスティニアノス一世帝の要求を内政干渉であるとして拒絶し、「汝がゼノン帝とガイセリック王との和平条約を破り、攻撃を仕掛けるならば、余は全軍をもって汝に戦いを挑むであろう」と回答した（『戦史』三-九）。これを読んだユスティニアノス一世帝は、親友ヒルデリクスの復讐、ゲリメル王の処罰そしてヴァンダル王国内のアレイオス派信徒に迫害されている正統派の聖職者たちのためにヴァンダル戦を敢行しようと決意したという。五三三年六月、遠征軍総司令官ベリサリオスは五〇〇隻の軍船と九二隻の高速ドロモーン型艦船に一万名の歩兵、五〇〇〇名の騎兵および数千名のベリサリオスの私兵を乗船させて首都を出航した。ローマ軍は九月初めに北アフリカのカプト・ヴァダに上陸し、九月半ばにカルタゴ市からほぼ一〇マイル離れたアト・デキムムでヴァンダル軍と交戦し、ゲリメル王を破り、勝利をおさめた。ゲリメル王は戦場を離れてヌミディアのブラ・レギア平原に逃れた。五三三年九月十五日、ベリサリオスはカルタゴ市に入城した。五三三年十二月半ばにゲリメル王は再度ベリサリオスと戦うが、再び敗れてヌミディアのパプア山に逃れ、山中で三ヵ月籠城した。だが王は五三四年三月末に降伏し、ベリサリオスの捕虜となった。その直後、ユスティニアノス一世帝はベリサリオスの部下である数名の将官からベリサリオスに謀反の疑いありとの報告を受けた。同帝はベリサリオスにただちに帰国するか、それともカルタゴに留まるかを報告せよと連絡した（本書一三七頁註（5））。皇帝への忠誠心を持ち続けていたベリサリオスはただちに帰国し、首都の大競技場で凱旋行進を許された。

その間ベリサリオスは部隊をサルディニア島、コルシカ島、バレアール諸島そしてジブラルタル海峡の要塞セプトゥムに派遣し、これらの島々と要塞などを占領させた。ユスティニアノス一世帝は五三六年三月十八日、『修正勅令』三〇-一-二においてヴァンダル王国の征服が完了したと明言し、「かつては東西の両地中海を支配したローマ人がその後の怠慢により失った領土を将来余が支配することができるかもしれないという希望を神は余にお与えくだされた」と続け、旧ローマ帝国西方領の奪回はヴァンダル戦役の後に初めて同帝の政策となったことを示している。

(c) 東ゴート戦役（第一期、五三五―五四〇年春／第二期、五四一―五五〇年／第三期、五五一―五五五年春）

―― 東ゴート王国はテオドリック王（在位四七四―五二六年）がオドアケルを倒し、四九三年にラウェンナ市に首都をおき、王国を樹立したことに始まる。以後同王国は摂政、後に女王アマラスンタの時代までビザンツ帝国とは友好関係を保っていた。アマラスンタは親ビザンツ政策を採り、五三三年夏にヴァンダル遠征軍が北アフリカへ向かう途中シケリアの港をベリサリオスに利用させている。だが五三四年十月二日、アタラリック王が逝去すると、状況は一変した。反ビザンツ的政策を掲げた東ゴート王テオダハットが東ゴート王に即位するとアマラスンタに対する反発が大きくなったためである。その結果アマラスンタは粛清されてしまう（第十六章）。ユスティニアノス一世帝はアマラスンタ暗殺に怒り、テオダハット王を処罰するために東ゴート遠征を決意したとされる。しかしより大きな理由は、同帝が北アフリカのヴァンダル王国が帝国領となり、その中間に位置する東ゴート王国が反ビザンツ色を強めている状況を放置することはできなかったと言えよう。東ゴート王国がアレイオス派を奉じていることも一つの理由でもあった。むろん同帝の旧ローマ帝国領奪回の夢も大きく影響していたと言えよう。

第一期 ―― 五三五年、ベリサリオスは東ゴート遠征軍総司令官に任命され、海路シケリアに赴いた。彼とローマ軍はシケリア島ではさしたる抵抗に遭うことなく進軍を続け、五三五年十二月三十一日にはシュラクサイ市に入城した。ベリサリオスはさらにイタリア本土に上陸し、翌五三六年にはネアポリス市を陥落させ、同年十二月九日にはローマ市を陥落させるなど破竹の進撃を続けた。その間東ゴート王国ではテオダハット王に代わりウィッティギスが東ゴート王に選出された（在位五三六年一月―五四〇年五月）。ウィッティギス王は五三七年にはローマ市を奪回すべく一年と九日間ローマ軍支配下のローマ市を包囲した。だがコンスタンティノポリスからの援軍が到着すると、ウィッティギスと東ゴート軍は包囲を解き撤退した。この機会にウィッティギス王はユスティニアノス一世帝に和平締結の提案をしている。すなわち、イタリアのポー川以北の土地は東ゴート領とし、ポー川以南の土地はローマ領とする。またウィッティギスの財宝の半分はウィッティギスのものとし、残りの半分はユスティニアノス一世帝のものとするという内容であった。だが常勝将軍ベリサリオスは全イタリア領土の征服は目前であると確信していたので、この提案に反対し、和平協定に署名することを拒否した。他方東ゴート軍の将軍たちはウィッティギス王の方針に反対し、これに不満を持った。そこで将軍たちは密かにベリサリオスに接触し、ベリサリオスを東ゴート王に推し、イタリアの支配者とする提案をした。ベリサリオスは将軍たちの提案を了承する姿勢を見せ、ウィッティギスの降伏とラウェンナ市陥落を手に入れた（五四〇年五月）。だがユスティニアノス一世帝は東ゴート軍の将軍たちによる秘密の提案を知り、ベリサリオスを疑い、ただちにベリサリオスに帰国を命じた。ベリサリオスは皇帝のあらぬ疑いを解き、皇帝への忠誠心を示すために、五四〇年夏には首都に戻った。

第二期——東ゴート王トティラ（在位五四一年—五五二年）はローマ軍に強力な反撃を加え、躍進を遂げた。この時期はベリサリオスとローマ軍にとっては戦果の挙がらぬ後退期となった。

ベリサリオス帰国後のイタリア戦線では、全権を持ってローマ軍を指揮する総司令官が不在となり、六名の軍司令官たちはそれぞれ独自の作戦を展開した。トティラ王はそうしたローマ軍軍司令官たちの連携不足の間隙を縫って、反撃に出た。トティラ王は、まずポー川以北の地歩を固め、南下してネアポリス市を置き、ポー川以北のティキヌム市に本拠を置き、ポー川以北での地歩を固め、南下してネアポリス市攻撃に向かった。そして五四三年三月あるいは四月にはネアポリス市を陥落させ、町を奪回した。さらに五四四年春にはローマ市に向かって進軍を始めた。ここにいたってユスティニアノス一世帝はベリサリオスをペルシア戦線から呼び戻し、再度イタリアへ向かわせた（第四章）。ベリサリオスがアエミリア地方のいくつかの要塞を奪い返しているあいだに、トティラ王は五四五年末あるいは五四六年初めにはローマ市を包囲し、五四六年十二月十七日にローマ市を再び取り戻してしまった。トティラ王は守備隊をローマ市内に残し、自らは南進してルカニア、アプリアやカラブリア地方などを征圧した。すると今度はベリサリオスが反撃に出て、五四七年四月にローマ市を再度奪回した。だがそれ以後ベリサリオスは戦果を挙げられず、五四九年初めに首都に召還されてしまった（第五章「ベリサリオスの不名誉なイタリア撤退」）。その結果、ローマ市は五五〇年三月末に陥落し、またもやトティラ王の支配下に入ってしまった。五五〇年末、勢いを得たトティラ王は四〇〇隻の軍船と何隻かの大型商船を率いてシケリアに向けて出航し、五五〇年五月初めにレギウム市とタレントゥム市を陥落させ、次いでシケリア島を征圧した。

第三期——ローマ軍は、ベリサリオスが首都に召還される二年前（五四七年）にすでに劣勢に立たされていた。その時点でローマ軍がイタリア中央部で支配できていたのは、ラウェンナ、アンコナ、オトラントおよびクロトンという主要都市に限られていた。五五一年に聖室長官ナルセスがベリサリオスに代わりイタリア遠征軍総司令官に任命された。ナルセスが出征準備に取りかかっているあいだにトティラ王は海軍を率いてギリシア沿岸の諸都市を略奪していた。だが同じ五五一年、ローマ海軍と東ゴート海軍はセナ・ガリカ沖で交戦し、東ゴート海軍は大敗を喫した。この敗戦を受けてトティラ王はユスティニアノス一世帝に和平協定を提案した。だが同帝はこれを拒否した。五五二年春、ナルセスは二万五〇〇〇名の兵を率いてラウェンナ市から南下し、トティラ王に決戦を挑んだ。両軍は五五二年六月末あるいは七月初めにブスタ・ガロルムの古戦場で激突した。東ゴート軍は大敗し、トティラ王は戦死した。その後テイア（在位五五二年七月—五五二年十月三十日）が新たに東ゴート王に選出された。テイア王はティキヌム市を拠点として東ゴート王国の復興を計画した。他方ナルセスは再度ローマ市に迫り、東ゴート守備隊を降伏させ、再びローマ市を支配下におさめた。五五二年十月三十日、テイア王と東ゴート軍は南イタリアのモンス・ラクタリウスでナルセス麾下のローマ軍と戦った。東ゴート軍は再び敗れ、テイア王は戦死し、東ゴート軍は降伏した。この敗戦で東ゴート軍の主戦力は失われたが、なおポー川以北の地では東ゴート軍の勢力は失われなかった。東ゴート軍の残党はフランク族とアラマニ族と連合軍を形成し、各地でローマ軍と小規模な戦闘を繰り広げた。だが最終的に連合軍は五五五年春にカンプサの戦いでローマ軍に降伏した。ここに長かった東ゴート戦役は終結し、ポー川以南のすべてのイタリア領がローマ支配下に入った。これより一年前の五五四年八月十三日、ユスティニアノス一世帝はイタリア遠征軍総司令官ナルセスと初代イタリア行政長官アンティオコスに対して『国本詔勅（*Sanctio Pragmatica*）』を発布し、新たに帝国領となったイタリアでの行政機構を整備するように命じた。

(d) 西ゴート王国領の一部を占領——この頃スペインの西ゴート王国（四一五—七一一年）ではアギラ王（在位五四九—五五五年）が悪政を敷き、スペイン市民を苦しめていた。そのため貴族アタナギルトは反乱を起こした。アタナギルトは、ユスティニアノス一世帝に軍事援助を求め、同帝はこれに答えてリベリウスを総司令官とする遠征軍を派遣した(五五二年夏)。アタナギルトはコンスタンティノポリスからの援軍を得てアギラ王を破り、西ゴート王の地位を得た(在位五五五—五六八年)。遠征軍総司令官リベリウスはアタナギルトの同盟軍としてスペイン南岸一帯を占領し、コルドバ、マラガ、カルタゴ・ノヴァなどの都市を結ぶ地域をローマ領として、ここを一七年間支配できた。だがスペイン南部のローマ領支配の実態についてはほとんど知られておらず、プロコピオスを初めとする同時代の歴史家たちもこれには言及していない。

(ク)バルカン半島における異民族

(a)ゲパイデス族、コトリグール族、ウティグール族——ドナウ川を渡河し、帝国領内に侵入してきた異民族のなかではゲパイデス族が最強の敵であった。東ゲルマノイ族に属するゲパイデス族は五二〇年代はローマの同盟軍として働き、皇帝から下賜金を与えられていた。しかし五三〇年代に入ると、ゲパイデス族はシルミウムとシンギドゥヌムの二つの要塞を占領し、属州ダキア・リペンシスの一部を略奪し、帝国から離反し、帝国領を南下し始めた。ユスティニアノス一世帝は、ゲパイデス族と敵対していたランゴバルド族を味方に引き入れ、ゲパイデス族と争わせる作戦に出た。同帝はランゴバルド族にノリクム地方とパンノニア地方を居住地として与え、彼らに同盟軍として下賜金を与えるなどした。ゲパイデス族は同じフン族の一部族であるコトリグール族と同盟を結んでこれに対抗した。するとユスティニアノス一世帝は同じフン族の一部族であるウティグール族と同盟を結んだ。そして五五二年、ゲパイデス・コトリグール連合軍とランゴバルド・ウティグール連合軍が戦い、後者が勝利をおさめた。その結果、ゲパイデス族はランゴバルド族およびユスティニアノス一世帝と和平協定を結んだ。だが五五九年になるとコトリグール族族長ザベルガネスは七〇〇〇名の兵を引き連れてドナウ川を渡河し、トラキア地方を通り抜けてコンスタンティノポリスに攻撃を仕掛けてきた。このためユスティニアノス一世帝は老齢のベリサリオスを再度招請し、コトリグール族撃退を命じた。ベリサリオスは少数の防衛隊を組織し、戦略の優秀さにより敵に圧勝した。コトリグール族は退却し、首都は救われた。ドナウ川の北に戻ったコトリグール族はウティグール族と再び争いを始め、双方はその争いのなかで勢力を弱めていった。

(b)スクラベノイ族とアンタイ族——スクラベノイ・アンタイ族は四五三年のアッティラ王国崩壊後に西進し、スクラベノイ族はドナウ川とウィストゥラ川の中間地帯に住み、アンタイ族はドニエストゥル川からドン川にかけての地域に居住していたと思われる。スクラベノイ・アンタイ族はアナスタシオス一世帝の頃からドナウ川を渡河し、帝国領内に侵入し、略奪を繰り返し始めた。アナスタシオス一世帝はスクラベノイ・アンタイ族などの異民族の来襲を防ぐために「大城壁」(あるいは「アナスタシオスの城壁」)を「テオドシオスの二重の城壁」の外側、首都から西に六五キロメートル離れた地点に作った。だがこうした防衛施設があったにもかかわらずスクラベノイ・アンタイ族は五一七と五二九年の二度にわたりバルカン半島西部にまで南下してきた。そして五三一年以後、スクラベノイ・アンタイ族は何度もドナウ川を渡河し、帝国領内に侵入してきた。そして五四〇年に彼らはイリュリクム地方やトラキア地方を略奪した。五四八年にドゥラキオン市まで、五五〇年にはアドリアノポリス近郊でローマ軍を敗走させている。プロコピオスは「フン族、スクラベノイ族そしてアンタイ族の来襲と略奪の犠牲となった土地はスキタイの荒野と化した」と述べ、その犠牲者の数は二〇万人に上ると主張している(第十八章)。このプロコピオスの誇張を含んだ文学的表現をそのまま史実と判定することはできない。だが他方では同帝がバルカン半島における異民族南下を阻止できなかったことも事実であった。『建築』に見るように、ユスティニアノス一世帝はバルカン半島に要塞を初めとした種々の防衛施設を建設させた。だが要塞を守備し、敵と戦うことができる兵士の数が圧倒的に不足していたのである。それは同帝がバルカン半島以外の領土で莫大な数の兵士と軍資金を必要としていたからである。東部戦線では第二期のペルシア戦争があり、黒海沿岸のラジケ地方から地中海沿岸のシリアに至る長い戦線を維持し、ヴァンダル王国征服後の北アフリカではマウルシオイ族との長期の戦いがあり、イタリアでは東ゴート戦が継続中であったからである。こうした二正面作戦遂行のためユスティニアノス一世帝のバルカン半島防衛は手薄に成らざるをえなかったと言えよう。そこで同帝は諸異民族に金品、称号や爵位を贈ることにより彼らを慰撫する政策を採らざるをえなかったのである(第十一章)。五五九/六〇年以後、スクラベノイ・アンタイ族は帝国領土内で越冬するようになった。そして七世紀に入るとバルカン半島でのスクラベノイ・アンタイ族の定住が本格的になった。ユスティニアノス一世帝の時代はまさにバルカン半島におけるスラヴ化の兆候が現われ始めた時代であり、そうした意味では古代末期から中世初期への転換期でもあった。

(4) 業績 —— ユスティニアノス一世帝は単独皇帝としてだけでも三八年間という長期政権を維持し、これにユスティノス一世帝下での実質的な政務担当者としての九年間を加えると、実に四七年間ものあいだ帝国を支配したことになる。この長期政権のあいだに同帝が成し遂げた業績は多彩である。

何よりも『ローマ法大全』は同帝の業績のなかで最も永続

的な価値を持ち続けた。確かに『ローマ法大全』の実際の編纂に当たったのは法学者トリボニアノスであった。だが法典の編纂を発案し、これを実現させた原動力はユスティニアノス一世帝であった。ここに立法者としてのユスティニアノス一世帝の功績があると言えよう。『ローマ法大全』は同帝の後継皇帝や法学者により何度も編纂し直された。レオン六世帝は、『ローマ法大全』を編纂し直し、帝国中期における最大の法律選集『皇帝法』(別名『バシリカ』)(全六〇巻)を完成させた(八八六年)。選集はギリシア語で書かれ、中世ビザンツ帝国の法的基礎となった。十二世紀になると『皇帝法』の『索引』(『ティプウケイトス』)が十二世紀に作成された。十四世紀には膨大な量にのぼる『ローマ法大全』が法学者ハルメノプロスにより『六巻本選集』(『ヘクサビブロス』)にまとめられた(一三四五年)。『ローマ法大全』は新生ギリシアの民法の法的基礎にもなった(一八二八年)。

『ローマ法大全』は帝国領内から勃興してきた新生スラヴ諸国においても広く継承されたことはいうまでもない。なかでもセルビアのステファン・ドゥシャンの治世下に編纂された『ドゥシャン法典』(一三四九年)は有名である。

西ヨーロッパでの『ローマ法大全』は東ゴート戦役終了後にイタリアで『国本詔勅』として広まり、さらに十世紀には神聖ローマ帝国皇帝オットー三世の宮廷でも採用された。その後『ローマ法大全』は、十二世紀前半、イタリアの法学者イルネリウスの研究により再発見され、ボローニャ大学でローマ法の講義が行なわれ、その結果『ローマ法大全』は西ヨーロッパに広まった。十六世紀から十八世紀にかけて絶対主義がイギリス、スペイン、プロシア、オーストリア、ロシアなどに広がると、専制君主たちは自らの権力の法的基盤を『ローマ法大全』に求めた。

『ローマ法大全』の編纂に次いでユスティニアノス一世帝はギリシア正教皇帝として多方面で不滅の功績を残している。同帝は、コンスタンティノス大帝に倣って自らを地上における神の唯一の代理者と規定し、「教会外の使徒」としてギリシア正教会と聖職者の保護と指導を自らの使命であると深く自覚していた。それゆえ同帝はユスティニアノス法典などを通じて教会と聖職者に種々の税制上の優遇措置と特権を与え、教会財産の保護につとめ、教会に対する寄進を奨励した。さらに同帝は、良きキリスト教皇帝として国家の威信をかけ、莫大な財力を傾けて無数と言ってよいほどの教会、修道院および福祉施設を寄進した。同帝は首都だけでも二五のバシリカ型教会を寄進した。ハギア・ソフィア大教会は後のスラヴ諸国における教会建築の模範とされた。こうした同帝の努力によりギリシア正教会はそれまでの異端諸派の教会と異教の神殿を押さえ、帝国内で不動の地位を占めるに至った。同帝は交易のルートを広げるとともに、多くの異民族のあいだでの伝道活動を広めた。ユスティニアノス一世帝によるギリシア正教会の保護政策はしかしながら異端諸派、なかんずくキリスト単性説派の反発と離反を生んだ。その結果、アフリカではコプト教会、紅海沿岸でのエチオピア教会、シリアではヤコブ派教会、アルメニアではアルメニア教会などの分離派教会を生んだ。にもかかわらず同帝の宗教政策は、大局的に見れば西ヨーロッパにおけるカトリック文化圏に対する東ヨーロッパにおけるギリシア正教文化圏を生む基礎を築いたのである。

ユスティニアノス一世帝が遺した業績の第三は旧ローマ帝国西方領の復興である。むろん戦場で戦ったのは皇帝自身ではない。対ペルシア戦、対ヴァンダル戦そして対東ゴート戦の前半ではベリサリオスが総司令官として指揮をとり、対東ゴート戦の後半ではナルセスが総司令官として指揮をとった。だが旧ローマ帝国西方領の奪回と回復という遠大な計画を立て、これを実施に移させたのはユスティニアノス一世帝であった。そして同帝は長期にわたる対ペルシア戦でローマ帝政期以来のエウプラテス川以東の帝国領土を死守した。対ヴァンダル戦では勝利をおさめ、北アフリカにおける帝国領土を六四七年のイスラム進出まで確かなものとした。対東ゴート戦でも勝利をおさめ、ポー川以南の土地を帝国領土とした。その後イタリアではランゴバルド王国やノルマン王国により帝国領土を浸食されながらも、一〇七一年まで南イタリアを支配できた。スペインの西ゴート王国領の一部を帝国領とすることはできたが、その支配は一七年間という短期間に終わった。同帝の旧ローマ帝国領土の復興政策は先の二つの業績よりも永続性には欠ける。しかし偉大なローマ帝国の復興理念とローマ皇帝理念は後継皇帝たちに受け継がれ、西ヨーロッパではカール大帝やオットー大帝に受け継がれた。

良きキリスト教皇帝としてユスティニアノス一世帝は国家の繁栄と臣民の安寧を願っていた。そのため同帝は官僚の汚職や官職売買を禁止し、官僚による臣民の搾取に目を光らせ、国土防衛のために属州を統合・再編し、税収入を確保し、国庫を安定させるなど一連の行政改革を行なった。これが同帝の第四の業績と言える。改革に当たったのはオリエント道長官のカッパドキアのヨアンネスであった。だが改革の理念を持ち、それを実施させたのはユスティニアノス一世帝であった。一連の行政改革のなかで注目すべきは、四世紀以来のディオクレティアヌス・コンスタンティノス体制の変革であった。同帝は属州軍司令官に民政を兼務させ、属州統治を軍司令官に委ね、帝国の領土防衛と属州内の秩序維持にあたらせた。こうした属州統治の体制は七世紀のテマ制度に見られるところであり、同帝による一連の改革は、同帝の治世が古代末期から中世への移行期であることを物語っている。

(5) 性格と容姿 ― プロコピオスは第十二と十三章において同帝の性格を次のように述べている。「ユスティニアノス一世帝は誰に対しても親しみやすく、親切で、寛大である。彼は人前で怒りを見せず、低い声音と伏し目がちな眼差しで相手を見る。彼は睡眠を必要とせず、深夜まで政務を執り、暴飲暴食もしない。鋭い思考の持ち主で、その行動は素早い。彼の信仰心はきわめて篤い」。ユスティニアノス一世帝への誹謗と弾劾の書である『秘史』においてすら作者プロコピオスが認めざるをえなかった同帝の長所には注目すべきであろう。プロコピオスの同時代人であるヨアンネス・リュドス*はその著書『官職論』二―二八で「ユスティニアノス一世帝の軍事的業績はトラヤヌス帝のそれに優るとも劣らず、その信仰心の厚さはアウグストゥス帝のそれに匹敵し、人としての気高さはティトゥス帝のそれに比肩し、思慮深さの点ではマルクス・アウレリウス帝と肩を並べる」として同帝を賞讃している。

他方ユスティニアノス一世帝の性格的な欠点についてプロコピオスは第八章で次のように述べている。「皇帝は真実を述べず、嘘つきで、陰険である。彼は物欲と金銭欲が強く、殺人と甘言を好む。彼は上辺を飾るだけの偽善者で、愚かさと悪意が同居している。彼は争いと変革を好み、友人としては信頼がおけず、敵としては難敵となる」とし、同帝を「人間の皮をかぶった悪魔」とまで酷評する。ユスティニアノス一世帝の容姿については六五頁註（1）を参照。

(6) 逝去 ― ユスティニアノス一世帝は五六五年十一月十四日に逝去し、首都の聖使徒教会に埋葬された。

B テオドラ（五〇〇年頃、コンスタンティノポリスか―五四八年六月二十八日、コンスタンティノポリス）。ユスティニアノス一世帝の妃（在位五二七年八月一日―五四八年六月二十八日）、「貴族」爵位（五二五年以前に授与されたか）

(1) 出自
(2) 妃になる以前の経歴
(3) 結婚と即位
　(ア) 結婚
　(イ) 妃
(4) 信仰
(5) 逝去
(6) 評価

(1) 出自 ― テオドラの父アカキオスは首都の緑組に雇われた熊使いであり、大競技場に隣接する動物の見せ物小屋を任されていた。母（氏名等不詳）は踊り子であったという。アカキオス夫妻には長女コミトを頭に、テオドラとアナスタシアという三人姉妹がいた。コミトは後年アルメニア軍区総司令官シッタスと結婚している。九世紀前半に執筆されたテオパネス・ホモロゲトス*（「証聖者」）著『年代記』（五六一年）では、首都のマリナ宮殿管理官ゲオルギオスと名誉執政官ヨアンネスが妃テオドラの親戚であるとしている。テオドラには甥アナスタシオスがいた。アナスタシオスは後年ベリサリオスの一人娘ヨアンニナと結婚している。テオドラ自身がどこで出生したかは不明であるが、多くの研究者はコンスタンティノポリスであろうと推測している。キリスト単性説派のシリアのミカエル*著『年代記』一一‐五は、テオドラが要塞都市カリニコン近くのダマンで司祭の娘として生まれ、キリスト単性説派の熱心な信者であるとしている。ミカエルはテオドラの卑しい出自を隠蔽したかったのではないかと推測されている。十世紀の無名の『コンスタンティノポリス古誌*』三‐九三は、テオドラがパプラゴニアの出身で、コンスタンティノポリスに上京し、聖パンテレイモン教会の回廊で糸紡ぎ女として働いていたとする。さらに十四世紀初めのニケポロス・クサントプロス*著『教会史』一七‐二八は、テオドラがキュプロス島生まれであるとする。テオドラにはヨアンネスという息子がいたと本書第十七章は述べている。だが父親の名前は伏せられ、他の史料も沈黙しているところから、その記述の信憑性は低いと研究者たちは推測している。キリスト単性説派のエペソスのヨアンネス*著『教会史』三‐一一とシリアのミカエル著『教会史』九‐三〇は、テオドラには娘が一人いたとしているが、この点についても他の史料は沈黙している。

(2) 妃になる以前の経歴 ― アカキオスはアナスタシオス一世帝の治世下（四九一―五一八年）に病死した。このとき長女コミトは七歳であったという。テオドラの母は別の熊使いの男性（氏名等不詳）と再婚した。再婚したテオドラの義父は青組の熊使いとして働くつもりであったが、青組の見せ物小屋の支配人アステリオスはこのポストを別の男性に与えた。これにより親子五人は路頭に迷うことになった。幸いにもちょうど緑組の熊使いのポストが空いており、緑組がテオドラ親子を憐れんで、テオドラの義父にポストを与えた（第九章）。テオドラはこのときの青組の冷たい仕打ちを忘れず、後年になっても青組を敵視したという。

三人姉妹は成長すると人並み以上に容姿端麗な美女に成長した。姉コミトに続いてテオドラも舞台に上がり、無言劇の踊り子や道化役者として働くようになった。彼女は目の大きな美人のうえに機知に富んでいたので、すぐに人気を博すようになった。第九章でプロコピオスは踊り子としてのテオドラについて語るが、その内容は好色文学そのものであり、その文体と語彙は同時代人のアリステイデスやアガティアスの作品を思い起こさせる。プロコピオスはこの時代のテオドラを「徒歩で歩く売春婦」と呼び、必要以上にテオドラを貶めようとする意図が窺える。

(3) 結婚と即位――この頃テオドラはペンタポリス長官ヘケボロスと知り合い、彼の第二夫人となり、アレクサンドリアに赴いた。だがしばらくすると二人は仲違いし、テオドラはヘケボロスと別れて首都に戻った。首都に戻る途中のいわば東方での遍歴時代にテオドラはキリスト単性説派の教えに触れたとされる。一説によると彼女はアレクサンドリア市では総主教登位以前のティモテオスと知り合い、アンティオキア市では総主教セウェロスの知遇を得、さらにポントス沿岸のパプラゴニアではカタリ派修道士の影響を受けたとも言われている。これらキリスト単性説派に属する聖職者や修道士たちとの交流でテオドラがどれほどの影響を受けたのか、あるいはそれにより彼女が改心への道を歩むことになったのか等々は不明であり、その点についてはプロコピオスも沈黙している。

(ア) 結婚――首都に戻ったテオドラは青年将校時代のユスティニアノスと知り合うことになる。この頃のユスティニアノスは叔父ユスティノス一世帝の下で「侍従」(―五一九年)あるいは首都駐屯歩兵・騎兵両軍総司令官(五二〇―五二七年)であった。テオドラがいつ首都に戻ったのか、また二人はどのようにして知り合うようになったのか、二人が熱愛しあうようになったきっかけは何か等々の疑問は解明されていない。二人は結婚を希望するが、ユスティノス一世帝の妃エウペミアは二人の結婚に大反対であった。そして妃エウペミアが逝去すると(五二四年)、二人は五二五年に結婚式を挙げたものと思われる。二人が結婚する以前にテオドラは「貴族」爵位を授与されている。

(イ) 妃――五二七年四月一日にユスティニアノスは叔父ユスティノス一世帝の共同皇帝としてハギア・ソフィア大教会で加冠された。同時にテオドラも共同皇帝の妃として加冠された。戴冠式の四ヵ月後、五二七年八月一日にユスティノス一世帝が逝去した。ユスティニアノスはその同じ日に正帝として即位し、テオドラも妃として加冠された。テオドラは東ゴート王国の女王アマラスンタのように法律上あるいは形式上「女帝」の地位は持っていなかった。だが現実のテオドラは女帝として振る舞い、行動し、臣下や臣民が自分を女帝として崇めることを求めた。夫ユスティニアノスも妻テオドラを共同統治者と認めていたようだ。その痕跡は『修正勅令』八-一(「裁判官は誰であれ任命手数料を払う必要はないということ」、五三五年)に見ることができよう。「上記の件について余は、神が余に与えたもうた敬愛すべき妻の助言を得て、配慮を巡らしたところである」。プロコピオスも第二、九、十、十四および十五章などでテオドラが国政に大きな影響を与えたと強調している。プロコピオスの同時代人ヨアンネス・リュドス*著『官職論』二六-二三は、妃が皇帝よりも大きな権威を持っていた、としている。十二世紀の歴史家ゾナラス*著『歴史要覧』一四-六は、ユスティニアノスの治世は専制君主制ではなく、皇帝と妃の二重支配であるとしている。第二章で言及されているテオドラからザベルガネスへの書簡はまさにゾナラスの指摘を裏付けるものと言えよう。テオドラの名前を刻印したコインは存在しないものの、国の公印、公式の碑文、教会の正面や要塞の入り口などには常にテオドラの名前がユスティニアノスのそれと並んで刻まれていた。サン・ヴィターレ教会のモザイク画でも廷臣等を従えた皇帝と妃が左右対称に描かれている。テオドラは皇帝と共に御前会議に出席し、意見を述べている。こうした女帝としてのテオドラの言動が最も鮮明となるのが、夫ユスティニアノスに対する彼女の諫言であろう。ニカの乱が最高潮に達し、ユスティニアノス一世帝が退位とトラキアへの脱出を検討したとき、テオドラは、「私自身は臣下からお妃様と呼ばれない日を送りたいとは思いません。ご主人様、もしあなた様が安全な場所に行き、そこで身を隠したいと思われるなら、どうぞそうしてください。それには何の問題もありません。私どもには充分な財宝があり、宮殿の下の海には船が待機しております。けれども私は、妃が纏う緋色の衣服こそ美しい死に装束であるという昔からの知恵に縋るつもりなのです」(『戦史』一-二四-三七以下)。プロコピオスはこのテオドラの演説をその場に居合わせた主人ベリサリオスから聴いたものであろう。そこにはテオドラのまれに見る勇気、妥協を許さない決意と鉄の意志が看て取れる。ユスティニアノス一世帝は、妃の諫言によりトラキアへの脱出を思いとどまり、ベリサリオスとムンドスの二人に大競技場に集まっていた反皇帝派への反撃を命じ、乱を鎮圧した。

ニカの乱の鎮圧後、テオドラの影響力は一段と増したように見える。テオドラは東ゴート女王アマラスンタ暗殺事件(五三五年)、カッパドキアのヨアンネス失脚事件(五四一年)、ベリサリオスの一時的解任(五四二年)、ブゼスの幽閉事件(五四二年)などに積極的に関与したとされている。プロコピオスはローマ教皇シルベリウス暗殺事件(五三七年)にも彼女が関与した疑いが濃厚であるとする。

(4) 信仰 —— ユスティニアノス一世帝はカルケドン公会議の決定を支持していたが、テオドラは逆に異端と断罪されたキリスト単性説派を支持していた。テオドラは住まいとしていたホルミスダス宮殿の敷地内にセルギオス修道院を建立し、ここを首都におけるキリスト単性説派の牙城とした。彼女はまた首都の対岸のペラ地区に同じくキリスト単性説派の修道院を建立し、ここに元アレクサンドリア総主教テオドシオスやトレビゾンド主教アンティモスを匿ってもいる。彼女はキオス島にも同様の修道院を建立している。そしてこれらの修道院から多くの伝道師が東方に赴き、キリスト単性説派を広めていった。エデッサの主教でヤコブ派教会の創立者ヤコブ・バラダイオスは妃テオドラの庇護を受けた一人である。ナイル川上流のヌビアのキリスト教化に際しても、テオドラの保護下にあった伝道師の方が皇帝の派遣した伝道師よりも早く伝道活動を始めたという。テオドラは社会福祉活動にも関心を持ち、首都の売春婦の更正のためにメタノイア（「悔悛」）修道院を寄進している。

(5) 逝去――テオドラは五四八年六月二十八日に癌あるいは壊疽で亡くなった。

(6) 評価――プロコピオスが述べているように（第九章）、テオドラの性格には確かに人々の怒りや恨み、憎しみを買う側面もあったといえよう。だがプロコピオスの記述から誇張や憎しみ、偏見を差し引くと、テオドラは疑いもなく歴史にその名を残すたぐいまれな存在であった。この上ない冷静さ、彼女を憎むプロコピオスでさえ認めざるをえなかった美貌、決断力と自信、鉄の意志などが彼女の特徴として挙げられよう。

C　ベリサリオス（五〇〇年頃、ゲルマニア（現在の西ブルガリアのサパレフスカ・バニア）―五六五年三月、コンスタンティノポリス）。首都駐屯歩兵・騎兵両軍総司令官ユスティニアノスの「槍持ち」護衛兵（五二〇―五二七年）、属州メソポタミア軍司令官（本部は要塞都市ダラ（ス）、五二七―五二九年）、オリエント軍区総司令官（一期、五二九―五三一年／二期、五三三―五四二年）、ウァンダル戦役総司令官（五三三―五三四年）、執政官（五三五年）、「貴族」爵位授与（五三二あるいは五三六年）、東ゴート戦役総司令官（一期、五三五―五四〇年）、皇帝の厩舎長兼東ゴート戦役総司令官（二期、五四四―五四九年）、皇帝護衛侍従およびオリエント軍区総司令官（五四九―五五一年、いずれも名誉職か）、フン族討伐部隊総司令官（五五九年）

(1) 出自

(2) 経歴

(ア)「槍持ち」護衛兵

(イ) 属州メソポタミア軍司令官

(ウ) オリエント軍区総司令官

(エ)「ニカの乱」

(オ)ウァンダル王国追討軍総司令官
(カ)東ゴート征討軍総司令官
(キ)オリエント軍区総司令官
(ク)解任
(ケ)皇帝の厩舎長
(コ)オリエント軍区総司令官
(サ)皇帝特使
(シ)フン族征討部隊長
(ス)皇帝暗殺事件（未遂）の被告
(セ)名誉回復

(3) 逝去

(4) 評価

(1) 出自――ベリサリオスの両親や彼の先祖については何も知られていない。彼の妻アントニナは馬車競技の選手の娘で、妃テオドラと同じように踊り子を生業としていた。アントニナはベリサリオスよりも一〇歳ほど年上であったが、彼女はベリサリオスと再婚した（五三二年か）。彼女にはすでに先夫（氏名等不詳）とのあいだに息子ポティオスと養女（氏名不詳）がいた。ベリサリオス夫妻は娘ヨアンニナをもうけるが、夫妻はウァンダル戦に出征する直前にテオドシオスという若者を養子にした（五三二／三三年）。一人娘ヨアンニナは後に妃テオドラの甥アナスタシオスと結婚した（五四三年か）。

(2) 経歴

(ア)「槍持ち」護衛兵――ベリサリオスはユスティニアノスが叔父ユスティノス一世帝の下で首都駐屯歩兵・騎兵両軍総司令官であった頃（五二〇―五二七年）、ユスティニアノスの「槍持ち」護衛兵をしていた。後年、ベリサリオスが主人ユスティニアノスから何度も冷遇されながらもなお主人に忠誠を尽くした理由がここにある。

(イ)属州メソポタミア軍司令官（―五二九年）――五二七年、皇帝となったユスティニアノス一世はベリサリオスを属州メソポタミア軍司令官（―五二九年）に任命した。この頃ベリサリオスは本書の著者プロコピオスを顧問として採用した。ベリサリオスは、同軍司令官時代に皇帝の命令によりニシビス市近郊のタヌリンとミンドゥオスにローマ軍の要塞建設を試みたが、ペルシア軍の反撃にあい建設を断念した。

(ウ)オリエント軍区総司令官（―五三一年）――五二九年四月、ベリサリオスはペルシア戦遂行のためにオリエント軍区総司令官（―五三一年）に任命された。五三〇年六月、ベリサリオスは宮廷官房長官ヘルモゲネスと共に進撃してきたペルシア軍を要塞都市ダラ（ス）近郊で撃破した（「ダラ（ス）の戦い」）。しかし翌年四月、「カリニコンの戦い」ではベリサリオス麾下のローマ軍は大敗を喫した。この敗戦によりベリサリオスはオリエント軍区総司令官職を解任され、コンスタンティノポリスに帰還した（五三一年末）。

(エ)「ニカの乱」――五三二年一月十三日の「ニカの乱」ではムンドスと共に暴徒と反皇帝派を鎮圧した。ニカの乱を鎮圧した後、ベリサリオスは再びオリエント軍区総司令官に任命され（―五四二年）、同時にヴァンダル戦役総司令官兼任を命じられた。

(オ)ヴァンダル王国追討軍総司令官――ベリサリオスは五三三年六月半ばにヴァンダル王国追討軍総司令官として出征し、同年九月十五日にはカルタゴ入城を果たした。そして同年十二月半ばにはトリカマルムの戦いでヴァンダル王ゲリメルを破り、五三四年三月末にゲリメルを捕虜とし、ヴァンダル戦役を終了し、首都に戻った。帰国後ベリサリオスは首都の大競技場で凱旋行進を許され、五三五年の執政官を約束された。ベリサリオスがいつ「貴族」爵位を授与されたかは明らかではない。史料は五三二年のニカの乱の終息後とするものと、五三六年、執政官就任の翌年とするものがある。

(カ)東ゴート征討軍総司令官――五三五年、ベリサリオスは東ゴート征討軍総司令官（第一期東ゴート戦役、五三五―五四〇年）として東ゴート王国征圧のためにシケリアとイタリアに出征した。五三五年十二月三十一日、ベリサリオスはシュラクサイ市を占領し、シケリア占領を果たし、五三六年十二月九日にはローマ市を奪回した。だがローマ市は、五三七年二月あるいは三月から五三八年三月半ばまでの約一年間余りのあいだ東ゴート王ウィッティギスにより包囲された。その後東ゴート軍は撤退し、ローマ市は占領を逃れた。ベリサリオスはローマ市から北上し、五四〇年五月に東ゴート王国の首都ラウェンナ市を占領し、第一期東ゴート戦役を終了して帰国した（五四〇年夏）。だがこのたびは東ゴート軍の財宝は市民に公開されず、元老院議員たちに分配され、勝利の凱旋行進も行なわれなかった。常勝将軍ベリサリオスの人気は高く、彼の行くところは常に群衆が群がったという。

(キ)オリエント軍区総司令官――五四一年春、ベリサリオスはペルシア戦線への出征を命じられた。ベリサリオスはアラブ族長アレタスの大部隊と共にペルシア領に侵入した。だがベリサリオスはニシビスの要塞の守りが堅く、難攻不落であると考え、シサウラノン要塞を占領し、これを破壊した（五四一年春あるいは夏）。その後ベリサリオスはペルシア領を略奪する代わりに、ローマ領に帰還した。ベリサリオスは首都への帰還命令を受け、首都に帰還した。五四二年春、ホスロー王が属州エウプラテンシスに侵入したとの知らせが入ると、ベリサリオスは再び東方に出陣した。ベリサリオスはエウロプムでホスロー王の使者と会見した。ホスロー王はローマ軍の人質としてエデッサの市民ヨアンネス（第十二章）を人質に取り、ペルシア領に引き返した。ホスローを帰還させた手腕によりベリサリオスは高く評価されたが、他方ではホスローと戦わなかったことに非難を受けた。

(ク) 解任――五四二年夏、ユスティニアノス一世帝はペストに罹り、同帝の逝去の噂が流れた。ベリサリオスとブゼスが、われわれは第二のユスティニアノスを承認しないと言明したとされ、二人は告訴された（第四章）。ベリサリオスはこれによりオリエント軍区総司令官職を解任された。彼の私兵軍団は解散させられ、彼の財宝も没収された。その後ベリサリオスは一私人として首都で過ごした（五四二年夏から五四四年まで）。

(ケ) 皇帝の厩舎長――五四四年春、東ゴート王トティラがローマ市を目指して進軍を始めると、ユスティニアノス一世帝は再びベリサリオスを召し出し、皇帝の厩舎長としてイタリア出征を命じた（第二期東ゴート戦役、五四四―五四九年）（第四章）。だがベリサリオスがラウェンナ市で戦闘準備を行なっているあいだにトティラ王はローマ市を奪回した（五四六年十二月十日）。しかしトティラ王が転戦し、ローマ市を留守にしていたあいだにベリサリオスは再びローマ市を取り戻した（五四七年四月）。ベリサリオスがさらにトティラ王追撃の準備を整えていたとき、皇帝から帰還命令が出て、首都に戻った（五四九年四月）（第五章）。

(コ) オリエント軍区総司令官――五四九年、ベリサリオスは帰国後に三度目のオリエント軍区総司令官に任命され（―五五一年）、名誉職として皇帝護衛部隊隊長（五四九―五五一年）にも指名された。だがベリサリオスがその後ペルシア戦線に赴いた形跡はない。

(サ) 皇帝特使――首都に戻ったベリサリオスは、皇帝特使の一人として首都に滞在中のローマ教皇ウィギリウスと三度交渉し、教皇に第五回公会議に出席するように説得するが、成功していない（五五一―五五三年）。

(シ) フン族征討部隊長――五五九年、族長ザベルガネスに率いられたフン族の大軍が首都をめがけて来襲した。このとき老齢のベリサリオスが召し出され、フン族征討部隊長に任命された。二〇〇〇名のフン族に対してベリサリオスは三〇〇名の兵士、市民、農民からなる志願兵等を率いて、隘路でフン族を待ち伏せ、五〇〇名のフン族を倒し、敵を混乱に陥れた。敵は撤退した。ベリサリオスの名声と人気は大いに高まり、それがまた他の高官たちの妬みを買う結果となったという。

(ス) 皇帝暗殺事件（未遂）の被告――五六二年十一月、両替商イサクとベリサリオス家の執事パウロスなどが未遂ながら皇帝暗殺事件を起こした。ベリサリオスもこの事件に関係ありとされ、五六二年十二月五日、御前会議の席でベリサリオスは有罪の判決を受け、使用人や護衛の兵士たちを取り上げられ、自宅に軟禁された。

(七) 名誉回復 —— ベリサリオスは翌年七月十三日に名誉を回復され、すべての爵位等が返還された。

(3) 逝去 —— 五六五年三月、ベリサリオスは逝去した。

(4) 評価 —— ベリサリオスは好男子であり、その態度は穏やかで、誰に対しても丁寧かつ親切であったという。とくに兵士たちに対しては寛大で、戦いで負傷した兵士には経済的にも充分な補償を与えたという。彼は困難な状況にあっても常に解決策を見いだし、戦闘にあっては勇敢で戦況を冷静に判断できたという。彼は数千名の護衛兵を養うに足る財産を所有していた。彼はぶどうの産地であるビテュニアのパンティキウムに所領を相続しており（—五三三年）、同じくビテュニアのルフィニアナエ郊外に別荘を持ち（—五四一年）、五四四年にはカッパドキアのヨアンネスの館を得ている。

ベリサリオスは軍事的成功のゆえに非常な名声を得て、引退後も彼の名声は衰えず、後にはベリサリオス伝説が生まれている。だが『秘史』におけるベリサリオスは、妻アントニナの尻に敷かれ、主人ユスティニアノスから冷遇されてもなお忠誠心を見せるふがいない人物として、さらには妃テオドラの監視の目を恐れる小心者として描かれている。

D　アントニナ（四八四—五四九年以後、コンスタンティノポリスか）。ベリサリオスの妻、「貴族」爵位保持者（五四二年に授与か）

(1) 出自

(2) 賢夫人

(3) 姦婦

(4) テオドラとアントニナ

(1) 出自 —— アントニナの祖父と父親はコンスタンティノポリスやテッサロニケで馬車競技の選手を生業とし、母は無言劇の踊り子ないし劇場付きの売春婦であったとプロコピオスは言う（第一章）。アントニナは初婚で息子ポティオスと娘（氏名および誕生年等不詳）をもうけている。娘は後にベリサリオスの部下イルディゲルと結婚している（『戦史』六-七-一五）。初婚の夫はアンティオキア出身の商人という説もあるが、それ以上の詳しい経歴や氏名などは不明である。初婚の状況や年月日も不明である。その後アントニナは一〇歳ほど年下のベリサリオスと再婚している（年月日等不明）。夫妻は一人娘ヨアンニナをもうけている。ヨアンニナは後に妃テオドラの甥アナスタシオスと結婚する。夫妻はヴァンダル戦役出征の直前にトラキア出身の若者テオドシオスを養子とした（五三三年、第一と三章）。

(2)賢夫人――『戦史』におけるアントニナは夫に細やかな心遣いを見せる賢夫人として、また夫を強力に支える実務能力に優れた協力者として描かれている。彼女はアフリカに向かう航海で船の飲料水を新鮮に保つ方法を考案したという（『戦史』三-一四）。彼女は、五三七年には東ゴート軍に包囲されたベリサリオス麾下のローマ軍のために食料と増援部隊をプロコピオスと共に組織し、これらの救援物資をネアポリス市からローマに輸送した（『戦史』六-七）。彼女はリビア、イタリアおよび東部戦線でも夫に付き従い、戦場に赴き、夫を助けたという。

(3)姦婦――『秘史』におけるアントニナは恥知らずな姦婦であり、夫を意のままに操る悪女として描かれている。そのイメージはまさに『戦史』に描かれているアントニナ像とは正反対である。その代表的な事件が養子テオドシオスとの恋愛事件とされるものである。その事件はリビアへの航海中に始まり、テオドシオスが赤痢で急逝するまでの九ないし一〇年間続いたとされる。恐らくアントニナは実子ポティオスよりも養子テオドシオスに優しく接したのであろう。それが原因となって夫妻が一時は不仲になったこともあろう（第二―四章）。だがプロコピオスが本書で語るような事態を現実と受け取ることはきわめて困難と言えよう。プロコピオスは、本書の執筆時期よりも一七年ほど前に起きたであろう家庭内の不和を取り上げ、得意の修辞学の技法を駆使して白を黒に変え、事件を面白おかしく、針小棒大に誇張し、ギリシア・ローマの新喜劇の手法に倣って創作したと言えよう。その結果、アントニナには姦婦としてのイメージのみが強調され、賢夫人としてのイメージは欠落してしまっている。

(4)テオドラとアントニナ――アントニナは一時期妃テオドラとは不仲であったとされるが、ローマ教皇シルベリウス暗殺事件（五三七年）やオリエント道長官カッパドキアのヨアンネス失脚事件（五四一年）に際しては、妃テオドラを支援したために、妃テオドラときわめて親密な間柄となったという（第一章）。しかし妃テオドラの没後、アントニナはそれまでの妃に対する忠誠心をなくした模様である。イタリアからコンスタンティノポリスに戻ったアントニナは娘ヨアンニナと妃の甥アナスタシオスとの結婚を解消させた。これがアントニナに関する最後の記録である（五四九年初めか、第五章）。

E

コンスタンティノポリス（*Κωνσταντινούπολις*, **Constantinopolis** 現在のイスタンブール）。ビザンツ帝国の首都（三三〇年―一四五三年。ただし一二〇四年―一二六一年のニカイア亡命政権時代を除く）

(1) 新都建設
(2) 要塞都市
(3) 交易の中心地
(4) 人口と水道橋
(5) 景観
(6) 政治
(7) 宗教
(8) 文化

(1) 新都建設――コンスタンティノス大帝は四分統治制度(テトラルキー)下の最後の政敵リキニウスを倒し(三二四年秋)単独皇帝となり、その記念にギリシアの植民市ビュザンティオン(七頁註(1))を拡張して新都コンスタンティノポリス(「コンスタンティノスの都」)を発足させた。ビュザンティオン市は半島の突端にあったが、コンスタンティノス大帝は旧市の市壁から西に二・八キロメートルほど内陸に入ったところにコンスタンティノス城壁を作った。大帝は新都誕生の祝賀式を挙行し(三三〇年五月十一日)、町を「第二のローマ」とした。西のローマはテオドシオス二世帝のときゲルマン民族の荒波に呑まれて滅亡した(四七六年)。だが東のローマ、ビザンツ帝国は繁栄の一途を辿り、町の人口は増大した。そのためテオドシオス二世帝はコンスタンティノスの城壁からさらに西に約一・五キロメートルほど内陸に入った地点に新たな城壁を作った(四一三年)。テオドシオスの城壁と呼ばれたこの城壁は、外堀、二重の城壁からなり、金閣湾とマルマラ海を結び、町の規模を最終的に決定した。四七六年九月四日に西ローマ皇帝ロムルス・アウグストゥルスが退位した後はビザンツ皇帝が唯一のローマ皇帝となった。以後コンスタンティノポリスは繁栄を続け、アレクサンドリア市やアンティオキア市を押さえて帝国第一の大都会となり、文字どおり帝国の政治、宗教、文化、経済の中心となった。

(2) 要塞都市――町の繁栄の基礎は何よりもその特異な地理上の位置にあった。町自体は三方をマルマラ海、ボスポロス海峡そして金閣湾という海に守られ、海側には城壁が巡らされていた。陸続きの北西方向ではテオドシオスの二重の城壁が町を守り、町は当代随一の難攻不落の要塞都市となった。アナスタシオス一世帝は首都から西に六五キロメートル離れた地点に「アナスタシオスの大城壁」と呼ばれる城壁を作り、異民族の来襲を防ごうとした(五〇五年に完成か)。大城壁はマルマラ海沿岸のセリュンブリア市と黒海を結び、四五キロメートルの長さに及んだ。大城壁の距離があまりに長く、これを守る守備兵が不足したために防衛上の効果は低かったと言われている。事実、五五九年以後大城壁は何度も異民族の突破を許した。そのため大城壁は七世紀以降は使用されなくなった。首都防衛の主役はテオドシオスの二重の城壁であり、これにより首都はユスティニアノス一世帝の時代までも、そしてそれ以後も、第一回十字軍による占領（一二〇四年）までは異民族の攻撃に屈することはなかった。町はバルカン半島と小アジアを結び、黒海と地中海の接点にあったため、交易上も、そして軍事上も重要な拠点となった。ユスティニアノス一世帝はアドリア海より東、エウプラテス川より西の広大な領土を支配し、その中心が首都コンスタンティノポリスであった。

(3) 交易の中心地 ── コンスタンティノポリスにはいくつもの港があった。マルマラ海沿いには五つの港があり、エレウテリオスの港近くにはアレクサンドリアの倉庫とテオドシオスの倉庫があり、アレクサンドリアなどからの小麦や穀物がこれらの倉庫で保管された。ユリアノスの港は軍港としても使用された。金閣湾内には五つの港があった。なかでもネオリオンの港は古代より使用され、造船所を併設し、商業港としても栄えた。なお市内にはマグナウラ宮殿の近くに灯台が設置されていた。

(4) 人口と水道橋 ── 首都の人口は、ペストの流行や絶えざる人口流入などにより確定しがたい。六世紀の首都の人口は五〇万人から一〇〇万人のあいだと推定されている。首都住民のための飲料水や、ゼウクシッポスの公共ローマ風呂、宮殿、教会、修道院、救貧院、病院などの公共施設が使用する水は、首都から北西に約一五キロメートル離れたハルカリの水源地からヴァレンス帝の水道橋により市内に運び込まれた。アーチ状の水道橋の一部は現存している。運び込まれた水は水道局長の管理下に置かれ、貯水槽から市内に配布された。市民は一日約一万立方メートルの飲料水を必要とするとされた。市内にはアエティオスの貯水槽を始めとして地上の貯水槽が八〇あり、皇帝貯水槽（イェレバタン・サライ）や大宮殿の貯水槽などを始めとして五つの地下貯水槽があった。

(5) 景観 ── 町は第一のローマに似せて一四の区に分割され、町の中心は町の東端の第一区から第四区にあった。この中心地区に皇帝が君臨する大宮殿、ギリシア正教会の象徴であるハギア・ソフィア大教会、ローマ帝政期以来の伝統を担う元老院議員が集う元老院議事堂、ユスティニアノス一世帝の騎馬像が置かれている首都の中心アウグステイオン広場、全国の道路網の起点であるアーチ形の里程廟、首都の最古の教会の一つである聖エイレーネー教会、ラウソスの館を始めとする一〇を超す宮殿、市民の娯楽の殿堂である大競技場や劇場などが林立していた。町はメセー（中央）と呼ばれる大通りにより大きく三分割された。メセーの起点はアウグステイオン広場に設置された里程廟（ミリオン）で、そこから西に延びてテオドシオスの二重の城壁に向かった。メセーはカピトリウムやミュレライオン宮殿の手前で二本に分かれ、一方は南西に延びて、マルマラ海沿いの黄金の門に向かった。黄金の門は別名凱旋門とも言われ、そこから大宮殿への大通りは皇帝の凱旋行進や総主教などが主催する祈願行列や執政官就任の祝賀行列が行進するのに使用された。むろんメセーは軍隊の移動に利用される軍用道路でもあった。もう一本の道路は北西に向かい、アドリアノポリス門に向かった。メセーは五つの広場を通り抜けるが、なかでもコンスタンティノス広場、テオドシオス広場とアルカディオス広場は有名であった。これらの広場は円形あるいは楕円形をしており、周囲を回廊で囲み、中央にはアーチや皇帝の銅像などが飾られていた。広場の回廊には商店や露店が建ち並び、市場としての役割を果たしていた。

(6) 政治 —— 政治の中心は大宮殿であった。大宮殿は現在のクレムリン宮殿に似ている。一〇万平方メートルとも言われる敷地の中にはダプネ宮殿やマグナウラ宮殿など複数の宮殿が点在し、そこで儀式や宴会、外国使節の歓迎式典などが行なわれた。宮廷護衛部隊の宿舎、食堂や調理場、使用人たちの住居、宮廷宦官専用の建物、大小の教会や礼拝堂、文書館、武器庫、監獄などなどが林立していた。城壁で囲まれていた大宮殿はいわば町の中の町と言えた。

皇帝を頂点とするピラミッド型の支配体制の下に財政の責任者である国家財政管理局長と皇帝私有財産管理局長、複数の宮廷警護部隊とすべての官僚組織を統括する宮廷官房長官、属州における民政の総責任者であるオリエント道長官とイリュリア道長官、すべての法務関連の業務の総責任者である宮廷法務長官、首都の治安維持を任務とする首都総督、二名の首都駐屯歩兵・騎兵両軍総司令官、皇帝と妃の大宮殿における私生活と宮廷管理の総責任者であり、宮廷宦官の総責任者である聖室長官などが大宮殿で政務を執っていた。

(7) 宗教 —— ギリシア正教会の象徴はハギア・ソフィア大教会であった。政教一致を国是とするビザンツ帝国では皇帝が「地上における神の唯一の代理者である」と規定された。したがって宗教政策で最終的な決定を下すのは皇帝であった。ユスティニアノス一世帝の時代までの五回の公会議がすべて皇帝主導の下で開催されたことがそれを証明している。ユスティニアノス一世帝もキリスト単性説派との妥協を図り、いわゆる「三章」とオリゲネス派を断罪するために第五回公会議を開催している（五五三年）。コンスタンティノポリス総主教は皇帝に次ぐ権威者とされた。同総主教座は、第二回公会議（コンスタンティノポリス、三八一年）第三条によりローマ教皇座に次ぐ地位とされ、第四回公会議（カルケドン、四五一年）の第二十八条によりアレクサンドリア、アンティオキアおよびイェルサレムの総主教座よりも上位とされた。

同総主教はトラキア管区、アシアナ管区およびポントス管区の大主教と主教の任命権を所有した。首都では聖エイレーネー教会、聖アカキオス教会や聖モキオス教会が最古の教会として知られている。ユスティニアノス一世帝下ではハギア・ソフィア大教会、聖エイレーネー教会や聖セルギオスとバッコス教会などの修復と再建が知られているが、その他にも三三もの教会が建立された。修道院もコンスタンティノス大帝下ではすでにダルマティオス修道院が初めて建設された(三八二/八三年)。ユスティニアノス一世帝下では修道院の数は七〇を超えたという。コンスタンティノポリスはローマ、イェルサレム、アンティオキアやアレクサンドリアと並ぶ巡礼の町でもあった。首都にはアパメイア市から移送されたという真の十字架、キリストの脇腹を刺したとされる聖なる槍の一部などなどの聖遺物が多く保管されており、それらが巡礼者を惹きつけた。

(8) 文化――六世紀はビザンツ文化の第一期黄金時代と呼ばれる。文化的繁栄の象徴は首都の大学である。すでにコンスタンティノス大帝の時代に創設されたとされる国立の最高教育施設はテオドシオス二世帝の治世下で再編・拡張された(四二五年)。ローマのカピトリウムに似せて作られた長方形のカピトリオンで講義が行なわれた。そこではギリシア語とラテン語の文法がそれぞれ一〇名の教授により、ギリシア語修辞学が五名の教授により、ラテン語修辞学が三名の教授により、法学が二名の教授により、哲学が一名の教授により授業が行なわれた。市内にはこの他に多数の私塾があり、私教師が個人の住宅で授業をしたり、聖職者や修道士は一般の教科の他に神学を教会や修道院で教えた。医学の授業と実習は病院で行なわれた。こうしたさまざまな教育施設で学んだ学生たちのなかから高級官僚や高級軍人、高級聖職者や修道士が、さらには教師、弁護士、作家、修辞学者、詩人、歴史家等々の知識人が生まれた。ビザンツ知識人の特色は、その層が厚く、活動した分野が実に幅広いことにある。六世紀のコンスタンティノポリスを舞台に活躍した主な知識人だけを数え上げてみると、そのことは理解されよう。神学の分野ではユスティニアノス一世帝、コンスタンティノポリス総主教メナス、同ヨアンネス三世スコラスティコス、歴史家ではカイサレイアのプロコピオス、アガティアス、ペトロス・パトリキオス、ヨアンネス・リュドス*、ノンノソス*、年代記作者ではヨアンネス・マララス*、ミレトスのヘシュキオス*、地理の分野ではビュザンティオンのステパノス*、修辞学の分野ではアガペトス*、法学の分野では『ローマ法大全』、医学の分野ではアミダのアエティオス、建築学の分野ではトラレイスのアンテミオスとミレトスのイシドロス、詩の分野ではロマノス・メロドスとパウロス・シレンティアリオス、教会史の分野ではミュティレネのザカリアス*などが活躍した。

F　カッパドキアのヨアンネス（五〇〇年以前—五四八年以後、コンスタンティノポリス）。カッパドキアのカイサレイア市の出身

(1) 経歴
(ア) 事務員
(イ) 経理局長
(ウ) オリエント道長官
(エ) 一時的罷免
(オ) オリエント道長官（再任）
(カ) 貴族爵位授与と執政官指名
(キ) 失脚と追放
(ク) 帰国
(2) 逝去
(3) 評価

(1) 経歴

(ア) 事務員 —— 五二〇年頃には首都駐屯歩兵・騎兵両軍総司令部の事務員であった。ヨアンネスはユスティニアノスが首都駐屯歩兵・騎兵両軍総司令官在任中に（五二〇—五二七年）ユスティニアノスの知遇を得たとされる。

(イ) 経理局長 —— ユスティニアノスが正帝として即位するとヨアンネスも首都駐屯歩兵・騎兵両軍総司令部の経理局長に昇進している。

(ウ) オリエント道長官 —— ヨアンネスは第一期オリエント道長官時代（五三一年四月—五三二年一月十四日）に九〇を超す法令の草案を起草し、それらの法令は『ユスティニアノス法典』に記載されている。オリエント道長官としてのヨアンネスは、同帝の諸戦役や建築活動の費用を捻出するために苛酷な重税を課して首都市民の不満と怒りを買った。

(エ) 一時的罷免 —— ヨアンネスは五三二年一月のニカの乱では宮廷法務長官トリボニアノス、首都総督エウダイモンと共にオリエント道長官職を罷免された。

(オ) オリエント道長官（再任） —— ニカの乱が鎮圧され、首都が落ち着きを取り戻すと、ヨアンネスは再度オリエント道長官に指名され（五三二年十月十八日）、五四一年五月七日に失脚するまでその地位にあった。この間ヨアンネスは、二五にのぼる法令と八〇にのぼる『修正勅令』の草案を書くなどして同帝の財政運営や行政改革実施の右腕として活躍した。

(カ) 貴族爵位授与と執政官指名 —— ヨアンネスは五三五年に名誉執政官に指名され、同年には貴族爵位を授与された。

そして五三八年には執政官指名を受けている。

(キ) 失脚と追放——ヨアンネスはベリサリオスと対立し、アントニナと妃テオドラからも嫌われた。そのためヨアンネスは二人の女性の奸計にかかり、政権転覆の疑いをかけられて失脚した（五四一年五月）。彼の財産と館は没収され、館はベリサリオスに与えられたという。ヨアンネスはキュジコス市に護送され、郊外のアルタケにある教会の輔祭に強制的に叙階された。だがヨアンネスは五四一年八月にはその地の主教エウセビオス殺害の嫌疑をかけられ、エジプトのアンティノエ市に護送され、投獄された。

(ク) 帰国——ヨアンネスは妃テオドラが亡くなってから（五四八年六月二十八日）ようやく首都に呼び戻された。だが彼は官職に復帰することはなく、余生を司祭として過ごした。

(2) 逝去——彼は五四八年以後に逝去したものと思われている。

(3) 評価——彼はベリサリオスとは不仲であったため、ヨアンネスに対するプロコピオスの評価は否定的である。「ヨアンネスは教養と高等教育には無縁の人間であった。だが彼には天賦の才能があり、困難な問題に直面すると、これを巧みに切り抜ける能力を持っていた。けれどもこの男は極めつけの悪辣な人間で、物欲が強く、飲酒癖も強くて、他人の財産を強奪することを何とも思っていなかった」（『戦史』一-二四）。また『戦史』一-二四ではヨアンネスが異教徒であるとも言われている。リュドス*著『官職論』二-二〇もヨアンネスを悪人と見ている。

G ユスティノス（皇帝、在位五一八年七月十日—五二七年八月一日）

(1) 出自
(2) 即位までの経歴
(3) 即位
(4) 内政
(5) 信仰
(6) 外政
(7) 人物
(8) 逝去

(1) 出自——ユスティノスは四五〇年あるいは四五二年に属州ダルダニア（バルカン半島）のニーシュ市近郊にあるべデリアナ要塞近くの農家に生まれた。したがってユスティノス一世帝はユスティニアノス一世帝と同じくトラキア人と言える。ユスティノスの両親の出自および氏名は不詳である。

ユスティノスには姉妹が一人いたが、彼女の氏名も不明である。この姉妹はユスティニアノスの母であり、その名は一説によればラテン名ウィギランティアであったという。彼女の夫サッバティオスがユスティニアノス一世帝の父であった。ユスティノスの妻ルッピキナは異民族出身の奴隷であり、初めは彼の正妻ではなかった。しかしユスティノスの即位と共に、妃となったルッピキナはエウペミアと改名した。ユスティニアノス一世帝の母（ウィギランティア）には息子ユスティニアノスと娘ウィギランティア（母と同名）がいた。この娘ウィギランティアはドルキディオスと結婚し、生まれた息子が後のユスティノス二世帝となる。

(2) 即位までの経歴 —— ユスティノスは恐らく二十歳前後の頃に貧しかった実家を後にして、友人ジマルコスとディテュビストスとともに首都での出世を夢見て上京した。三名はレオン一世帝が新設したエクスクービトール部隊の兵士に採用された（第六章）。そしてユスティノスは五〇三から五〇四年にかけてのアナスタシオス一世帝によるイサウリア戦争とペルシア戦争に従軍し、総司令官ヨアンネスのもとで将校としてアミダ市包囲戦（五〇四年）に加わっている。ユスティノスは五一五年には対立皇帝ビタリアノスの率いる艦隊をクリソポリス沖の海戦で打ち破り戦果を挙げている。その功績により（?）ユスティノスは元老院議員に指名され、「貴族」爵位を授与されている。そして同じ五一五年にはエクスクービトール隊隊長に昇進している（—五一八年）。

(3) 即位 —— アナスタシオス一世帝は五一八年七月八日の夜に逝去した。同帝には皇太子が無く、また後継皇帝の指名もされていなかったことから、翌九日には新皇帝選出のための会議が大宮殿で開催された。会議では複数の候補者が挙げられたが、協議は合意に達しなかった。五一頁註（3）にあるユスティノスによる選挙資金（賄賂）流用事件はこのときのものと言えよう。そして最終的には元老院がユスティノスを指名し、エクスクービトール隊がこれに同意し、さらに青組と緑組がいわば市民の声を代表する形で賛成した。その結果、ユスティノスは翌十日に総主教から皇帝として加冠された。

(4) 内政 —— 新皇帝ユスティノスは対立していた聖室長官アマンティオス一党をまず粛清した。アマンティオスはマニ教徒であり、さらには彼がローマ教会との和解に反対しているとされている。アマンティオスの側近で皇帝候補にたてられていたテオクリトスも粛清された。他には宦官侍従ミサエルとアルダブルがセルディカ市に追放された。これとは逆に前政権により追放されていたアピオン、ディオゲニアノスそしてピロクセノス等の高官が呼び戻され、それぞれが中央政府や軍の高官に任命された。ユスティノス一世帝はアナスタシオス一世帝に対して三度にわたり反旗を翻したビタリアノスをトラキアから首都に呼び戻し、彼を首都駐屯歩兵・騎兵両軍総司令官に指名し、そのうえ五二〇年の執政官にも指名した。しかしビタリアノスの勢力が増大するのを嫌ったユスティニアノスは、ビタリアノスとその側近パウロスとケレリアノスを共に粛清させた。以来ユスティニアノスの影響力は増し、彼の唯一の対抗馬は宮廷法務長官プロクロスのみであったと言われる。しかしプロクロスは遅くとも五二七年には逝去している。

(5) 信仰 —— ユスティノスは、先帝アナスタシオス一世帝とは逆に正統派信仰を奉じ、即位後には国内の全主教に対して正統派信仰を受け入れること、さもなければその職を罷免する旨の指示を出している。五一八年十二月、ユスティノス一世帝はローマ教皇ホルミスダスに使節を派遣し、「アカキオスの分裂」を修復し、ローマ教会との和解を取り付ける協議を開始している。その協議は五一九年には成立し、ゼノン帝以来のローマ教会とのアカキオス分裂事件は終息した。アンティオキア総主教セウェロスは罷免されたが、処刑される前にエジプトに難を逃れた。他に五二名のキリスト単性説派の主教等が追放され、五二四年以後は多くの異端派の主教や修道士等が迫害にあい、異端派の修道院も多く破壊されたりした。そのためニキウ（エジプト）の主教ヨアンネス*はその著書『年代記』五〇一でユスティノスを「恐ろしいユスティノス」と呼び、シリアのミカエル*はその著書『年代記』一七八でユスティノスの住む宮殿を「神を冒瀆する悪魔が棲む館」と呼んでいる。ユスティノス一世帝は勅令を発布し（五二七年）、異端派の教会を正統派教会の管理下に移し替え、マニ教徒を処刑し、それ以外の異端派信徒を公職追放あるいは強制改宗すべしとした。ただし同盟を結んでいるアレイオス派を奉じるゴート兵のみは例外とした。

ユスティノス一世帝の時代は国内での騒乱や天災が続発した時代であった。五二二から五二七年にかけては青組と緑組による騒乱が連続して起きた。そのうえコリントス市やデュラキオン市（五二二年?）、アナザルボス市（五二五年）の地震、エデッサ市の大洪水（五二五年四月二十二日）、パレスチナ地方の日照りと飢饉、イェルサレムの水道不足、バールベック市にあるソロモンの神殿が落雷により焼失、アンティオキア市の大火災（五二五年十月）、同じくアンティオキア市の大地震（五二六年五月二十九日）等の天災が起きた。

(6) 外政 —— ユスティノス一世帝の治世下では、甥ユスティニアノスの影響もあり、帝国の東方ではペルシア、ラジケ地方とイベリア地方との関係が、西方では東ゴート王国とヴァンダル王国との関係が、そして南方ではアラビアとアベッシニアとの外交関係が取り上げられた。

ペルシア王国とは五〇五年の休戦協定がそれほどの効果を発揮しなかったためもあり、帝国との緊張関係が続いた。

五二四年にカバデス王はユスティノス一世帝に対して、息子ホスローをユスティノス一世帝の養子として欲しいと申し入れてきた。ペルシア国内の内紛を避け、三男ホスローを確実に自らの後継者にするための申し入れであった。ユスティノス一世帝とユスティニアノスはこの申し入れを喜んで受け入れる用意があった。しかし宮廷法務長官プロクロスの反対によりこの提案は拒否された。以後両国の関係は悪化し始めた。ユスティノス一世帝はローマ軍をラジケに派遣し、イベリア国境近くの二つの要塞スカンダとサラバニスを占領させた。さらにシッタスとベリサリオスを二度もペルシア領アルメニアに出撃させ、略奪を行なわせた。同時にリベラリオスにはニシビス要塞を攻撃させるなどもした（五二六年）。

ラジケのタティオス王はそれまでのペルシア支配を嫌い、ユスティノス一世帝の保護下に入り、キリスト教の洗礼を受け、皇帝の臣下となった。一方ゲオルギアのグルゲネス王もカバデス王の支配を嫌い、ユスティノス一世帝の保護を受けたが、王の領土はペルシア王の攻撃を受け、王は家族共々コンスタンティノポリスに避難してきた。その結果、王の旧領土はペルシア領となった。クリミア半島ではアゾフ海一帯に住むオノグール族と黒海とカスピ海の中間に住むサビール・フン族が南下し、彼らの帝国領土内での略奪を防ぐことはできなかった。フン族による帝国領土内への略奪行はほぼ日常的な事件となった。

アラビアでは親ビザンツ派のラハミ族と親ペルシアのガッサン族が争っていた。その抗争は決着が付かないままに次代のユスティニアノス一世帝の治世に持ち越された。ユスティノス一世帝のとき、紅海沿岸のヒムヤル（イエメン）王国の王でユダヤ教徒のドゥ・ヌバースがアベッシニア（エチオピア）にいた三〇〇名以上のキリスト教徒を虐殺した事件が起きた。同帝はアベッシニア王エレスボアスに書簡を送り、この事件を契機にヒムヤル王を懲らしめるように勧めた。皇帝の要請を受けたエレスボアス王は皇帝の軍事援助のもとにヒムヤル王国を攻め、その首都タファルを占領した。この勝利の後、アレクサンドリア総主教ティモテオス三世は修道士グレゲンティオスをアベッシニア主教としてアベッシニアに派遣した。同帝の対アベッシニア政策は成功を収め、アベッシニアのキリスト教化も行なわれた。

帝国の西、バルカン半島での帝国の防衛線はドナウ河口からサヴァ川の合流点まで敷かれており、五一八年にはトラキア軍区総司令官ゲルマノスがスクラベノイ・アンタイ連合軍を撃破したこともあった。しかし大量のスクラベノイ族の南下の勢いは止まらず帝国軍の防衛線は破られ、最終的にスクラベノイ族の南下と略奪を防ぐことは不可能となった。
アレイオス派の東ゴート王テオドリックは反コンスタンティノポリス政策を採っていたが、五二六年八月三十日に急逝し、その後に正統派信仰を奉じる摂政アマラスンタと幼児アタラリックが東ゴート王となることで、以後の八年間は両国は平和理に過ごすことができた。

リビアのヴァンダル王ヒルデリコスは正統派信仰を奉じており、彼の治世下（五二三―五三〇年）での両国関係はきわめて良好であった。その関係が悪化するのはユスティニアノス一世帝下で起きたゲリメルのクーデターによりヒルデリコスが廃位され、後に暗殺されてからである。

(7) 人物 ―― マララス*『年代記』一七‐一はユスティノス一世帝の容姿を次のように伝えている。「彼は広い胸板、ふさふさした巻き毛、よく通った鼻筋、やや赤みがかった肌、均整のとれた体つきをしていた」。その人柄については「彼は多くの戦闘を経験した軍人で、寛容な性格であったが、無学であった」（同上）。リュドス*『官職論』三‐五一も同じように「ユスティノス一世帝は積極的な行動に出る人物ではなかった。しかし武器に関する知識と経験は豊富であった」としている。プロコピオスは「彼は高齢で、文字がまったく読めず、単純で、洗練されておらず、すべてが農夫じみていた」（第六章）と伝え、第八と九章でも同帝を酷評している。同時代人である三名の歴史家は一致してユスティノス一世帝の長所と短所を認めている。確かに当代一流の教育を受けたプロコピオスなどから見れば、軍人一筋で生きてきた老齢のユスティノスを無学であるとするのも無理からぬところであるかもしれない。しかしユスティノス一世帝が甥ユスティニアノスに高等教育を受けさせていたことは、彼が教育の価値を充分にわきまえていたことを示している。プロコピオスはユスティノス一世帝を「皇帝としてのユスティノスは臣民に対しては害をなすでもなければ、臣民の繁栄を図ってやることもなかった」（第八章）と評価し、ユスティノス一世帝が先帝たちと較べてもとくに劣ってもおらず、またとくに優れてもいなかったことを客観的に記している。

(8) 逝去 ―― 五二七年八月一日、ユスティノス一世帝はかつての戦闘中に受けた矢傷が悪化し、七七歳で亡くなった。皇帝の遺体は亡き妻エウペミアと共に建立した「アウグスタ女子修道院」内の墓地にエウペミアの隣に埋葬された。ユスティノス一世帝の後継皇帝には副帝ユスティニアノスが正帝として選出された。

H　馬車競技応援団と大競技場

馬車競技は四世紀に始まり七世紀まではコンスタンティノポリス、ローマ、アンティオキアなどの大都会で盛んに行なわれ、市民最大の娯楽の一つであった。競技はそれぞれの大都会にある大競技場で開催され、首都では一二〇四年まで行なわれた。

(1) 大競技場

(2) 馬車競技と応援団

(1) 大競技場――コンスタンティノポリスの大競技場はU字形をしていて、長さ四五〇メートル、幅一一七・五メートルあった。北東方向に十二の入場門があり、南西方向にはカーヴが設けられていて、三万人の観衆を収容できたという。大競技場の中央にはエジプトから運ばれてきたオベリスクや石像、その他の装飾品が置かれ、東側には皇帝専用の貴賓席が設けられていた。大競技場は螺旋状の階段で大宮殿と直結し、その出入り口には銅製の扉が取り付けられていて、不意の侵入者を防いだ。大競技場は首都の中心部に位置し、その周辺にはありとあらゆる商店や露店、居酒屋、レストラン、ホテル、無言劇の劇場や動物の見せ物小屋等が林立する一大歓楽街であった。

(2) 馬車競技と応援団――競技には賭けもさかんに行なわれ、それが市民の楽しみでもあった。競技は緑組、青組、赤組そして白組の四チームにより争われた。前二チームがメジャーチームであり、残り二チームがマイナーチームであった。選手は競技場を転戦したり、所属するチームを変えたり、また選手名も変えることがあった。選手は十代に始まり三〇年以上も選手として活躍する者もいた。勝利を重ねた名選手の立像は大競技場に置かれたり、その肖像画は皇帝観覧席に飾られた。後に皇帝テオピロスやミカエル三世は自らも選手として登場した。それぞれのチームに応援団があった。応援団には団長、選手、馬の飼育係、獣医、伝令役、会計係、その他のチーム関係者、応援団員それに大競技場に隣接していた動物などの見せ物小屋、無言劇の劇場の係員などがいた。またチームにはパトロンがいて、パトロンには皇帝や首都総督などの名士がなった。馬車競技は多いときには年間に六六回、一日に約二四レースが行なわれた。競技は定期的なレースの他に皇帝の即位、結婚、勝利の凱旋などの機会に特別レースが行なわれた。皇帝は皇帝専用の貴賓席からレースを観戦し、ときにはレースの開始前に観衆との対話に臨んだ。その際に応援団はいわば市民の声を代表する形で皇帝に対して要望や嘆願、あるいは不満を述べることができた。だが伝令官を通じた皇帝の返答が応援団や市民を納得させず、対話が不調に終わることもしばしば起きた。すると観衆は応援団主導で争乱を起こしたり、殺人や放火を行なうことがあった。こうした騒乱にはしばしば住所や職業不定の浮浪者などが参加した。騒乱の原因はパンや小麦、葡萄酒、オリーヴあるいは飲料水の不足、不人気な増税や役人への不満、主教や総主教の交代劇、そして青組と緑組のライヴァル争いなどであった。応援団による暴動や騒乱は四世紀から七世紀にかけて頻発した。ニカの乱はその代表的なものである。保守的で、知識人をもって自任したプロコピオスは応援団員を嫌い、彼らを不穏分子と呼んで憚らなかった。

I　アレクサンドリア市

前三三一年にアレクサンドロス大王により建設され、プトレマイオス王朝の首都となり、共和政期および帝政期ローマのエジプト支配の中心都市であった。ユスティニアノス時代のアレクサンドリア市もエジプトにおける政治、軍事、宗教および経済の中心都市であった。町にはアレクサンドリア市長官兼エジプト総督の公邸があり、同総督は民政と軍政の二つの権限を所有した。アレクサンドリア総主教の公邸も総主教座聖堂とともに町に存在した。町の人口は五〇万人前後とされ、ギリシア語とコプト語が使用され、貨幣鋳造所もあり、その他のインフラも整備されていた。町は文化的、政治的また宗教的にもアンティオキアやコンスタンティノポリスと肩を並べる大都会であった。同市はローマとコンスタンティノポリスへの穀物の輸出港として非常に重要な地位を占め、総督管轄下の穀物輸送船団管理局長とコンスタンティノポリスの首都総督がその任に当たった。

町には異教徒、ユダヤ教徒、キリスト教徒（キリスト単性説派と正統派）が混在していた。アレクサンドリア総主教は五世紀のキリスト教教義論争ではコンスタンティノポリス総主教やローマ教皇と対等に論陣を張ったが、四五一年の第四回公会議ではディオスコロス（在位四四四―四五一年）の教えが異端と断罪され、アレクサンドリア総主教座はこれまでの名声と優位を失い、コンスタンティノポリス総主教座よりも下位とされた。以後のアレクサンドリア教会と総主教座はキリスト単性説派を奉じ、コプト教会として分離・独立した。

町ではアンティオキア学派に対してアレクサンドリア学派と呼ばれる一連の神学者たちが活躍した。この神学者たちは新プラトン主義を唱え、旧約聖書の記述を新約聖書の前段階と捉え、キリストの神性よりも人性を重要視した。代表的神学者にはヒュパティアやヨアンネス・ピロポノス等がいた。アレクサンドリアでは五世紀の初めに修道士パノドロスにより考案されたアレクサンドリア暦が生まれ、この暦は歴史家ゲオルギオス・シュンケロス等が使用した。

J　「人間の皮をかぶった悪魔」ユスティニアノス

このプロコピオスの表現は単なる文学的表現に留まらず、

当時の社会の底流に流れていた黙示録的終末論に由来している。

悪魔あるいは悪霊はプロコピオスの時代にも実在するものと信じられていた。悪魔は魔術を使って人間世界に害をなし、不作、飢饉、大洪水、ペストなどの疫病、水不足、イナゴの大群の来襲などの天災を引き起こしたり、毒や媚薬を調合できるとされていた。悪魔や魔術師は魔法を使って標的にした人間を邪な行動に引き込み、そうした人物に異常な能力を与えるとも考えられていた。プロコピオスも民間信仰としての悪魔の存在を信じていたものと思われる。悪魔や魔術師という表現はユダヤ人、異端派信徒や異教徒、さらにはキリストに反対する者（アンティクリストス）と同義語としても用いられた。

四二二年、テオドシオス二世帝の治世下にルア（あるいはルガス）王に率いられたフン族の大軍がコンスタンティノポリスめがけてバルカン半島を南下してきた。危機に直面した首都市民は驚愕し、恐怖におののいた。だがルア王は南進中に突如として急逝し、首都コンスタンティノポリスはフン族来襲の危機を逃れることができた。ときのコンスタンティノポリス主教プロクロス（後のコンスタンティノポリス総主教、在位四三四—四四六年）はこの事件に黙示録的解釈を施した。プロクロスはルア王とフン族を『エゼキエル書』三八-一八以下に記載されている北の異民族ゴグとマゴグになぞらえ、人々に警鐘を鳴らした。プロクロスの解釈は多くの人々に受け入れられたと教会史家ソクラテス*は記している（『教会史』七-四三）。フン族をゴグとマゴグになぞらえる解釈はヒエロニュモス（『書簡』七七）やカイサレイアのアンドレアス（『『ヨハネ黙示録』註解』二〇-七）にも見られる。人々は『マタイによる福音書』二四-三や『ルカによる福音書』二一-七にある「世の終わりにはどんな前兆がありますか」というイエスに対する問いを想起し、フン族の来襲を世の終わりの前兆と理解したのである。

この世の終わりについて人々が強い関心を寄せたのが、『マルコによる福音書』一三-三二におけるイエスの証言であった。「天地は滅びるであろう。しかしわたしの言葉は滅びることがない。その日、その時は、誰も知らない。天にいる御使いたちも、また子も知らない。ただ父だけが知っている」。ローマのヒッポリュトスはその著書『反キリスト者について』においてこの世の終わりがいつ来るのかを試算した。彼は『創世記』一-一以下により神が六日間かけてこの世を創られたこと知り、さらに『ペテロの第二の手紙』三-二「主にあっては、一日は一〇〇〇年のようであり、一〇〇〇年は一日のようである」をもとに、この六日間を六〇〇〇年と置き換えた。そしてこの世は六〇〇〇年間存続すると解釈した。

この六〇〇〇年説はアレクサンドリア暦の創始者パノドロスにも受け継がれ、九世紀後半の年代記作者ゲオルギオス・シュンケロスに至るまで影響を及ぼした。ヒッポリュトスはその著書『ダニエル書および雅歌註解』でキリストの誕生年を天地創造後の五五〇〇年とした。パノドロスもキリストは五四九三年に誕生したと試算し、同じくアレクサンドリア出身の年代記作者アニアノスもキリストの誕生年を五五〇〇―五五〇一年と計算した。四世紀の偽アンティオキアのエウスタティオス著『六日間天地創造説註解』もキリストの誕生年を五五三一年と試算している。これらの計算や試算は広く流布した。その結果、この世はキリスト誕生から五〇〇年後に滅びるのではないかと人々は恐れた。その五〇〇年後とは、アナスタシオス一世帝の治世を指すことになる。この世の終わりには「キリストに反対する者（Antichristos）」、すなわち悪魔がこの世に出現し、人々に悪の限りを尽くし、人々をこれ以上ないほど苦しめ、この世を滅亡の淵に突き落とすことになると人々は信じて、ひたすらキリストの再来による救いの日を待った。この悪魔こそユスティニアノス一世帝であるとプロコピオスは強調する。

マララス*はその著書『年代記』の第十六巻「アナスタシオス一世帝の時代」、第十七巻「ユスティノス一世帝の時代とアンティオキア市の崩壊」および第十八巻「ユスティニアノス一世帝の時代とアンティオキア市の六度目の破壊」においてこの世の終わりを予兆させ、人々を不安に陥れたであろうさまざまな事件を記している。コンスタンティノポリス、アンティオキア、アラビアやメソポタミア、そして小アジアの各都市で頻発した地震、エデッサ市やタルソス市での大洪水、神懸かりとなったある女性の予言「世界が海の大波に呑み込まれる日が近い」、多くの人々の命を奪った三度（五四一―五四二年、五五五―五五六年、五五八年）に渡るペストの流行、悪しき事柄が起きる前兆とされた彗星や日食の出現、パン、葡萄酒それに日照りと飲料水の不足、そしてそのために起きた殺人事件の数々、ニカの乱に見られるような馬車競技応援団員による騒乱や放火、果ては殺人事件、二度におよぶ大規模な異教徒迫害、サマリア派信徒、ユダヤ教徒とキリスト教徒との血で血を洗う争い、そして国外ではササン朝ペルシア、ヴァンダル族、東ゴート族などとの長期に渡る戦乱、フン族、スクラベノイ族、アヴァール族、コトリグール族などの異民族による略奪、殺人、捕虜や住民の拉致事件などが次々に起き、人々に世の終わりが近いことを実感させた。人々は預言者ダニエルの夢（『ダニエル書』二-三六以下）に出てくる四つの王国を思い浮かべ、四つ目に滅び行く最後の王国をローマ帝国になぞらえて、この世の終わりは近いと恐れおののいたのであった。

プロコピオスは、こうした六〇〇〇年説の流布と旧訳聖書と新約聖書に記載されている予言の黙示録的解釈を背景に、ユスティニアノスをこの世を滅亡に導く「人間の皮をかぶった悪魔」と表現するのである。ユスティニアノス一世帝に代表される六世紀は通例帝国の黄金期と解説されてきた。だが、この時代に生きた人々の現実は終末論的世界観に覆われた陰鬱な一面を強く持っていたことを忘れてはならない。

K　アンティオキア市

ここで言うアンティオキア市はオロンテス河畔のアンティオキア市（現在のアンタクヤ市）を指す。町は地中海から約二五キロメートル内陸に入るが、港を持ち、郊外にはオリュンピア祭で有名なダプネ市があった。町はセレウコス朝時代の首都であり、プロコピオスも「町はその富、規模そして人口において東方の諸都市のなかで第一位を占める」としている（『戦史』一－一七－三七）。

ユスティニアノス一世帝時代の町も東方における政治、軍事、経済、文化そしてキリスト教の中心地であった。町にはオリエント管区長官および属州第一シリアの属州長官の公邸、オリエント軍区総司令官の公邸およびアンティオキア総主教の公邸が置かれた。城壁に囲まれた町には国営の武器工場、貨幣鋳造所、裁判所、聖コスマスとダミアノス教会を初めとする教会、大競技場、ローマ風呂、劇場などがあった。東地中海における交易の中心地の一つであったアンティオキア市は銀製品やオリーヴの生産で名高かった。市民はおもにギリシア語やシリア語を話し、アレクサンドリア市民と同じく彼らも異教徒、ユダヤ教徒、キリスト単性説派や正統派の信徒に分散していた。したがって宗派間の争いも頻発し、これに馬車競技応援団による騒乱も絶えなかった。同市の人口はアレクサンドリア市の人口をやや下回るくらいではなかったかと想定されよう。

『使徒行伝』一一－二六によれば、「このアンティオキアで初めて弟子たちがキリスト教徒と呼ばれるようになった」と言われるほど、キリスト教徒の歴史は古い。アンティオキア総主教座は第一回ニカイア公会議第六条でローマ、アレクサンドリアとならぶ総主教座として認められた。だがその後に異端と断罪されたネストリオス派やキリスト単性説派の台頭に伴う異端・正当派論争およびコンスタンティノポリス総主教座の登場と勢力拡大などによりアンティオキア総主教座の影響力は後退した。

四世紀以後アンティオキア市を中心に活動するアンティオキア学派と呼ばれる神学者たちが登場した。この学派はアリストテレス哲学に依拠し、聖書の記述を歴史的かつ合理的に解釈し、プラトン哲学を重んじ、思弁的・神秘的聖書解釈を行なったアレクサンドリア学派と対立した。アンティオキア学派は、四世紀末には「金の口」と呼ばれるほどの名説教を行ない、聖書解釈学の第一人者ヨアンネス・クリュソストモス、キュロスのテオドレトス、モプスエスティアのテオドロスそしてエデッサのイバスを生んでいる。同市ではアンティオキア暦が作られ、年代記作者ヨアンネス・マララス*や教会史家エウアグリオス・スコラスティコス*等に使用された。ギリシア・ローマの古典文化を継承・育成した町の名をさらに高めたのは、修辞学者リバニオス、神学者大バシレイオス、歴史家アミアノス・マルケリノス等の文化人であった。町は五四〇年にホスロー王の占領と略奪により荒廃した。ユスティニアノス一世帝は町を再建したが、町はかつての栄光と賑わいを見せることはなかった。

L　トリボニアノス（五〇〇以前—五四二年か）

彼は小アジアのパンピュリア地方に生まれ、マケドニオス（職業等不詳）の息子とされる。第二十章によると彼には息子一人と数名の孫がいたという。彼は恐らくベリュトスの法律専門学校で法律を学び、弁舌の巧みさと学識の広さで有名となった。彼はローマ法に通暁した法学者で宮廷官房長官待遇（五二八—五二九年）、宮廷法務長官（五二九年九月あるいは十一月十七日—五三二年一月十四日）、ニカの乱による一時的罷免（五三二年一月十四日—五三三年か）、宮廷官房長官（五三三年十一月二十一日—五三五年一月三日）、名誉執政官（五三三年十二月）、宮廷法務長官（再任、五三五—五四二年か）を歴任した。彼は五二八年以前は首都のオリエント道長官府附属の裁判所で弁護士をしていたものと思われる。五二八年二月十三日、彼は『ユスティニアノス法典』編纂委員会の委員に指名された。同委員は総勢一〇名で、彼は第六位の委員であった。だが彼は同法典の改訂版の編纂委員会では委員長を務めた。五三二年一月のニカの乱で宮廷法務長官の地位にあったトリボニアノスは罷免された。宮廷法務長官としてのトリボニアノスはユスティニアノス一世帝の発布したすべての指示や勅令などの草案の作成者であったため首都住民の憎しみと怒りを買ったとされる。ニカの乱以後に宮廷法務長官に再任されたトリボニアノスは『学説彙纂』と『法学提要』の編纂委員会委員長を務めた。また『修正勅令』に集められた五四二年までの勅令の草案はトリボニアノスの筆になると言われている。トリボニアノスは高い学識と教養、穏やかで洗練された物腰で高く評価された。だが彼は他方では物欲が高いとも噂された。旧ローマ帝国西方領回復には軍人ベリサリオスと聖室長官ナルセスが皇帝の右腕であったように、上記の法律全集の編纂事業では当代随一の法学者トリボニアノスが皇帝の右腕であった。

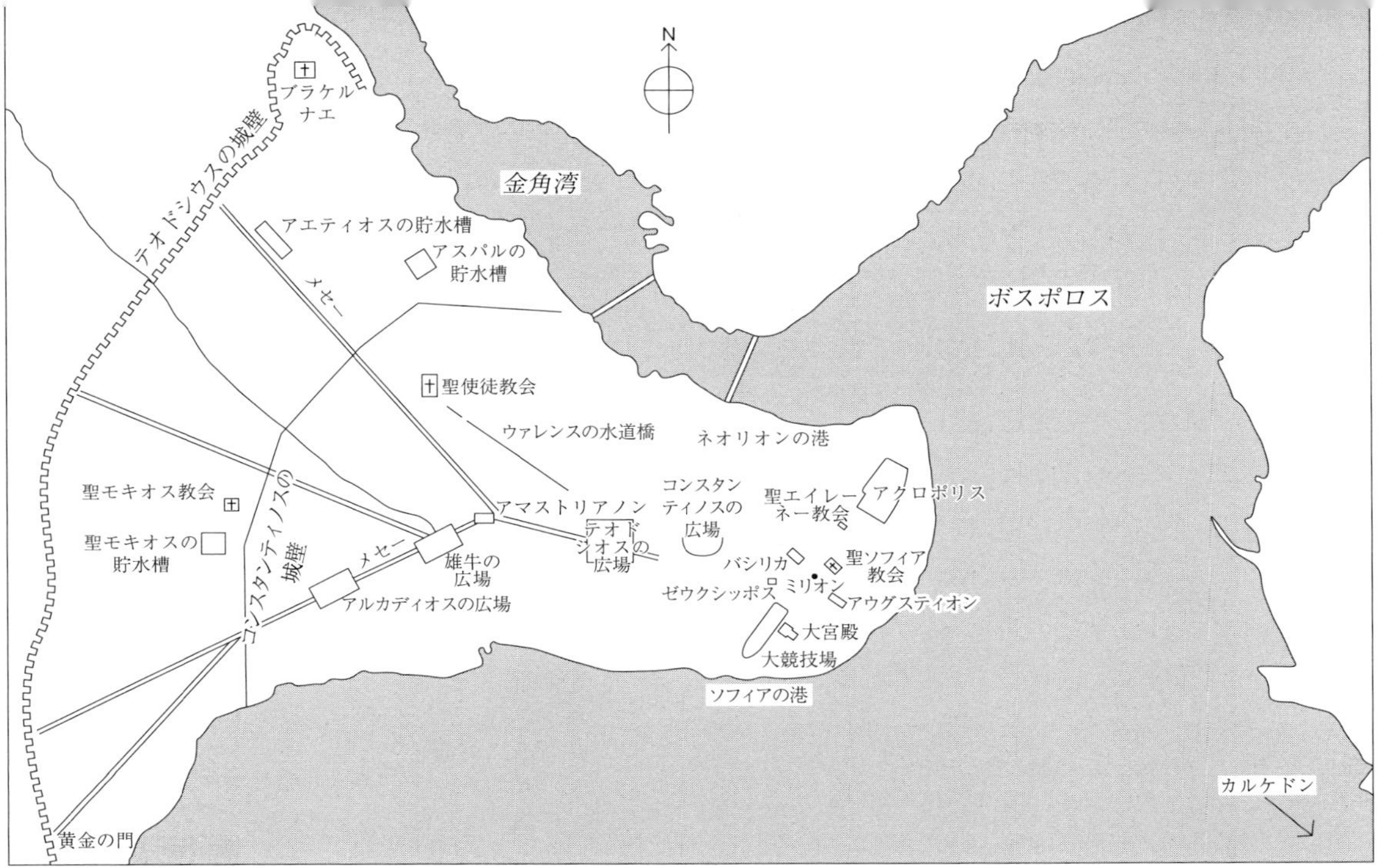

1図. コンスタンティノポリス

地図は Cameron, A., *Procopius and the Sixth Century*, Berkeley and Los Angeles, 1985 に基づいて作成した。

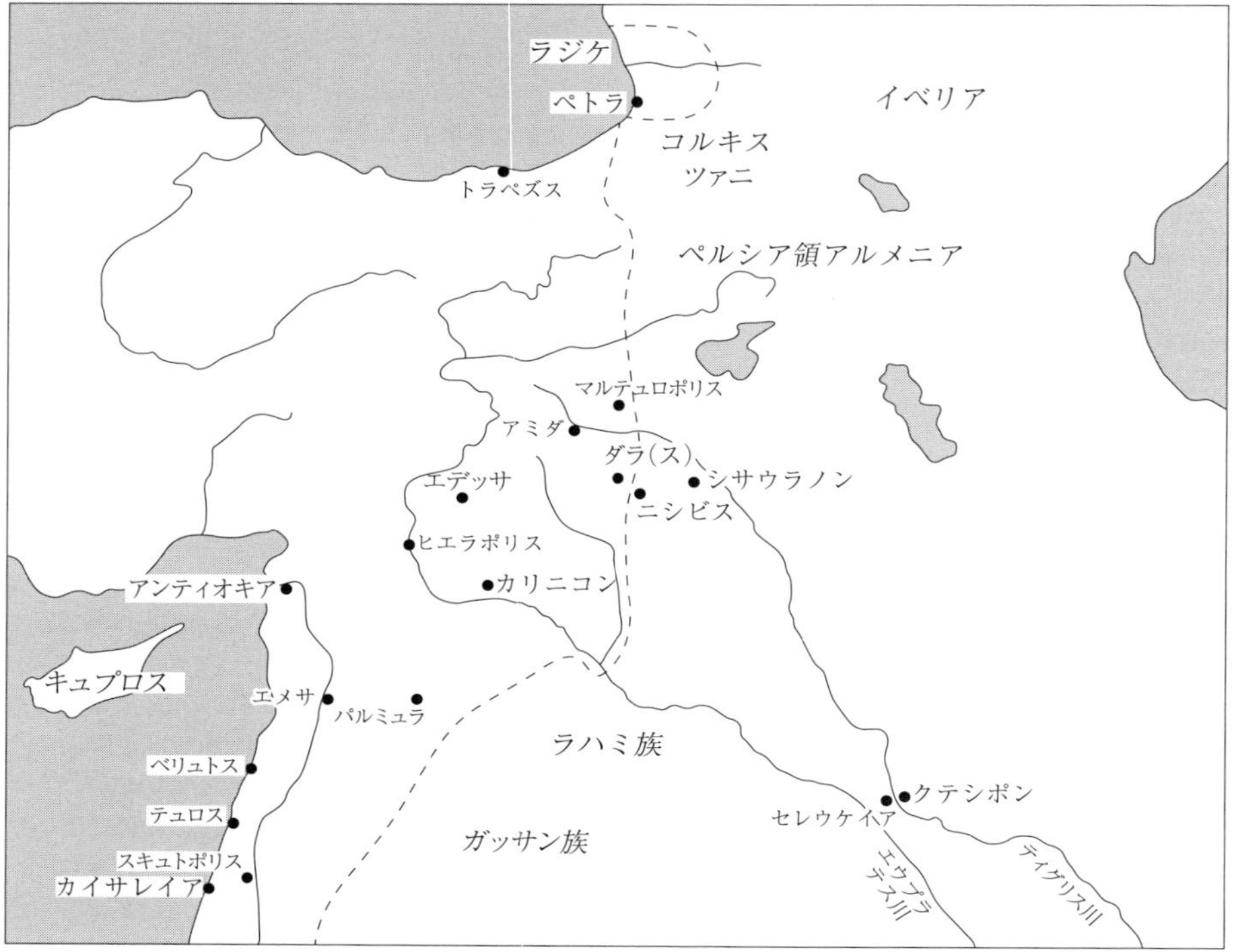

2図. ペルシア戦役時代の東方

3図．カルタゴと郊外

4図．ゴート戦役時代のイタリア

解説

一、生涯（五〇〇頃―五六〇年頃）

名前

プロコピオス（Προκόπιος, Procopius「前進する人、援助する人、進歩的な人」）という名称は三〇三年にカイサレイア市で殉教した聖プロコピオスに因んでいる。この名称はとくに小アジア、シリアやパレスチナ地方に多く見られる。皇帝ヨウィアノスに反旗を翻した軍人プロコピオス、神学者であるガザのプロコピオス、皇帝アンテミウスの父プロコピオスおよび本書の著者の他にも聖人、主教、高級官僚、聖職者、一般人などが多数プロコピオスを名乗っている。

出自

プロコピオスは属州第一パレスチナの州都カイサレイアに生まれた（『戦史』一-一-一および本書第十一章）。プロコピオスの両親、兄弟およびその他の親族については何も知られていない。プロコピオスについての伝記はなく、その生涯については彼の著作に断片的に述べられているいくつかの記録をもとに再構成せざるをえない。

経　歴

彼の生涯は五四〇年を境に前半と後半に分かれる。彼は前半の一三年間（五二七から五四〇年、二七から四〇歳頃）ではベリサリオスの顧問として諸戦役に参加している。

彼は五二七年春にベリサリオスの顧問として歴史に登場してくる。「皇帝はリベリウスを罷免し、ベリサリオスを属州メソポタミアの要塞ダラ（ス）の軍司令官に任命した。このときに本書を執筆したプロコピオスが彼の顧問に採用された」（『戦史』一-一二-二四）。「顧問（σύμβουλος, consiliarius）」という表現が同時に「助言者、協力者、相談役」なども意味するように、彼は執事、側近、助手、情報将校、副官など種々の役割を主人ベリサリオスのために果たしている。

執事――「何名かの者たちがベリサリオスへの贈り物を持参してきました、と召使いの一人がベリサリオス家にいたプロコピオスに伝えた。そこでプロコピオスは主人ベリサリオスにこれを取り次いだ」（『戦史』三-一二-四）。

側近――「ベリサリオスはゲリメルの宮殿で軍のなかの名のある者たちと共に食事をした」（『戦史』三-二一-六）。カルタゴ占領後にベリサリオスはゲリメルの宮殿内で配下の者たちと食事（宴会?）をする。そのときの軍のなかの名のある者たちの一人がプロコピオスであり、彼が主人と食卓を囲む側近の一人（ὁμοτράπεζος）であったと言えよう。

補佐官――「このときベリサリオスはプロコピオスをシュラクサイ市に先行させ、アフリカのヴァンダル軍の動静を探らせた」（『戦史』三-一四-三）。このとき（五三三年夏、アフリカへの航海の途中）のプロコピオスは自らを「助手、側近、補佐官（πάρεδρος, assessor）」と述べ、その任務は情報将校のそれに相当すると言えよう。

副官――「東ゴート軍のウィッティギスに包囲されたローマ軍に食料と援軍の兵士を調達するためにプロコピオスはローマを脱出し、カンパニア地方に赴いた。そこで彼は五〇〇名の兵士と多くの食料を集め、これらを多数の船に積み込んで、ローマへの出航準備を整えた」（『戦史』六-四-一九以下）。このとき（五三七年夏）のプロコピオスはイタリア遠征軍総司令官ベリサリオスの副官としての役割を果たしている。

彼は主人ベリサリオスと共にイタリアから帰国して以後、後半の二〇年間（五四〇から五六〇年頃、四〇歳頃から没年まで）を恐らく首都に住み、歴史家として諸著作の執筆に専念したものと思われる。彼は彼の前半生における諸戦役の体験をもとに最初に『戦史（Πόλεμοι, *Bella*）』第一―七巻を完成させ、これと並行してあるいは完成直後に『戦史』の補遺として『秘史（Ἀνέκδοτα, *Anecdota sive Historia Arcana*）』全一巻を五五〇年に執筆したと考えられる。次に彼は『戦史』第八巻（五五三年に完成か）を、そして最後に『建築（Περὶ Κτισμάτων, *Aedificia*）』全六巻（五五九年に完成か）を執筆した。

オリエント軍区総司令官兼ヴァンダル戦役総司令官の補佐官としてのプロコピオスには元老院議員としての「イルストリオス」爵位が与えられていたとする説もある（ニキウのヨアンネス『年代記』九二-二〇）。

プロコピオスがいつどこでどのような教育を受けたかについては何も伝えられていない。しかし彼の著書からは、彼が法律と修辞学を修めたであろうことは確実視されている。だが彼がどこで学業を終えたのか、ベリュトスの法律専門学校なのかあるいはガザの修辞学専門学校かなどは不明である。彼の両親が息子に高等教育を受けさせるだけの財力を持つ富裕者層に属していたであろうことは彼の高い教育水準から推測されるところである。

彼は歴史家では誰よりもトゥキュディデスの文章や文体、表現方法、常套句、語彙を模倣し、擬古典主義に則ったアッティカ風の荘重な文体で執筆した。彼の著書からは彼が他にホメロス、ヘロドトスやポリュビオスを初めとするギリシア・ローマの作家や歴史家の作品を渉猟し、古代オリエント史、ギリシア・ローマ神話、ギリシア・ローマの芸術作品、異教やキリスト教などにも深い関心を持っていたことが窺える。このことからも彼が法律と修辞学に通じ、同時に古典古代の歴史作品や文学作品に精通していたことは明らかで、彼が当代随一の教養人であったことは多くの研究者の一致した見解である。

文筆家としての彼の文章に見られる特徴は同義語、最上級や慣用句を頻繁に使用し、まれにしか使用されない単語や造語、両数（Dual）を好むことにある。とくに本書ではこうした傾向が見られる。また定冠詞、代名詞、前置詞、接続詞などの使用も従来の文法規則とは異なる場合がしばしば見られる。彼の文章には美しい響きとリズムがあり、複雑な複合文を巧みに組み合わせる技術が見られるが、他方では書き換えや不自然な表現もときに見られる。

カイサレイア市出身のプロコピオスはギリシア語を母国語とし、次いでシリア語を第二の母国語としていたと思われる。彼はさらに法律用語および軍隊用語としてのラテン語も理解していた。彼は著書のなかではラテン語の専門用語をそのままギリシア語化して使用している。彼はイタリアではゴート語に接し、メソポタミアではペルシア語やアルメニア語も耳にしていたはずである。レヴァント人としてのプロコピオスは日常的に複数の外国語を聞き、話していたと言えよう。

信念

プロコピオスは社会的にはオリエント軍区総司令官ベリサリオスの側近という身分を持ち、個人としては当代一流の知識人と自任していたと言えよう。したがって彼の姿勢はきわめて保守的、貴族的、排他的でありかつ階級主義的であった。彼は何よりも家柄の良さと高い教養を重んじた。したがって彼は心情的に大土地所有者や元老院議員、大商人や都市の自治を象徴する市参事会員を支持し、医師、教師そして弁護士などの知識人層を擁護し、自らも上流階級の一員と意識していた。そのため彼は教養や家柄とはいっさい無縁の、いわば下層階級に属する一般大衆、不穏分子としての馬車競技応援団員やフン族などの諸異民族を軽蔑し、さらには下層階級からのし上がってきた社会の「成り上がり者（Homo Novus）」を嫌っていた。そのためイリュリア地方の農村出身のユスティニアノス一世帝や踊り子あがりの妃テオドラやベリサリオスの妻アントニナはその出自からしてすでにプロコピオスの嫌悪と軽蔑の対象であった。そのうえ保守的な政治姿勢を持つプロコピオスにとっては執政官制度の廃止に象徴されるユスティニアノス一世帝の一連の改革政策はけっして許すことのできないものであった。そうした基本的な姿勢から同帝とそれに連なる人々への強い批判が生まれてくるのである。

信仰

プロコピオスがキリスト教徒であるか否かについてはさまざまに議論されてきた。彼が異教的用語を愛用し、彼の持つ異教的雰囲気のために彼は異教徒ではないかと強く推測されたのである。彼は運命の女神テュケの支配を強調し、迷信、夢のお告げ、幻視、占星術そして悪魔の存在などにしばしば言及し、異教への関心を覗かせている。彼は例外はあるものの（二〇九頁註（1））、キリスト教会を指すとき、通常使用されている「教会（ἐκκλησία）」ではなく、「神殿（ἱερόν）」、主教（ἐπίσκοπος）ではなく、神官（ἱερεύς）、総主教（πατριάρχης）ではなく、大神官（ἀρχιερεύς）と言うのである。

だがここで考慮すべきは、一つには作家としてのプロコピオスが重んじた擬古典主義である。彼の創作態度は、トゥキュディデスを初めとする古典作家が使用した語彙や文体などを自らの文章に取り入れること、あるいはそれらを模倣することを重要視したのである。そのため彼は「教会」と言う代わりに「神殿」と言うのである。それは彼が「コンスタンティノポリス」と言う代わりに「ビュザンティオン」と言うのと同じである。

次に考慮すべきは、古代末期でもあるビザンツ初期の時代にはキリスト教と異教が並存する宗教的混淆の時代でもあった。そこではなお異教の影響力があり、知識人プロコピオスもその影響力から無関係と言うことはできなかったのである。つまりペスト、大洪水、大火災、地震などの災いは人間の力ではなく、超自然的な力により起こると当時は信じられていた。この超自然的な力を持つ者が悪魔であり、そうした悪魔が人間に乗り移るということも当然と考えられていた。プロコピオスも彼の同時代人もそうした考えを自然なものと受け止めていたのである。キリスト教徒でありながらも異教的用語を使用するという矛盾と曖昧さは古代末期に生きた知識人に共通する姿勢であったと言えよう。だがそのことだけでプロコピオスが異教徒であったとは言えない。彼が異教的用語を使用するのは彼の信仰上の信条とはまったく無関係なのである。

最後にプロコピオスの全作品の総索引（*Procopius*, Vol. VII, *General Index to Procopius*, eds. by Dewing, H. B. with Downey, G., The Loeb Classical Library, 1961, pp. 399–542）を点検し、関連項目である「キリスト、キリスト教徒」（pp. 439–440）および「イエス・キリスト」（p. 470）と「異教徒」（p. 498）の内容を精査すれば、彼が異教徒ではなかったのかという疑念は払拭されよう。プロコピオスはその全著作において洗礼、復活祭、異教徒の改宗、キリスト教の教義、秘蹟、主教や司祭、それに教会とキリスト教の儀式への畏敬の念、キリスト教徒への迫害、イエスの使徒、神の子イエス・キリスト、聖書と誓い、聖遺物の崇拝、キリスト教の棄教、キリスト教異端派への言及などがほぼ五〇箇所に及んでいる。これに対して異教および異教徒に関する言及は一〇箇所と少ない。イエスが起こしたとされる奇跡の数々を彼は真実として語るが（『戦史』二―一二―二二―二六）、その姿勢は彼がキリスト教正統派の信者であることを如実に物語っていると言えよう。

二、著書『秘史』

写本・主たる写本はいずれも十四世紀のものである。Vatic. 1001（s. XIV）, Paris. suppl. 1185（s. XIV）, Ambros. 383（s. XIV）などがそれである。それ以前の写本は現存せず、それ以前の写本がなぜ存在しないのかは不明である。これらの写本は十七世紀に入ってからヴァティカン図書館で発見されている。

題　名

本書の題名である『秘史（Ἀνέκδοτα, *Anecdota sive Historia Arcana*）』は著者プロコピオスによるものではない。その理由は本書がいくつかの覚え書きを集めたものであり、著者が一冊の書物として完成させるに至らなかったことにあると言えよう。本書そのものが未完で終わったとすれば、書名が付けられていないのも当然と言えよう。

『秘史』という題名は十世紀後半の百科事典『スダ』の項目「プロコピオス」に初めて登場する。「プロコピオスの著わした小著は『通称秘史（τὸ καλούμενον Ἀνέκδοτα）』と呼ばれ、そこには皇帝ユスティニアノスとその妻テオドラ、さらには皇帝の臣下ベリサリオスとその妻に対する誹謗と嘲笑が記されている」。"τὸ καλούμενον Ἀνέκδοτα" は直訳では「いわゆる公刊されなかった書物」を意味する。百科事典『スダ』の無名の編纂者はプロコピオスの二つの著書（『戦史』と『建築』）の写本には題名があるのに、その他の一連の写本には題名がないことに気づいた。そしてこれらの写本をまとめて一冊の書物に編纂し、これに『秘史』という題名を付けたものと考えられる。以後この著作は現在まで『秘史』と呼ばれている。底本の編者（J. Haury）はこれに *Historia Arcana*（「秘密の物語」）というラテン語の副題を付けている。それにより英語訳では *The Secret History*, ドイツ語訳では *Die Geheimgeschichte* としている。本書ではこれを『秘史』と訳している。

執筆の時期

プロコピオスは「自分は今まで口にすることを憚られたままになっていること柄（*τά τε οὖν τέως ἄρρητα μείναντα*）やこれまで述べてきた諸事件の原因（*τὰς αἰτίας*）をぜひ明らかにしておく必要があると思っている」（第一章「執筆の動機」）と述べている。だが彼は「今まで」あるいは「これまで」とはいつを指すのかを明言していない。

何よりも本書一四三頁註（1）が本書の完成時を五五〇年と強く示唆している。三二年間というユスティニアノス一世帝の治世年数は第二十三章「免税措置」および第二十四章「宮廷儀仗兵と皇帝護衛兵」にも言及されている。

もう一つの手がかりは『戦史』の最終巻である第八巻の冒頭の箇所（八-一-一―三）にある。「ローマ人とペルシア人のあいだで結ばれた五年間の休戦協定の第四年目までに起きた事柄を私はこれまでの著書に記録した」とある。「これまでの著書」は『戦史』第一―七巻を指す。ここで言われている休戦協定は五四五から五五〇年までの協定を言い、その四年目は五四九年を指す。これによりプロコピオスは『戦史』第一―七巻を五四九年の後、すなわち五五〇年には完成したと考えられる。

これに続いて『戦史』八―一―一―三でプロコピオスは「私はそれ以後に起きた諸事件をすでに公刊された著書に書き加えることができないので、すべての戦場における事件をこれから執筆する著書で取り上げることにする。そのため執筆の対象は種々雑多なものとなろう」と言う。ここで言う「それ以後」は五四九年以後を指す。また「これから執筆する著書」は『戦史』の最終巻である第八巻を指す。つまり彼は第七巻を終了した時点で、第一から七巻までの『戦史』の補遺を書きたいという意向を示唆している。そして彼の言う補遺には二種類の補遺があったであろうことに注目したい。

補遺の一つが『戦史』第八巻であることは明らかである。そこで扱われている項目は彼自身が言うように「種々雑多な物語（ἱστορίαν ποικίλην）」である。彼は黒海沿岸の地理とそこに住む種々の異民族、ラジケ地方を巡るローマ軍とペルシア軍の戦い、養蚕技術の導入、ビザンツ領リビアの状況、ゲパイデス族、ランゴバルド族、クトリグール族やブリタニアの状況、トティラとローマ軍の戦闘、イリュリア地方へのスクラベノイ族の侵入、ナルセスの登場、タディネの戦いとモンス・ラクタリウスの戦いを記述するのである。ここに見るように補遺としての第八巻はペルシア戦役と東ゴート戦役を中心としながらも、さまざまな歴史的話題を取り上げている。

プロコピオスが言うもう一つの補遺が本書『秘史』である。本書では第八巻とは異なり、歴史的話題を扱うのではなく、まずベリサリオスとアントニナ、次にユスティニアノスとテオドラという人物を中心とした種々の話題を扱うのである。「そうした理由から私はまずベリサリオスの卑劣な言動のすべてを明らかにし、次にはユスティニアノスとテオドラの卑劣な言動を暴露しようと決心した（διά τοι ταῦτα πρῶτα μὲν ὅσα Βελισαρίῳ *μοχθηρὰ εἴργασται ἐρῶν ἔρχομαι· ὕστερον δὲ καὶ ὅσα Ἰουστινιανῷ καὶ Θεοδώρᾳ μοχθηρὰ εἴργασται ἐγὼ δηλώσω*）」と彼は言う（第一章「執筆の動機」）。

この二つの箇所をもとに推測すると、プロコピオスは本書を五五〇年頃に、『戦史』第七巻執筆時に、あるいそれと並行して、あるいはその直後に、あるいは第八巻に着手する前に完成させたと推測されよう。

さらに付け加えるなら、妃テオドラの逝去（五四八年六月）がプロコピオスの本書執筆のもう一つの要因であったかもしれない。第一章「執筆の動機」にもあるように、プロコピオスは「数多くのスパイの監視の目を逃れなければならない」と言う。数多くのスパイを使って臣下や臣民の動静を探っていたのは、他ならぬ妃テオドラであった。その妃が癌あるいは壊疽で病の床につき、妃の活動が鈍ったであろう頃からプロコピオスは本書の執筆を思い立ち、本書を構成するいくつかの章の執筆に取りかかった可能性もある。そのうえプロコピオスが嫌悪していたベリサリオスの妻アントニナも妃テオドラに続いて逝去したとすれば（五四九年以後か）、プロコピオスが恐れ、嫌悪していた二人の人物がいなくなったことがプロコピオスに本書の執筆を決断させたもう一つの要因とも言えよう。プロコピオスは、当時六八歳頃と思われるユスティニアノス一世帝の逝去も遠からぬことと想定したかもしれない。

プロコピオスは「執筆の動機」で暴君ユスティニアノス一世帝とそれに連なる人々の悪行を書き留めて、これを後世の人々への教訓ないしは警告としたいと述べている。後世の人々への教訓を残したいということの意味は、著者は本書をユスティニアノス一世帝が生存中は公表不可能であると考えていたと推測されよう。

だが本書の内容からしても成立年代を五五〇年頃とするにはもう一つの不確定要素がある。七頁註（2）

にあるように、プロコピオスはいくつかの項目について執筆を予定していると述べている。だが使用した底本には彼が挙げている項目や章は見あたらない。すでに述べたように、そうした執筆計画は実行されなかったかあるいは写本が失われてしまったかのどちらかと思われる。いずれにせよ現在ある本書は完璧な姿で残っているとは言いがたい。また本書の構成からも明らかなように、本書は統一された執筆計画に沿って第一章から第三十章まで書き上げられ、推敲を経たものではないという印象がきわめて強い。したがって現在ある『秘史』の内容も、またその成立年も最終的に確定されたものであるとは言いがたいのである。

構成と内容

底本は本書を三〇章に区分している。冒頭で執筆の動機は述べられているものの、本書の内容は首尾一貫しておらず、各章ごとの関連も薄く、重複や繰り返しも少なくない。にもかかわらず本書は三つの別々の主題にまとめられよう。

(1) 第一の主題は執筆の動機ならびにベリサリオスとアントニナにまつわるスキャンダルを扱う（第一―五章、底本では四―三八頁）。

プロコピオスは一五年間（五二七年春―五四二年）ものあいだ側近としてベリサリオスに仕えた。その間にベリサリオスはダラ（ス）の戦い（五三〇年六月）の勝利に始まり、ヴァンダル戦と東ゴート戦（第一期）（五四〇年）に勝利し、国民的英雄と称えられた。プロコピオスも主人を心から尊敬し、ベリサリオスの勝利の足跡をいわば『業績目録（*Res Gestae*）』として『戦史』（第一から七巻）に記録した。だがその間にプロコピオスの目には別のベリサリオスの姿が映るようになる。養子テオドシオスと妻アントニナのいわゆるスキャンダルでは主人が約束を守らず、心変わりしやすい性格であり、アントニナの「魔術」に操られる愚かな人間であることが判明し、主人ベリサリオスをお粗末な男とまで批判するようになる。彼は暴君ユスティニアノスに何度も冷遇されながらも、なお皇帝に忠誠を尽くすベリサリオスに落胆する。そして続くペルシア軍との戦いではベリサリオスが臆病で、優柔不断なために軍司令官としての義務を放棄し、神の敵意を受けたとまで酷評するようになる。そして五四二年夏、主人ベリサリオスがオリエント軍区総司令官職を解任され、その財産も没収された。このときプロコピオスも側近のポストを失い、主人と離れたもの思われる。側近としての一五年間のあいだに主人ベリサリオスに対するプロコピオスの気持ちは尊敬と崇拝の気持ちから幻滅、落胆、期待はずれと強い不満の気持ちに変わっていったと言えよう。第一の主題の目的は、そうした著者の不満を書き留め、これを読者に伝えることにあったと言えよう。プロコピオスは、公刊する予定で『戦史』（第一から七巻）を執筆する傍ら、ごく私的に初めはベリサリオスとアントニナに対する不満と非難を思いつくままに書き留め、これを順次パンフレットという形で「自分の仲間たち」（九九頁註（3））に配布し始めたと考えられる。それが現在ある本書の始まりとなったと考えられる。配布の正確な時期は不明であるが、いずれにせよ五四二年の離職から五五〇年のあいだと考えられよう。

妻アントニナも『戦史』三-一四他における賢夫人とは逆に、妃テオドラ同様に例を見ない姦婦、恥知らずな女、サソリにも似て残酷な性格、魔術で夫を操る妻、陰謀好きな女として描かれている。そこにはプロコピオスの「女性蔑視と嫌悪」の偏見が見られる。頑迷な保守主義者であり、男性優位の社会を当然とするプロコピオスに女性蔑視の傾向が強く見られるのは否定できない。彼にとっての女性とは「陰謀好きで、邪悪で、好色で、悪賢い存在」以外の何ものでもなかった。とくに女性が権力を握ったり、その女性がアントニナのように卑しい出自でありながら、妃テオドラとの親密な関係を利用するなどしてある種の影響力を発揮するようになると、彼の嫌悪感と警戒心はますます増幅された。

プロコピオスは、第一の主題でアントニナと養子テオドシオスとのスキャンダルとされる事件をローマ新喜劇の恋愛物語に似せて展開させる。第一の主題の中心におかれているこの話題は、その奇想天外の物語性のゆえにベリサリオスとアントニナ、およびこの二人に関係する人々を快く思わない読者には痛快な読み物であったと言えよう。しかもこの物語にはシサウラノン要塞の占領などいくつもの史実が盛り込まれていて、それが物語の信憑性を高めてもいる。したがって、史実と創作が混在する第一の主題を歴史の一次史料として使用するには、きわめて慎重な態度が求められる理由がここにある。

(2) 第二の主題は、「人間の皮をかぶった悪魔」ユスティニアノスと「悪逆非道の女帝」テオドラの手で迫害され、粛清された犠牲者たちの実例を挙げて二人の性格がいかに悪辣かを描いている（第六—十七章、底本では二八—一一一頁）。

ユスティニアノス一世帝を第二のドミティアヌス帝になぞらえるプロコピオスは、同帝が異端派信徒、同性愛者、占星術師、元老院議員などを迫害したことを非難する。そして専制君主として同帝が登場したことによりローマの伝統である元老院が衰退し、さらに同帝の行き過ぎた改革政策のために国政が混乱し、多くの悪徳官僚が蔓延っている現状に著者は憤慨する。著者は、こうした事態をもたらした同帝を良き秩序の最大の破壊者と位置づける。著者にとってのユスティニアノス一世帝は、信頼のおけない友、和解することのない敵、殺人と金銭欲の権化、浪費と争いと改革を何より好む人間であった。その結果、同帝は全世界を混乱に陥れることができ、その異常な能力は悪魔特有のものであるとして、著者は同帝を人間の皮をかぶった悪魔であると断言するのである。

すでに述べたプロコピオスの保守的信条は同帝の改革政策を許さず、上流階級の一員としての意識のうえからは成り上がり者ユスティニアノスを心から嫌悪していた。そのうえ著者は、ユスティニアノス一世帝がヴァンダル戦役と東ゴート戦役の英雄である主人ベリサリオスを冷遇し、彼に皇帝不敬罪の罪を負わせ、彼を罷免し、彼の財産を没収したことで同帝を深く恨んでいた。また主人ベリサリオスと対立するナルセスとその一派を支持したことも同帝に対する憎しみと反感を強めたものと思われる。かくしてプロコピオスは、きわめて個人的な理由にもよりユスティニアノス一世帝に対して嫌悪、憎しみ、反感、不満、恨みを抱き、その結果、同帝に対する彼の弾劾は容赦ないものとなる。だがプロコピオスの記述には誤解に基づくもの（八一頁註（1））、誤りと思われるもの（同頁註（4））、そして正確なもの（九五頁註（3））などが混在している。彼の記述には他の傍証がないために検証不能な記録もあることに留意しなければならない。

このようにプロコピオスは、ユスティニアノス一世帝の性格上の欠点を多く指弾するが、同時に短いながらも同帝の長所をも指摘している（第十三章）ことを忘れてはならない。同帝が誰に対しても親しみやすく、誰にも謁見を拒まない等々の指摘はプロコピオスが同帝を身近に見たうえでの証言であるだけに、こうした指摘はきわめて貴重である。

プロコピオスは、ユスティニアノス一世帝に対する誹謗と中傷と同じ分量の頁を割いて、テオドラを酷評している。彼は、妃の卑しい出自や踊り子としての過去を暴露し、彼女を売春婦と呼び、彼女を恥知らずな女、サソリにも似た女、何度も子殺しをした女、夫を通して国政への影響力を発揮した女、残酷にして冷酷、他人の意見や支配を受け付けず、気むずかしく近寄りがたい女、金銭欲と殺人欲にまみれた女、アマラスンタ暗殺を陰で指令した恐ろしい女などと非難する。テオドラに対する否定的な評価は多くの点でアントニナに対するそれと重複する。だが、プロコピオスがなぜこれほどテオドラを嫌悪したのか、その原因は不明である。そのうえプロコピオスはテオドラを極端に恐れている。それは彼女が操るスパイが多数、しかも至るところに潜んでいるからだとしている。このプロコピオスの主張はあながち誇張とは言えない。なぜならテオドラの没後にはユスティニアノス一世帝への暗殺計画が三度も持ち上がったのである。こうしたことはテオドラの監視の目が光っているあいだには一度として起きなかったことである。

プロコピオスのテオドラに対する評価はこのように多くの誹謗と中傷を含みながらも、彼は彼女の長所にも言及している。テオドラがたぐいまれな美女で、優雅な立ち居振る舞いをする（第十章）、彼女が常に自分の意志を通し、他人から強制されて物事を行なったことはない（第十五章）などと述べて、テオドラが自立した女性であったことを証言している。プロコピオスの記述は多くの欠点とわずかの長所を述べるが、キリスト単性説派のミカエルは、テオドラを聖女として崇め、彼女をキリスト単性説派の最大の庇護者と称え、彼女の長所のみを記録し、彼女を礼賛して止まない。

第二主題にあるユスティニアノス一世帝と妃テオドラに対する非難と中傷を客観的に証明する他の史料はない。そのため歴史の史料としてプロコピオスの記述を使用するには、第二主題も第一主題同様にきわめて慎重でなければならない。

(3) 第三の主題は暴君ユスティニアノスが引き起こした国政の混乱を扱う（第十八―三十章、底本では一一一―一八六頁で、合計七四頁）。

プロコピオスは、ユスティニアノス一世帝が引き起こした国政の混乱を指摘し、その最大の原因を同帝の改革癖、金銭欲そして殺人欲であるとする。彼はすでに第十一と十四章において同帝の国政の混乱について述べているが、第十八章から終章に至るまで各分野における混乱と惨状を具体的に詳述する。彼は東方、リビア北部およびイタリアにおける無用な戦乱、馬車競技応援団による騒乱と殺人の頻発、官職売買や官職の賃貸という官僚の腐敗、空気税、シュノーネー、エピボレーやディアグラペーを始めとするさまざまな酷税、年功序列制度の崩壊、独占販売権の濫用や絹産業の国営化、兵士、大土地所有者、元老院議員、医師、教師、弁護士などの知識人と臣民に対するさまざまな搾取と虐待、異端派信徒への迫害、執政官制度の衰退、駅逓制度と情報網の崩壊、宮廷での跪拝礼の強制等々を非難して止まない。

プロコピオスは第三主題では歴史的題材を扱っている。しかしそれらの題材には著者の偏見、曲解、誤解、誇張、誤りなどが見られる。だが彼の記述には真実も少なからず含まれている。この点は第二主題と同様である。したがって第三主題も史料として使用する際には最大限の注意が必要であろう。同時に第二および第三主題もユスティニアノス一世帝と妃テオドラを快く思わない人々にとっては、何よりも溜飲を下げる、この上なく面白い読み物であったと言えよう。

評　価

同時代の歴史家アガティアスは、公刊された二著書『戦史』と『建築』を念頭に、プロコピオスの記録の正確さと文章の素晴らしさを絶賛する。プロコピオスの擬古典主義的文体と修辞学上の技法の卓越さを十三世紀の歴史家キナモスは模倣している。他にも六世紀の教会史家エウアグリオス、十世紀の皇帝コンスタンティノス・ポルピュロゲンネトス、十四世紀の教会史家クサントプロス等もプロコピオスの公刊された著書に言及している。公刊されることのなかった本書『秘史』に注目したのが十世紀後半に編纂されたとされる百科事典『スダ』である。『スダ』はプロコピオスの『戦史』から一〇六箇所、『秘史』からは七九箇所、『建築』からは一箇所を引用している。百科事典『スダ』の無名の編纂者はプロコピオスの著書を熟読し、これを最も多く引用した。

プロコピオスは、本書でベリサリオスとアントニナ、ユスティニアノス一世帝と妃テオドラの四名を中心人物とし、彼らの性格と言動ならびにその国政への影響を記録している。しかもその記録は、著者が四名の発言と行動を直接自分の目で見て、耳で聞いて、いわば目撃者として記録しているのである。それが他の史料にはない最大の長所である。本書は、著者プロコピオスの鋭い観察眼、修辞学で鍛えた巧みな文章、独自の心理描写に支えられている。修辞学者でもあった彼は、記述の効果を最大限に高めるために修辞学の技法を活用し、ギリシア・ローマの古典作家からの引用で文章を飾り、擬古典主義の荘重な文体を綴った。

著者は宮廷や首都で繰り広げられる陰謀、憎しみ、権力闘争、中傷、ゴシップを取り上げ、道徳的な退廃、宗教的な堕落、聖職者の汚職、不倫、神の掟への背信、犯罪と馬車競技応援団による騒乱と殺人事件などを指摘する。そしてこれらの諸悪とその元凶であるユスティニアノスと他の三名を憎むあまり、彼の筆は激しく、過剰な表現をとる。その結果、彼の文章には偏見、誇張、歪曲、誤解、曲解そしてときには脚色を含むことになった。だがそれらの要因は読み物としての本書の価値を高めてもいる。そこに作家としてのプロコピオスの力量がある。

プロコピオスの記録は、他の史料では言及されていないことが多く、それだけに貴重であり、重要でもあるが、それがまた本書の史料批判を困難にしてもいる。だが本書の記述から著者の主観的部分を取り除くと、ユスティニアノス一世帝の時代の「陰」の部分が明らかとなろう。いわば正史としての『戦史』が時代の光の部分を照らすとすれば、本書は闇の部分を照らすと言えよう。本書はそうした意味で注目すべき特異な史料であり、六世紀のビザンツ社会の理解には欠かせない貴重な史料でもある。

カイサレイア市出身のプロコピオスは修辞学と法学を修めた後に要塞都市ダラ（ス）の軍司令官ベリサリオスの側近となる。そしてベリサリオスがオリエント軍区総司令官に昇進し、ペルシア、ヴァンダル、東ゴートとの戦いに出征すると、彼も主人と同行し、ベリサリオスとアントニナ、ユスティニアノス一世帝と妃テオドラを身近に知り、宮廷に出入りするうちに彼の政治的視野も広まったと言えよう。

プロコピオスはペルシア兵士の口を借りて、ローマ帝国が伝統もあり、またこの上なく尊敬すべき国家である、と祖国を称えている（第二章「ホスローのコルキス地方への侵入と撤退」）。ここには愛国者としてのプロコピオスがいる。だがその国家は、今やユスティニアノス一世帝と妃テオドラの存在によりこれ以上はない窮状に陥っていると彼は考える。プロコピオスは、国家を崩壊の危機に陥れたこの二人、さらにはこの二人に追随するベリサリオスとアントニナを憎み、嫌うことにより、本書の執筆に取りかかるのである。その結果、本書が上記四名に対する誹謗と中傷の書として生まれてきたことは間違いないと言えよう。だが本書執筆にはもう一つの大きな、将来を見据えた目的があった。それは国家再建である。窮状に陥っている国家を建て直し、アナスタシオス一世帝やテオドリック大王の治世下にあったような国家を再建することである。プロコピオスは将来の国家再建の望みを後世の読者に託すのである。そしてその際に本書が教訓と警告として人々の役に立つことを期待するのである。

＊＊＊

参照した研究書を挙げる（抜粋）。

Adshead, K., "The Secret History of Procopius and its Genesis", *Byzantion* 63, 1993, pp. 5–28

Barker, J. W., *Justinian and the Later Roman Empire*, Madison and London, 1966

Beck, H.-G., *Kaiserin Theodora und Prokop: Der Historiker und sein Opfer*, München, 1986

Bury, J. B., *History of the Later Roman Empire: From the Death of Theodosius I to the Death of Justinian*, 2 vols., London, 1923

Cameron, A., *Procopius and the Sixth Century*, Berkeley and Los Angeles, 1985

Evans, J. A. S., *Procopius*, New York, 1972

Jones, A. H. M., *The Later Roman Empire, 284–602*, 2 vols., Baltimore, 1964

Rubin, B., *Prokopios von Kaisareia*, Stuttgart 1954 (= Pauly-Wissowa, *RE*. 23. 1. 273–599, 1957)

——, "Der Fürst der Dämonen", *Byzantinische Zeitschrift* 44, 1951, S. 469–481

Stein, E., *Histoire du Bas-Empire*. II. publ. J.-R. Palanque, Amsterdam, 1949

あとがき

ユスティニアノス時代の研究に不可欠な二大歴史家はプロコピオスとマララスである。プロコピオスの主著『戦史』は荘重な文語体により、旧ローマ帝国西方領回復のための諸戦役を綴る正史の趣がある。他方マララスの主著『年代記』は、平易な口語体により六世紀の市民社会を映す鏡の趣がある。前者は後のビザンツ歴史家の模範となり、後者はビザンツ年代記の始祖と言われ、ともに後のビザンツ歴史家たちの模範とするところとなった。訳者は一九九六年には「プロコピオスにおける理想社会」(『中世の社会思想』所収、創文社)および二〇〇六年には『史料が語るビザンツ世界』(山川出版社)においてプロコピオス著『秘史』の部分的な紹介を行ない、以後も歴史家プロコピオスの研究を続けてきた。このたび戸田聡氏(北海道大学大学院文学研究科原語文学専攻西洋文学講座准教授)と南川高志西洋古典叢書編集委員(京都大学大学院文学研究科西洋史学講座教授)のご推薦を受け、『秘史』の翻訳に着手し、これを完成できたことは感慨深く、ここに両氏にあらためて深甚の謝意を表させていただきたい。

本書の完成の多くは京都大学学術出版会編集室の國方栄二氏および編集を担当してくださった和田利博氏のご協力に依っている。ここに深甚の謝意を表させていただきたい。また本書が西洋古典叢書に加えられることは誠に有り難く、古典叢書編集委員会ならびに京都大学学術出版会に深く感謝する次第である。

固有名詞索引

ローマ数字は章、アラビア数字は節、*passim* は頻出を表わす。

ア　行

アカキオス　Akakios　妃テオドラの父。　*IX 2*

アシア　Asia　小アジア。　*XXIII 6*

アスカロン　Askalon　パレスチナにある町。聖コスマスとダミアノスの墓で有名。アシュケロン。　*XXIX 17, 21*

アステリオス　Asterios　緑組（首都）の踊り子の責任者。　*IX 5*

アッシリア　Assyria　ペルシア・メソポタミア地方。　*II 25*

アッダイオス　Addaios　首都の税関役人。　*XXV 7*

アテナイ　Athenai　アテネ。　*XXVI 33*

アナザルボス　Anazarbos　属州第二キリキアの州都で属州長官と大主教公邸所在地。　アナヴァルザ。　*XVIII 42*

アナスタシア　Anastasia　妃テオドラの妹。　*IX 3*

アナスタシオス　Anastasios

（1）1世、ローマ皇帝（在位491—518年）。ユスティノス1世帝の前任皇帝。　*VI 4, 11; IX 3; XIX 5, 7; XXIII 7*

（2）妃テオドラの甥。　*IV 37; V 22*

アナトリオス　Anatolios　アスカロンの主席市参事会員。　*XXIX 17-18, 21-22, 24*

アビュドス　Abydos　ダーダネルス海峡沿いの町。チャナッカレ。　*XXV 2-3*

アマセイア　Amaseia　ポントス地方の交通の要所で大主教公邸所在地。アマスヤ。　*XVIII 42*

アマラスンタ　Amalasuntha　東ゴート王テオドリックの娘。息子アタラリックの摂政。　*XVI 1, 5-6; XXIV 23*

アマンティオス　Amantios　アナスタシオス1世帝下の宮廷宦官の総責任者（聖室長官）。　*VI 26*

アラビア　Arabia　*XVII 17*

アラムンダロス　Alamundaros　親ペルシア派のアラブ族族長。　*XI 12*

アルセニオス　Arsenios　サマリア派信徒で、名目上のキリスト教徒。　*XXVII 6, 11, 16, 19*

アルメニア　Armenia　ローマとササン朝ペルシアの中間にあり、双方がその領有権を争う。　*II 29; XXIV 16*

アレイオス　Areios　アレイオス派の教祖。　*XI 16*

—派　Areianoi　キリスト教異端派の一つで、教祖アレイオスの教えを信奉する人々。　*XVIII 10*

アレオビンドス　Areobindos

（1）アフリカ軍区総司令官。ユスティニアノス1世帝の姪プレイエクタの夫。　*V 31*

（2）妃テオドラの家令。　*XVI 11*

アレクサンドリア　Alexandreia　当時のエジプトの首都であり、最大の港湾都市。　*IX 28; XXVI 35-36, 39, 41, 44; XXVII 3-5, 11, 14, 17, 22*

アレクサンドロス　Alexandros　会計検査官。渾名は「やっとこ（プサリディオス）」。　*XXIV 9; XXVI 30, 32*

アレタス　Arethas)（アル・ハリート・イブン・ジャバラ）　親ビザンツ派のガッサン族の部族長で、ビザンツ同盟軍の指揮官としてユスティニアノス1世帝から「全アラブ人の王」という称号と貴族爵位を授与される。　*II 23, 28*

アンタイ族　Antai　黒海以北、ドニェストルとドン川の中間地帯に住む異民族で、ビザンツ史料ではスクラベノイ族と同一視される。　*XI 11; XVIII 20*

アンティオキア　Antiocheia　属州シリアの州都。帝国の東方における軍事的拠点。アンタクヤ、あるいはアンタキア。　*II 25; XII 28; XVIII 41*

アンテミウス　Anthemius　西ローマ皇帝（在位467—472年）。軍人から皇帝

レオン1世帝の推挙により西ローマ皇帝となる。 *XII 1*
アントニナ Antonina ベリサリオスの妻。 *I 16, 25, 29, 31, 34, 42; II 1, 3, 5, 14, 16; III 4, 7, 12, 16, 18; IV 18-19, 23, 38; V 13-14, 20, 23, 33*
アンドレアス Andreas エペソスの主教。 *III 4*
イェルサレム Hierosolyma *III 28; IX 42*
イオニア海 Ionios Kolpos イタリア南部とシケリアおよびギリシアにまたがる海域。 *XVIII 20*
イサウリア Isauria 小アジア内陸一帯。好戦的な山岳民族イサウリア人が住む。 *VI 5*
イタリア Italia *I 31, 35; IV 39, 42; V 1, 4, 13, 17, 20; VI 25; XVI 3, 5; XVIII 13-14, 18; XXIV 9, 21; XXV 9; XXVI 27, 30*
イボラ Ibora 黒海の南、ポントス地方の町。 *XVIII 42*
イリュリア Illyria アドリア海とドナウ川の中間一帯。 *VI 2; XVIII 20; XXI 26*
インダロ Indaro 妃テオドラの下女。 *XVII 34*
ウァンダル族 Bandiloi ゲルマン諸部族の混合民族で、北アフリカに王国（429—534年）を樹立。 *XVIII 6, 9*
ウィッティギス Uittigis 東ゴート王（在位536—540年）。 *IV 32-34, 43*
エイレナイオス Eirenaios ラジケ地方に派遣されたローマ軍司令官。 *XXIX 16*
エウアンゲロス Euangelos カイサレイアの裕福な雄弁家。 *XXX 18-19*
エウゲニオス Eugenios アントニナの奴隷。ローマ教皇シルベリウスをアントニナの指令で暗殺したとされる。 *I 27*
エウダイモン Eudaimon 執政官、皇帝私有財産管理局長でヨアンネス・ラクサリオンの叔父。 *XXIX 4-5, 10, 12*
エウノミア派 Eunomianoi キリスト教異端派。 *I 16*
エウプラタス Euphratas 宦官侍従。 *XXIX 13*
エウプラテス川 Euphrates ユーフラテス川。 *III 31*
エウペミア Euphemia ユスティノス1世帝の妃。即位前はルッピキナを名乗る。 *IX 49*
エウロペ Europe ヨーロッパ。プロコピオスはバルカン半島をヨーロッパと呼ぶ。 *XVIII 22; XXIII 6, 8*
エジプト Aigyptos *XII 2, 30; XVII 40; XVIII 22; XXVI 37; XXIX 1; XXX 10*
エデッサ Edessa メソポタミア北西部、スキルトス川沿いの町。ウルファ。 *XII 6; XVIII 38*
エペイロス Epeiros イオニア海に臨むギリシア西北一帯。イピロス。 *XVIII 42*
エペソス Ephesos 小アシア西岸の港湾都市。セルチュク。 *I 23, 37; II 14, 17; III 2, 4, 9*
エメサ Emesa シリアのオロンテス河畔の町。ホムス。 *XXVIII 1-2, 6, 9, 12*
オボロス Obolos 最低額のコインで、フォリス銅貨の別名。その価値はミリアレシア銀貨の24分の1、ソリドゥス金貨の288分の1とされる。 *XXII 3; XXV 12*

カ 行

カイサレイア Kaisareia パレスチナ地方の重要な都市で、プロコピオスの故郷。カイセリ。 *XI 25; XXIX 17; XXX 18*
カッパドキア Kappadokia 小アジア中部から東部一帯。ローマ属州。 *I 14; II 15; III 7; IV 19; XVII 38; XXI 6; XXII 1, 6; XXIII 14*
カバデス Kabades ササン朝ペルシアの王（在位488—497、499—531年）。 *II 26; XXIII 7*
カピトリオン Kapitolion ローマのカピトル。 *VIII 20*
ガラティア Galatia 小アジアの属州。 *XXIV 25*
ガリア Gallia ガリア地方。 *XVIII 17*
カリゴノス Kalligonos アントニナの宦官侍従。 *III 2, 5, 15, 27*
カリニコス Kallinikos

(1) エウプラテス河畔の要塞都市。 *III 31*
(2) 属州第一キリキアの属州長官。 *XVII 2*
カルケドン　Kalchedon　首都の対岸の小アジア側にある町。第4回公会議が開催された。 *XXVII 5; XXX 8*
カルタゴ　Karchedon（ラテン名 Karthago）ウァンダル王国の首都。後にローマ領アフリカの州都。 *I 18, 33; V 34*
キュジコス　Kyzikos　マルマラ海の小アジア側にある町。 *XVII 41*
キュドノス川　Kydnos　キリキアのタルソスの近くを流れる川。 *XVIII 40*
キュリロス　Kyrillos　サトゥルニオスの未来の花嫁の父。 *XVII 32*
キリキア　Kilikia　小アジア南東部一帯。 *III 5; XVII 2; XXIX 29*
ギリシア人　Graikoi　ギリシア人に対する蔑称。「小さなギリシア人（Graeculi）」。 *XXIV 7*
ギリシア人／異教徒　Hellenes *XI 31; XXVI 30*
キリスト　Christos *XIII 4, 7; XXVII 28*
—教徒　Christianoi *I 16; II 13, 16; III 25-26, 28; X 15; XI 14, 25, 30, 32-33; XIX 11; XXVII 7, 9, 11-12, 26-28, 32; XXVIII 17*
ゲリメル　Gelimer　最後のウァンダル王（在位530—534年）。 *IV 32, 34*
クアドラトス　Kuadratos　妃テオドラの使者。 *IV 24, 26*
クテシポン　Ktesiphon　ティグリス河畔のササン朝ペルシアの首都。クテシフォン。 *II 25*
クリュソマロ　Chrysomallo
(1) 売春婦。妃テオドラの友人。 *XVII 34*
(2) 同上。 *XVII 34*
ゲパイデス族　Gepaides　当時ハンガリア南部に住んでいたゴート族の一部。ゲピド族。 *XVIII 18*
ゲルマノス　Germanos　ユスティニアノス1世帝の甥。優秀な軍人。 *V 8-9*
ゲルマノイ族　Germanoi　プロコピオスはフランク人をゲルマン人とする。 *XVIII 17*
ケロネソス　Cherronesos　ギリシアのガリポリ半島。 *XVIII 20*
ケンテナリア　Kentenaria　ローマとビザンツ時代の貨幣単位。ケンテナリオンの複数形で、1ケンテナリオンは100リトラ、すなわち32キログラムの金（塊）あるいは金貨に相当する。 *I 33; IV 31; XI 12; XIX 8; XXI 1; XXIV 31; XXV 19; XXVI 13, 21; XXVII 21; XXVIII 11; XXX 19*
ゴート族　Gotthoi　プロコピオスは東ゴート族をゴート族とする。 *V 6, 16; XVI 1; XVIII 16; XXI 26; XXIV 10*
コミト　Komito　妃テオドラの姉。 *IX 3, 9*
コリントス　Korinthos *XVIII 42*
コルキス　Kolchis　黒海南東部沿岸一帯。 *II 25-26; XVIII 24*
コンスタンティノス　Konstantinos
(1) 宮廷法務長官。 *XX 20, 22*
(2)「貴族」爵位保持者で、ベリサリオス麾下の高位の軍人。 *I 24, 28*

サ　行
ザカリアス　Zacharias　洗者ヨハネの父、聖人にして預言者（『ルカによる福音書』1. 5）。ビザンツではとくに敬愛された預言者。ザカリア。 *III 27*
サッバティアノス派　Sabbatianoi　キリスト教異端派のひとつ。 *XI 14*
サッバティオス　Sabbatios　ユスティニアノス1世帝の父。 *XII 18*
サトルニノス　Satorninos　宮廷官房長官ヘルモゲネスの息子。 *XVII 32, 36*
サバロス　Sabaros　サマリア派の反乱首謀者ユリアノスの父。 *XI 28*
ザベルガネス　Zaberganes　ホスロー1世の側近で、軍司令官。541年以前にコンスタンティノポリスを王の使者として訪問。541年、妃テオドラの書簡を受け取る。 *II 32-33*
サマリア派　Samareitai　パレスチナ地方に住む過激なユダヤ教徒の一派。 *XI 24; XVIII 34; XXVII 7, 26-27*
サラセン人　Sarakenoi　シリアとメソポ

タミアの中間地帯、ローマ帝国とササン朝ペルシア王国の国境地帯に住む遊牧民族。 *II 28; XI 11; XVIII 22, 25; XXIII 6, 8; XXIV 12*

サルダナパロス Sardanapalos アッシリアの王（在位668—626年）。 *I 9*

シサウラノン Sisauranon 要塞都市ダラ（ス）近くのペルシア側の要塞。 *II 18, 24, 28*

シシンニオロス Sisinniolos ローマ軍軍司令官ヨアンネスの息子。 *V 31*

ジマルコス Zimarchos ユスティノス（後の1世帝）とともに首都に上京する。 *VI 2*

シュラクサイ Syrakusai シチリアのシラクサ。 *I 21*

シリア Syria 小アジアのローマ属州。 *XXII 3; XXV 7*

シルベリウス Silberius ローマ教皇（在位536—537年）。 *I 14, 27*

スキタイ人 Skythai ドナウ下流からカスピ海にかけて住んでいた好戦的な遊牧民族。 *XVIII 21*

スキュトポリス Skythopolis テル・エル・ホスン。 *XXVII 8*

スキルトス Skirtos 北メソポタミアを流れ、その河畔にエデッサがある。 *XVIII 38*

スクラベノイ族 Sklabenoi バルカン半島のドナウ川北に住むが、やがて帝国領土に南下し、定住するようになる。スラヴ人。 *XI 11; XVIII 20, 25; XXIII 6*

スポリティオン Spolition（ラテン名 Spoletium） スポレト。 *V 7*

セストス Sestos ダーダネルス海峡のヨーロッパ側の沿岸都市。 *XXV 2*

ゼノン Zenon
- (1) 西ローマ皇帝アンテミウスの孫。コンスタンティノポリスの元老院議員。 *XII 1-3*
- (2) ローマ皇帝（在位474—475年）。 *XXIV 17*

セミラミス Semiramis バビロンの伝説上の女王。 *I 9*

セレウケイア Seleukeia イサウリア地方の沿岸都市。シリフケ。 *XVIII 41*

セルギオス Sergios アフリカ軍区総司令官ソロモンの甥。 *V 28, 32-33*

ソロモン Solomon
- (1) アフリカ軍区長官でベリサリオスの後任。 *V 29-30*
- (2) 上の甥。 *V 33-34, 36-38*

タ 行

ダキア Dakia ドナウ川以南、属州第一モエシアと属州第二モエシアの中間の属州。 *XVIII 16*

ダキビザ Dakibiza 小アジアのビテュニアの町。ゲブゼ。 *XXX 8*

タティアノス Tatianos 元老院議員。 *XII 5*

ダミアノス Damianos タルソスの市参事会員で青組の団長。 *XXIX 32-33*

ダラ（ス） Daras 北メソポタミア地方にあるローマ軍の要塞都市。オウズ。 *XII 9*

タルソス Tarsos キリキア地方の町。タルスス。 *XVIII 40; XXIX 30-31*

タルタロス Tartaros 奈落の底を意味し、悪人の霊が幽閉されるところ。 *IV 7*

ディオクレティアヌス C. Aurelius Valerius Diocletianus ローマ皇帝（在位284—305年）。皇帝護衛部隊隊長から皇帝に昇進。四分統治制度を導入するなどディオクレティアヌス・コンスタンティノス体制と呼ばれる諸改革を行なった。 *XXVI 41*

ディオゲネス Diogenes 緑組の応援団員。 *XVI 23, 25, 28*

ディオニュシオス Dionysios リバノスの裕福な市民。 *XII 6*

ティグリス川 Tigris チグリス川。 *II 23, 25, 28*

ディテュビストス Ditybistos ユスティノス（後の1世帝）の友人。 *VI 2*

テオダハット Theudatos = Theodahat 東ゴート王（在位534—536年）。 *IV 43; XVI 5*

テオドリック Theuderichos = Theoderich 東ゴート王（在位473—526年）。

XXIV 9, 23; XXVI 27-28
テオドシオス　Theodosios
(1) 元老院議員。　*III 9*
(2) ベリサリオス夫妻の養子。　*I 15-16, 20, 22, 26, 31-32, 34, 36, 40-41; II 3, 5, 11, 14, 17; III 3, 5, 12, 15, 17, 19*
テオドトス　Theodotos
(1) 首都総督。「小さなカボチャ」と渾名される。　*IX 37, 39, 41-43*
(2) オリエント道長官。　*XXII 2, 6*
テオドラ　Theodora　ユスティニアノス1世帝の妃。　*I 4, 10, 13; III 4, 21, 30; IV 5, 33; V 18, 23, 27; VI 1; IX 3, 9-10, 28, 31, 47, 51, 53-54; X 1, 9, 11; XI 41; XII 28, 30-31; XV 1, 4, 18, 20, 26, 39; XVI 1, 8; XVII 5, 8, 13, 15, 30, 37; XXII 1, 5, 22, 32-33; XXIII 23; XXVII 6, 13, 19; XXX 21, 23-24*
テオドロス　Theodoros　緑組の応援団員ディオゲネスの友人。　*XVI 25, 27*
テッサロニケ　Thessalonike　テサロニキ。　*I 11*
デモステネス　Demosthenes　コンスタンティノポリスの裕福な元老院議員。　*XII 5*
テュロス　Tyros　フェニキア地方の都市。絹産業で有名。　*IX 27; XXV 14*
テルモピュライ　Thermopylai　中部ギリシアの隘路にある監視塔。「熱い門」と呼ばれる。　*XXVI 31*
トティラ　Tutilas　東ゴート王（在位541—552年）。　*V 2, 7*
ドミティア　Domitia Longina　ローマ皇帝ドミティアヌス帝の妃として夫ドミティアヌス帝の暗殺計画に参加。　*VIII 15-20*
ドミティアヌス　T. Flavius Domitianus　ローマ皇帝（在位81—96年）。恐怖政治を敷き、没後に元老院から「記憶の抹殺（damnatio memoriae）」の判決を下される。　*VIII 13-15, 17-20*
トラキア　Thrake　バルカン半島の東南地域。　*I 15; XVIII 20; XXI 26; XXII 17*
トリボニアノス　Tribunianos　宮廷法務長官。ローマ法大全の主たる編纂者。　*XIII 12; XX 16-17*

ナ　行

ナイル川　Neilos　*XVIII 39*
ナベデス　Nabedes　ペルシア支配下の要塞ニシビスの司令官。　*II 28*
ネロ　Neron　ローマ皇帝（在位54—68年）。　*I 9*
ニカ　Nika　ユスティニアノス1世帝に対する反乱の合い言葉「勝利を！」が反乱の名称となる。　*XII 12; XIX 12*
ニシビス　Nisibis　北メソポタミアにあるペルシア支配下の要塞都市。ヌサイビン。　*II 24, 28*

ハ　行

パウスティノス　Phaustinos　サマリア派信徒。　*XXVII 26-27, 29, 31*
パウロス　Paulos　アレクサンドリア総主教。　*XXVII 3-4, 11, 14, 16, 18-19, 21, 23*
ハギア・ソフィアの神殿　Sophias hieron　ハギア・ソフィア大教会。　*III 24; IX 35; XVII 9*
バシアノス　Basianos　緑組応援団員。　*XVI 18*
バシレイオス　Basileios　エデッサの名望家ヨアンネスの父。　*XII 6*
バッコス　Bakchos　セルギオスの父。　*V 28*
バッソス　Bassos　ユスティニアノス1世帝下のオリエント道長官。　*XXI 6*
パプラゴニア　Paphlagonia　小アジア北部一帯。　*XVI 7*
パラティノイ　Palatinoi　宮廷役人の総称。　*XXII 12*
バルシュメス　Barsymes　ペトロス（4）の渾名「シモンの息子」。　*XXII 3, 22, 25; XXIII 14; XXV 20*
パレスチナ　Palaistine　*XI 24, XXII 34; XXVII 6, 9, 26-27, 31*
バレリアノス　Balerianos　ローマ軍の軍司令官。　*II 30*
ヒエロン　Hieron　ボスポロス海峡沿岸の、首都対岸の町。アナドル・カヴァック。　*XXV 2*
ピシディア　Pisidia　小アジア内陸の地域。　*XVIII 42*

ビタリアノス　Bitalianos　アナスタシオス1世帝に対する反乱の首謀者。　*V 7; VI 27*
ビテュニア　Bithynia　小アジア西部の属州で、ビュザンティオンの対岸。　*XXII 17*
ビュザンティオン　Byzantion　ギリシア植民市、後のコンスタンティノポリス。　*I 11, 34, 36, 42; II 5, 14-15, 22; III 1, 5-6, 15, 23; IV 1-2, 6, 16, 40; V 9, 14, 19, 23, 36; VI 3; VII 39; VIII 1; IX 2, 28, 30; XI 40; XII 1, 24, 32; XVI 1; XVII 7, 19; XVIII 8, 20, 32; XIX 2, 11, 15; XX 1; XXI 8, 20, 29; XXII 12, 14, 17-19; XXIII 14, 24-25, 30; XXV 2-3, 7-8, 16, 24; XXVI 1, 3, 9, 13, 26; XXVII 18, 21, 27; XXVIII 8, 11; XXIX 4, 10, 33, 35; XXX 8*
ヒュパティオス　Hypatios　名望家。　*IX 35*
ヒララ　Hilara　元老院議員。　*XII 5*
ピロメデ　Philomede　小アジアのピシディア地方の町。　*XVIII 42*
フェニキア　Phoinike　*XXV 15; XXVII 3, 31*
プサリディオス　Psalidios　主計官アレクサンドロスの渾名（やっとこ、硬貨を削る人）。　*XXVI 30, 34*
ブゼス　Buzes　ローマ軍の軍司令官。　*IV 4, 6, 8, 13; XVII 2*
プソエス　Psoes　アレクサンドリアの輔祭。　*XXVII 14*
プライシディオス　Praisidios　ローマ人。　*I 28*
プリスコス　Priskos
（1）エメサの文書偽造犯。　*XXVIII 1, 4, 14*
（2）ユスティニアノス1世帝の文書官。　*XVI 7, 10*
プリュギア　Phrygia　小アジア西部の属州。　*XI 23; XVIII 42; XXII 17*
ブレスカメス　Bleschames　シサウラノン要塞の司令官。　*II 28*
ブレッタニア　Brettania　ブリタニア。　*XIX 13*
プロクロス　Proklos　清廉潔白な宮廷法務長官。　*VI 13; IX 41*
プロコピオス　Prokopios　カイサレイア出身で、本書『秘史』の作者。　*passim*
フン族　Unnoi　*II 29; VII 10, 14; VIII 5; XI 5, 12; XVIII 20, 25; XXI 26; XXIII 6, 8*
ペガシオス　Pegasios　ラリボスの医師。　*V 33-35, 38*
ヘケボロス／ヘケボリオス　Hekebolos / Hekebolios　ペンタポリス市長官。テオドラの内縁の夫。　*IX 27; XII 30*
ベデリアナ　Bederiana　南セルビアのニーシュあるいはスコピエ近郊とされる要塞都市。　*VI 2*
ペトラ　Petra　ユスティニアノス1世帝により、ラジケ地方に建設された要塞都市。　*II 26*
ペトロス　Petros
（1）使徒ペトロ。　*XXVI 29*
（2）宮廷官房長官。　*XVI 2; XXIV 22-23*
（3）ローマ軍軍司令官。　*IV 4*
（4）両替商、後にオリエント道長官。　*XXII 3, 6, 17, 24, 32, 36; XXV 20*
ヘパイストス　Hephaistos　アレクサンドリア市長官兼エジプト総督。　*XXVI 35, 39-40, 43*
ペラギウス　Pelagios（ラテン名 Pelagius）ローマ教会の助祭長。後のローマ教皇ペラギウス1世（在位556―561年）。　*XXVII 17, 25; XXIX 2*
ヘラス　Hellas　ギリシア。　*XVIII 20; XXIV 7; XXVI 33*
ベリサリオス　Belisarios　ユスティニアノス1世帝下の将軍。　*I 10-12, 15-16, 18, 21-22, 24, 28, 30-31, 42; II 1, 4-6, 12, 18, 21, 28, 37; III 1, 4, 8, 12, 14, 30-31; IV 4, 13, 15-16, 20, 25, 29, 31-32, 37, 39-40; V 1, 9, 13-14, 16, 18, 20, 27, 33; XII 6-7; XVII 1; XVIII 9*
ペリパトス派　Peripatetikoi　アリストテレスがアテナイで開いた哲学の学派。　*VIII 23*
ベリュトス　Berytos　プロコピオスの時代には有名な法律の専門学校、国営の絹工場と緋色の染め物工場があった。ベイルート。　*XXV 14*

ペルシア人　Persai　ササン朝ペルシアの人々。ローマ帝国の最も危険な隣人。　*II 28, 31, 36; VII 9; XI 12; XII 6; XVIII 23, 25; XXIV 12-13, 21; XXV 16, 25; XXX 10, 12-14, 24*
ヘルモゲネス　Hermogenes　宮廷官房長官。　*XVII 32-33*
ヘレスポントス　Hellespontos　ダーダネルス海峡。　*XXV 2-3*
ヘレヌポリス　Helenupolis　ビテュニア地方の町。　*XXX 8*
ヘロディアノス　Herodianos　ローマ軍軍司令官。　*V 5*
ペロポネソス　Peloponnesos　*XXVI 31-32*
ペンタポリス　Pentapolis　北アフリカ沿岸の都市。キレナイカ。　*IX 27*
ポカス　Phokas　オリエント道長官。　*XXI 6*
ホスロー　Chosroes　1世、ササン朝ペルシアの王（在位531—579年）。　*II 1, 25-26, 29, 31-32, 34, 36; III 30-31; IV 38; XI 12; XII 7; XVIII 23, 28; XXIII 7; XXX 13*
ポティオス　Photios　アントニナの実子。ベリサリオスの継子。　*I 32; II 1, 3, 6, 12, 14; III 2, 5, 8-9, 12, 22; IV 41; V 25, 27; XVII 2*
ポリュボトス　Polybotos　小アジアのプリュギア地方の都市。　*XVIII 42*
ポルピュレオン　Porphyreon　フェニキア地方の村。　*XXX 19*
ポントス　Pontos　黒海（Pontos Euxenios）。　*VIII 8; XVIII 42; XXV 2, 4*

マ　行

マウルシオイ族　Maurusioi　北西アフリカの山岳地帯に住む好戦的な山岳民族。ムーア人。　*XVIII 7*
マケドニア　Makedonia
（1）ベリサリオスの妻アントニナの使用人。　*I 21, 26; II 12*
（2）妃テオドラの友人でアンティオキアの緑組の踊り子。　*XII 28, 30*
マッサゲタイ族　Massagetai　好戦的なフン族の一つ。　*VII 10*
マニ教徒　Manichaioi　教祖マニの教えを信奉する人々。　*XI 26; XXII 25*
マミリアノス　Mamilianos　カイサレイアの市民。　*XXIX 18, 22*
マルタネス　Malthanes　請願取り次ぎ官。レオンの義理の息子。　*XXIX 28-31, 33, 35, 38*
マルティノス　Martinos　オリエント軍区総司令官。　*IV 13*
マンミアノス　Mammianos　エメサの裕福な市民。　*XXVIII 3-4, 6*
メディア　Media　ペルシア。　*II 26, 31; III 30; IV 38; XI 11; XXIII 6, 8; XXX 13*
メディムノス（＝モディオス）（Medimnos = Modios　穀物の量を量る単位で、1メディムノスは約8.7リットル。　*XXVI 29, 37, 43*
モンタノス派　Montanoi　教祖モンタノスの教えを信奉する人々。　*XI 14, 23*

ヤ　行

ユスティナ　Justina　ゲルマノスの娘。ユスティニアノス1世帝の姪。　*V 8*
ユスティニアノス　Justinianos　1世、ローマ皇帝（在位527—567年）。　*I 4, 10; IV 1, 33; VI 1, 19; VII 39; VIII 4, 21, 27; IX 1, 30, 35-36, 47, 50, 53-54; XI 1, 20, 41; XII 21, 29; XIII 1, 27; XIV 11, 17; XV 1, 11; XVI 7; XVII 45; XVIII 20, 27, 45; XIX 4, 6, 8; XX 21; XXI 5, 9, 26; XXII 28, 35; XXIII 23; XXIV 6, 13, 18, 26; XXV 5, 16; XXVI 15, 24, 30, 34; XXVII 1, 10, 22, 28, 32; XXVIII 4, 19; XXIX 12, 24, 38; XXX 14, 16, 19, 21, 23, 34*
ユスティノス　Justinos　1世、ローマ皇帝（在位518—527年）。　*VI 2, 5, 10, 17; IX 54; XI 5; XII 29; XIX 1, 4, 8; XXIV 18*
ユダヤ教徒　Judaioi　ユダヤ教の信奉者。　*XXVIII 17*
ユニロス　Junilos　宮廷法務長官。　*XX 17, 20*
ユリアノス　Julianos　サマリア派による反乱首謀者。　*XI 27*
ヨアンニナ　Joannina（ラテン名 Johannina）ベリサリオス夫妻の娘。　*IV 37*

ヨアンネス　Joannes（ラテン名 Johannes）
（1）使徒ヨハネ。　*III 3*
（2）エデッサの市民バシレイオスの息子。　*XII 6-7, 10*
（3）ビタリアノスの甥。　*V 7, 9, 13*
（4）妃テオドラの息子（？）。　*XVII 17-18, 20*
（5）コンスタンティノポリス総主教。　*VI 26*
（6）カッパドキアの。オリエント道長官。　*I 14; II 15-16; IV 18; XVII 38, 43-44; XXI 5; XXII 1*
（7）アナスタシオス1世帝下の軍司令官。　*VI 5*
（8）アレクサンドリア市長官。渾名は「小さなかかと（Laxarion）」　*XXIX 1, 4, 6-7, 9-10*
（9）国家財政局長。　*XXII 33, 36*
（10）シシンニオロスの息子。　*V 31*
（11）ローマ軍軍司令官。渾名は「大食漢（Phagas）」。　*IV 4*

ラ　行

ラウェンナ　Rhabenna（ラテン名 Ravenna）アドリア海沿岸の要塞都市。東ゴート王国の首都、後にビザンツ総督府の所在地となる。ラヴェンナ。　*I 33; V 4*
ラクサリオン　Laxarion　ヨアンネス（8）の渾名で「小さなかかと」を意味する。　*XXIX 1, 3*
ラジケ　Lazike　以前はコルキスと呼ばれた地域。　*II 27, 30; XXX 14*
ラテン人　Latinoi　ラテン語（Latinon phone）を話す人々。　*VI 15; XX 17*
リトラ　Litra　重量の単位。ポンドにあたり、文中の2000リトラは2000ポンドの金を意味する。　*XII 8; XXV 17*
リバノス　Libanos　シリアの山岳地帯。レバノン。　*XII 6*
リビア　Libye　北アフリカ、とくにカルタゴ周辺一帯。　*I 16; V 28*
リベリウス　Liberius　ローマ市「貴族」爵位保持者、アレクサンドリア市長官。　*XXVII 17, 19; XXIX 1-4, 6-7, 9-10*
リュクニドス　Lychnidos　エペイロス地方の町。　*XVIII 42*
ルッピキナ　Luppikina　ユスティノス1世帝の即位前の名前。　*VI 17*
レウアタイ族　Leuathai　北アフリカのマウルシオイ族の一部。　*V 28, 34*
レオン　Leon
（1）1世、ローマ皇帝（在位457—474年）。　*VI 2*
（2）キリキア出身の請願取り次ぎ官。　*XIV 16, 18-21; XVII 32; XXIX 28, 33, 35-36*
ロドン　Rhodon　アレクサンドリア市長官およびエジプト総督。　*XXVII 3, 14-16, 18*
ローマ　Rhome（ラテン名 Roma）　*V 3, VIII 14; XXVI 12, 27; XXVII 17*
一人　Rhomaioi　ローマ人およびビザンツ帝国の市民。　*I 1, 30; II 21-22, 24-25, 28-31; III 1, 19, 30-31; IV 2-3, 38; V 2, 6-7, 15, 17, 28-29, 37; VI 1, 12, 17, 19, 23, 25; VII 2, 6, 9; VIII 1, 6, 9, 13-14, 30, 33; IX 1, 33, 39, 52; X 2; XI 5, 7, 10, 13-14, 17, 23, 38; XII 5, 7, 10; XIII 23, 32; XIV 5, 19; XV 10, 17; XVI 16; XVIII 8, 18, 20-25, 27, 30-31, 35, 37, 45; XIX 7, 15-16; XXI 9, 26-27; XXIII 1, 8, 11, 20; XXIV 8-9, 12-14, 28; XXV 4, 10, 16, 19; XXVI 3, 12, 15, 30, 41; XXVII 28; XXVIII 6, 10, 16; XXX 2, 12, 14-16, 24, 33*
ロンギノス　Longinos　首都総督。　*XXVIII 10, 14-15*

ビザンツ歴史家名鑑

アガティアス（Agathias Scholastikos）　536頃—582年。弁護士、詩人、歴史家。主著『歴史（*Historia*）』（全５巻）は552年から558年までの歴史を執筆し、プロコピオス著『戦史』を模範としている。

アガペトス（Agapetos）　６世紀。ハギア・ソフィア大教会の輔祭。ユスティニアノス１世帝の即位を祝って同帝への『箴言集（*Ekthesis*）』（全62章）を執筆し、同帝に献呈。君主の心得を説き、後のスラヴおよびカトリック世界における君主の鑑に大きく影響した。

アクメト・ベン・シリン（Achmet Ben Sirin）（仮名）　生没年不詳。『夢占い（*Oneirokritikon*）』の作者とされる。100にのぼる夢を解釈した。執筆時期は９世紀初頭から11世紀初頭とされる。

エウアグリオス（Euagrios Scholastikos）　536—593年。弁護士、教会史家。主著『教会史（*Historia Ecclesiastica*）』（全６巻）は431年から593年までを扱い、トゥキュディデスを模範とし、世俗の事件をも執筆対象としている。

クサントプロス（Nikephoros Kallistos Xanthopulos）　1256頃—1335年頃。ハギア・ソフィア大教会の司祭で後に修道士。詩人、聖徒伝作者、教会史家。主著『教会史（*Historia Ecclesiastica*）』（全18巻）は911年までを扱うが、現存するのは610年まで。エウアグリオス著『教会史』等に多く依拠するが、世俗の事件をも多数記録している。

『コンスタンティノポリス古誌（*Patria Constantinopoleos*）』、別名『コンスタンティノポリス誕生について執筆した諸作家（*Scriptores Originum Constantinopolitanarum*）』　コンスタンティノポリスの歴史と建築物について書かれた一連の著作集を言う。これには（1）ミレトスのヘシュキオス著『コンスタンティノポリス古誌（*Patria Constantinopoleos*）』、（2）『要約した諸年代記の併記（*Parastaseis Syntomoi Chronikai*）』、（3）（1）の改訂版、（4）『ハギア・ソフィア大教会の建築史（*Narrationis De Structura Templi S. Sophiae*）』が収められている。この著作集はコンスタンティノポリスの誕生を始め、市内の多くの有名な建築物や記念碑などが説明されていて、首都の地誌と建築史には貴重な史料である。だが同時に多くの逸話や物語、伝承や伝説などが史実とともに混在しているので、慎重に取り扱う必要がある。

ザカリアス（Zacharias Rhetor もしくは Zacharias Scholastikos）　465頃—536年後。ミュティレネの主教、修辞学者、教会史家。主著『教会史（*Historia Ecclesiastica*）』（全12巻）は450年から491年までを扱う。原本はギリシア語で書かれたが、現存するのは第３から６巻までのシリア語の要約のみで、その要約は569年に無名の修道士の手により編纂された。

『スダ（*Suda*）』　編者不詳の百科事典で、おそらく10世紀後半に編纂されたものと考えられている。この事典は古代からビザンツ時代に至る難解な文法事項、まれにしか使用されない語彙、諺、歴史上の人物、有名な都市や地域、国政上の諸制度等々を解説する。本事典はこれまでの語学辞書、百科事典や語源辞典を集め、新たに編纂されたもので、広く読者に愛用された。

ステパノス（Stephanos Byzantios）　６世紀前半？　文法家。『地理誌（*Ethnika*）』を著わし、全属州名と都市名を列記し、さらに各地の方言、諺、あるいは予言や奇跡の物語なども記す。だがそれらの記録は古代のプトレマイオス、ストラボンあるいはパウサニアスなどからの引用が多い。

『聖サバス伝（*Vita Sabae*）』　６世紀半ばにスキュトポリスの修道士キュリロスにより執

筆された聖サバスの伝記。聖サバス（439年—532年12月５日）は禁欲の聖者で、カルケドン公会議の決定を支持し、ラウラを建設し、多数の奇跡を行なったとされる。

ソクラテス（Sokrates）　380頃—440年。教会史家。305年から439年までの『教会史（*Historia Ecclesiastica*）』（全７巻）を執筆。彼の『教会史』は公会議の議事録、皇帝や主教の書簡なども使用し、世俗の諸事件も取り入れ、その記録は客観的かつ信頼性が高いとされる。

ゾナラス（Johannes Zonaras）　12世紀前半。裁判官、皇帝の首席秘書官、修道士。主著『歴史要覧（*Epitome Historiarum*）』は天地創造から1118年までを執筆。題材の豊富さ、偏見のない史料批判と客観的な記述のために高い評価を得ている。

テオパネス（Theophanes Homologetos（「証聖者」））　760頃—817／18年。年代記作者として285年から813年までを扱う『年代記（*Chronographia*）』を執筆する。とくに769年から813年までの記録は、現存する唯一の、詳細な帝国史の史料として貴重。その記録は客観的で信頼性が高いとされる。後のビザンツ史家により多く使用され、ローマ教皇ハドリアヌス２世下の司書アナスタシウス・ビブリオテカリウスによるラテン語訳もある。

ノンノソス（Nonnosos）　６世紀前半。外交使節。ユスティニアノス１世帝の指示でアラビアとアクスム（エチオピア）に外交使節として赴き、その地の宗教、方言、象やピグミーなどの生態を回想録の形で執筆。本書は失われ、わずかにポティオス著『図書総覧（*Bibliotheca*）』の第３章にその記録が残っている。

ヘシュキオス（Hesychios）　→『コンスタンティノポリス古誌』

マララス（Johannes Malalas）　６世紀。弁護士（？）、年代記作者。主著『年代記（*Chronographia*）』（全18巻）は天地創造から565年までを記録し、ビザンツ文学における最初の年代記となる。

ミカエル（シリアの）（Michael）　12世紀後半か。ヤコブ派の総主教、年代記作者。主著『年代記』は天地創造から著者の時代までをキリスト単性説派からの視点で執筆。失われたヨアンネス（エペソスの）著『教会史』の第２巻の内容を多く取り入れている。アルメニア語版もある重要な史料。

メナンドロス（Menandros Protiktor）　６世紀後半。法律家、歴史家。主著『歴史（*Historia*）』はアガティアス著『歴史』の後を継ぎ、558年から582年までの歴史を執筆するが、断片のみが現存する。

ヨアンネス（エペソスの）（Johannes）　507頃—586／88年。キリスト単性説派の教会史家。主著『教会史』は571年から586年を扱う第３巻のみが完全な姿で現存する。他の巻はシリアのミカエルから復元される。

ヨアンネス（ニキウの）（Johannes）　７世紀末。キリスト単性説派の主教（下エジプトのニキウ）、年代記作者。主著『年代記』は天地創造から640年までを扱う。コプト語を交えたギリシア語で書かれた原本は失われ、アラビア語からのエチオピア語訳が現存。

リュドス（Johannes Lydos）　490—565年か。オリエント道長官府に40年官僚として務めた学者、文筆家。主著『官職論（*De Magistratibus*）』はローマ・ビザンツ帝国の官職制度と官職名を紹介・説明している。

年表1　プロコピオス

500年頃	プロコピオス誕生（あるいは490年と507年のあいだに誕生したとする説あり）。
（ペルシア戦役）	
527年春	属州メソポタミアの要塞ダラ（ス）の軍司令官ベリサリオスの側近となる。
530年6月	ダラ（ス）の戦いに参戦。
531年4月	カリニコンの戦いに参戦。敗戦後にベリサリオスとともに首都に帰還。
（首　　都）	
532年1月	ニカの乱を体験。
（ウァンダル戦役）	
533年6月	ベリサリオス夫妻とともにウァンダル戦役に出征。
533年夏	カルタゴ市に滞在（—536年復活祭）。一時ローマ軍兵士の暴動によりアフリカ総督ソロモンとともにシュラクサイ市ベリサリオスの許へ避難。
（東ゴート戦役）	
536年	ベリサリオスとともに東ゴート戦役に出征。シケリア→ネアポリス→ローマへ進軍し、ローマ市の占領を体験。
537年秋	東ゴート軍に包囲されたローマ市を脱出してネアポリス市へ救援の食料と援軍の兵士を集めに赴く。
539年夏・秋	アウクシムム市の包囲戦に参戦し、ベリサリオスに献策する。
540年5月	ベリサリオスとともにラウェンナ市に入城。
540年夏	皇帝の命令によりベリサリオスが首都に召還され、プロコピオスも主人に随行し帰京。
（首　　都）	
540年夏	ラウェンナ市から帰京。以後は首都に住み、著作の執筆に専念。
542年春・夏	首都におけるペストの流行を体験。 ベリサリオスの罷免とともにプロコピオスもベリサリオスの側近のポストを失う（？）。
550／51年	『戦史』（第1—7巻）完成、同時に『秘史』完成。
553年（あるいは557年か）	『戦史』（第8巻）完成。
558年（あるいは560年か）	『建築』（全8巻）完成。
560年頃	プロコピオス逝去。

年表2　ベリサリオスおよびアントニナ

484年頃	アントニナ誕生。
500年頃	ベリサリオス誕生。
520—527年	首都駐屯歩兵・騎兵両軍総司令官ユスティニアノスの「槍持ち（ドリュポロス）」。
（ペルシア戦役）	
527—529年	属州メソポタミアのダラ（ス）要塞軍司令官。
528年（？）	ニシビス市の南、タヌリンの砂漠に要塞を建設しようとするが、ペルシア軍の妨害にあい失敗。
528年（？）	ニシビス市の北、ミンドゥオスに要塞を建設しようとするが、ペルシア軍の妨害にあい失敗。
529年４月	オリエント軍区総司令官（第１期、—531年４／５月）。
530年６月	ダラ（ス）の戦いに勝利。
（首　都）	
531年４月	カリニコンの戦いで敗戦。その後首都に召還され、オリエント軍区総司令官職を罷免される。
532年１月	首都でニカの乱が勃発。ベリサリオスはムンドスとともに皇帝を支持し、暴徒を鎮圧する。
532年（？）	アントニナと結婚。
533年２月	オリエント軍区総司令官（第２期、—542年）およびウァンダル戦役総司令官を兼務。
533年	テオドシオスを養子とする。
（ウァンダル戦役）	
533年６月半ば	ウァンダル戦へ出航。アントニナも同行。
533年９月	アト・デキムムの戦いに勝利し、カルタゴ市に入城（９月15日）。
533年12月半ば	トリカマルムの戦いに勝利。
534年３月	ウァンダル王ゲリメルの降伏。
534年末	ユスティニアノス１世帝の命令により帰国。
（東ゴート戦役）	
535年	オリエント軍区総司令官（第２期、—542年）および東ゴート戦役総司令官。
535年12月31日	シケリア島に上陸し、シュラクサイ市を占領。続いてシケリア島をすべて征圧する。
536年	復活祭の後、ローマ軍の反乱。アフリカ総督ソロモンとプロコピオスがベリサリオスに救援を依頼。いったんカルタゴ市に戻り、反乱を鎮圧。 その後南イタリアのレギウム市に進軍して東ゴート戦を本格的に開始。包囲戦の後にネアポリス市を陥落させる。
536年12月９日	ローマ市を占領。その後ローマ市とサムニウム地方以南の全イタリアを征圧する。
537年２月あるいは３月初め	ウィッティギス麾下の東ゴート軍によるローマ市包囲戦の開始（—538年３月半ば）。 ベリサリオスはローマ教皇シルベリウスを罷免。ウィ

	ギリウスが新教皇となる。
537年9／10月	ベリサリオスはプロコピオスをネアポリス市に派遣し、食料と兵士を集めてローマ市に戻るように指示する。
537年12月半ば	プロコピオスはネアポリス市から救援物資と兵士を調達し、ローマ市に戻る。このときアントニナも協力。その後ローマ軍と東ゴート軍のあいだに3ヵ月の休戦協定（―3月半ばあるいは末までか？）。
538年3月以前か？	この頃プライシディオスの短剣事件。
538年3月半ば	東ゴート軍がローマ市の包囲を解き、撤退。
538年6月過ぎ	救援に派遣されてきたナルセスとフィルムム市において合流。アリミヌム市を占領後にナルセスとの不仲が表面化。
539年2・3月	東ゴート軍がミラノ市を占領し、市民を虐殺。ナルセスの非協力的態度によりナルセスは罷免され、首都に召還される。
539年4／5月から10月	アウクシムム市を包囲し、町を占領。
539年末あるいは540年初め	全軍を率いてラウェンナ市に進軍し、町を包囲する。
540年5月	ラウェンナ市を陥落させ、同市に入城。
540年夏	ラウェンナ市占領直後に皇帝の命令により帰還。
（ペルシア戦役）	
541年春	ホスローとの戦いのために再度東方に赴く。アレタスの援軍を得てペルシア領に進撃。
541年夏	ニシビス要塞の攻撃を諦め、シサウラノン要塞を攻撃し、陥落させ、城壁を破壊する。
	アントニナが東方に赴く。その後皇帝の命令により帰京。
542年春	ホスローが属州エウプラテンシスに侵入。ベリサリオスが東方に派遣され、ローマ軍をヒエラポリス市に集める。この頃ペルシア国内でペストが流行し、ベリサリオスはホスローと交渉し、人質ヨアンネスをペルシア側に引き渡す。これによりホスローは帰国。
542年夏	ユスティニアノスがペストに罹り、病死したとの噂が流れ、ブゼスとベリサリオスが噂を流したとされる。これによりベリサリオスはオリエント軍区総司令官職を罷免され、財産も没収される。
	ベリサリオスの娘ヨアンニナがテオドラの甥アナスタシオスと結婚。
542年（？）	アントニナが「貴族」爵位を授与される。
（東ゴート戦役）	
544年	「皇帝の厩舎長」として東ゴート戦役総司令官としてイタリアへ派遣される（2度目のイタリア派遣、―549年）。
545年	ヨアンネスを通じて皇帝に軍資金、兵士、武器を依頼。この頃ヘロディアノス事件が起きる。
546年初め	エピダムノス市で皇帝の派遣してきた援軍を物資とともに受け取る。
546年12月17日	東ゴート王トティラがローマ市を陥落させる。このと

	きポルトスに駐留。
547年4月	トティラ王がローマ市を留守にしているあいだに、ローマ市を奪回。
547年夏	ローマ市の鍵をユスティニアノス1世帝に送る。
547年12月	皇帝に援軍要請と皇帝の了承。 南イタリアのタレントゥム市に向かう。
548年6月頃	アントニナとともにヒュドゥルメントゥム市に駐留。
548年6月28日	妃テオドラ逝去。 その直後にアントニナが帰京、皇帝にベリサリオスの帰国を嘆願。
549年初め（？）	ローマ市に滞在中に皇帝の帰国命令が届く。帰国途上にあるとき、ペルシア市が陥落。
（首　　都）	
549年4月まで	首都に到着し、皇帝の厩舎長職を解任される。同じ頃、アルタバネス、アルサケスなどによる政権転覆の陰謀事件が起きる。
549年	オリエント軍区総司令官に再任され、「皇帝護衛侍従」に任命されるが、いずれも名誉職か（—551／52年）。ベリサリオスは貴族爵位と執政官称号は所有。 アントニナは娘ヨアンニナとアナスタシオスの結婚を解消。
551年8月末あるいは9月	首都郊外に滞在中のローマ教皇ウィギリウスの首都への帰還を説得し成功（7名の使節とともに）。
552年1月28日	ローマ教皇ウィギリウスの説得（カルケドンの聖エウペミア教会から首都への帰還）に失敗。
553年5月1日	教皇ウィギリウスの説得（第5回公会議への参加要請）に失敗。7名の使者の1人。
553年5月25日	ローマ教皇ウィギリウスは6名の使者に三章論争に対する自身の見解（Constitutum）をユスティニアノス1世帝に持参するように要請するが、使者たちはこれを拒否。
559年	族長ザベルガネスに率いられたフン族が首都を襲う。ベリサリオスは首都から20マイル離れた箇所でフン族を迎え打ち、これを撃破。
562年11月	ベリサリオスの配下2人、両替商イサキオスとパウロスがユスティニアノス1世帝の暗殺事件に関与したとされる。ベリサリオス自身も内密に事件に関与したとされる。
562年12月5日	御前会議に告訴され、自宅軟禁され、使用人等を取り上げられる。
563年7月19日	名誉回復され、爵位等も返還される。
565年3月	ベリサリオス逝去。

年表3　ユスティニアノスとテオドラ

482年	ユスティニアノス誕生。
497年頃	テオドラ誕生。
518年	ユスティノス1世帝の即位後、ドメスティコイ部隊隊長。
519年4月以前	ユスティノス1世帝の「従者（コメス）」。
520—527年	首都駐屯歩兵・騎兵両軍総司令官。
521年	執政官。
523年	「貴族」爵位を授与される。
525年以前	テオドラと結婚。
525年以後	「ノビリッシモス（元老院議員の身分）」となる。
527年4月1日	副帝に即位。
527年8月1日	正帝に即位（—565年11月14日）。
527年	ペルシア戦争（第1期）（—532年）。
529年4月	『ユスティニアノス法典』（初版）を完成。
529年6月	サマリア派信徒の暴動。
529年	アテナイのアカデメイアでの教育活動を禁止。
529年	第1回異端派信徒を迫害。
530年6月	ダラ（ス）の戦い。
531年	カッパドキアのヨアンネスをオリエント道長官に指名。
531年4月	カリニコンの戦い。
532年1月	ニカの乱の勃発と鎮圧。
532年	キリスト単性説派の聖職者との協議を開催し、以後同派への弾圧を停止。
532年春	ペルシアとの「永遠の和平条約」を締結。
533年6月	ウァンダル戦役を開始。
533年9月	カルタゴ市を占領。
533年12月	『学説彙纂』を完成。
534年3月	ウァンダル王ゲリメルの降伏とウァンダル戦役の終了。
534年	ペトロス・パトリキオスをイタリアへ派遣。
534年	『ユスティニアノス法典』（改訂版）を完成。
534／35年	アンティオキアのセウェロスを首都に招き、皇帝の賓客として待遇。
535年4月	官職売買を禁止（『修正勅令』8）。
535年12月	シュラクサイ市を占領。
535年	「市民取り締まり官」の新設。
535年	東ゴート女王アマラスンタ暗殺される。
535年	東ゴート戦役（第1期）を開始（—540年5月）。
535年	オリエント管区長職の廃止など一連の行政改革を開始。
536年	属領アルメニアに4属州を新設（第1—4アルメニア）。
536年12月	ローマ市を占領。
537年3月	ローマ教皇シルベリウス逝去。
539年	ペトロス・パトリキオスが宮廷官房長官に指名（—565年）。
539年	「監察官」を新設。
540年5月	ラウェンナ市を占領。

540年	ペルシア戦役（第２期）（—545年）。
540年	ホスローによるアンティオキア市占領と略奪。
541年	東ゴート戦役（第２期）開始（—550年）。
542年	首都および帝国全土にペスト流行。
545年	ホスローと５年期限の休戦協定を締結（—550年）。
546年12月	トティラ王がローマ市を奪回。
546年	エペソスのヨアンネスによる異教徒改宗運動。
547年４月	ベリサリオスがローマ市を再度占領。
548年６月28日	テオドラ逝去。
549年	ペルシア戦役（第３期）（—562年）。
550年３月	トティラ王がローマ市を再度奪回。
550年５月	トティラ王がシケリア島を占領。
551年秋	ホスロー王と５年期限の休戦協定を締結（—556年）。
551年	東ゴート戦役（第３期）（—555年春）。
551年	聖室長官ナルセスを東ゴート戦役総司令官に指名。
552年春	ブスタ・ガロルムの戦いでトティラ王戦死。
552年夏	リベリウスをスペインに派遣。
552年10月	モンス・ラクタリウスの戦いでテイア王戦死。
552年頃	セリンダ国（あるいは地方）から養蚕技術の導入。
553年	第５回公会議を開催（コンスタンティノポリス）。
554年８月	国本詔勅を発布。
555年春	カンプサの戦い、東ゴート戦役の終了。
557年７月	サマリア派信徒の暴動。
557年	ホスロー王と５年期限の休戦協定を延長（—562年）。
559年	コトリグール族族長ザベルガネスが首都を攻撃。
562年	「50年の和平協定」をホスロー王と締結。
565年11月14日	ユスティニアノス１世帝逝去。

訳者略歴

和田 廣（わだ ひろし）

筑波大学名誉教授

一九四〇年 東京都生まれ

一九七〇年 ケルン大学哲学部史学科（ローマ史、ビザンツ史専攻）卒業。哲学博士

ケルン大学哲学部史学科助手、浜松医科大学助教授、東洋英和女学院短期大学教授、筑波大学歴史・人類学系教授等を経て、二〇〇四年退官

主な著訳書

「ビザンツ帝国論」（『岩波講座 世界歴史8』所収、岩波書店）

「聖なる皇帝と異端――ビザンツ」（『岩波講座 天皇と王権を考える4』所収、岩波書店）

『史料が語るビザンツ世界』（山川出版社）

『聖母マリア讃詞集』（共訳、岩波書店）

G・オストロゴルスキー『ビザンツ帝国史』（恒文社）

秘《ひ》史《し》 西洋古典叢書 2015 第5回配本

二〇一五年十二月十五日 初版第一刷発行

訳　者 和《わ》田《だ》 廣《ひろし》

発行者 末 原 達 郎

発行所 京都大学学術出版会

606-8315 京都市左京区吉田近衛町六九 京都大学吉田南構内

電 話 〇七五-七六一-六一八二

FAX 〇七五-七六一-六一九〇

http://www.kyoto-up.or.jp/

印刷／製本・亜細亜印刷株式会社

ISBN978-4-87698-914-0

定価はカバーに表示してあります

西洋古典叢書［第Ⅰ～Ⅳ期、2011～2014］既刊全113冊（税別）

【ギリシア古典篇】

アイスキネス　弁論集　木曾明子訳　4200円
アキレウス・タティオス　レウキッペとクレイトポン　中谷彩一郎訳　3100円
アテナイオス　食卓の賢人たち 1　柳沼重剛訳　3800円
アテナイオス　食卓の賢人たち 2　柳沼重剛訳　3800円
アテナイオス　食卓の賢人たち 3　柳沼重剛訳　4000円
アテナイオス　食卓の賢人たち 4　柳沼重剛訳　3800円
アテナイオス　食卓の賢人たち 5　柳沼重剛訳　4000円
アラトス／ニカンドロス／オッピアノス　ギリシア教訓叙事詩集　伊藤照夫訳　4300円
アリストクセノス／プトレマイオス　古代音楽論集　山本建郎訳　3600円
アリストテレス　政治学　牛田徳子訳　4200円
アリストテレス　生成と消滅について　池田康男訳　3100円
アリストテレス　魂について　中畑正志訳　3200円

アリストテレス　天について　池田康男訳　３０００円
アリストテレス　動物部分論他　坂下浩司訳　４５００円
アリストテレス　トピカ　池田康男訳　３８００円
アリストテレス　ニコマコス倫理学　朴　一功訳　４７００円
アルクマン他　ギリシア合唱抒情詩集　丹下和彦訳　４５００円
アルビノス他　プラトン哲学入門　中畑正志訳　４１００円
アンティポン／アンドキデス　弁論集　高畠純夫訳　３７００円
イアンブリコス　ピタゴラス的生き方　水地宗明訳　３６００円
イソクラテス　弁論集　1　小池澄夫訳　３２００円
イソクラテス　弁論集　2　小池澄夫訳　３６００円
エウセビオス　コンスタンティヌスの生涯　秦　剛平訳　３７００円
エウリピデス　悲劇全集　1　丹下和彦訳　４２００円
エウリピデス　悲劇全集　2　丹下和彦訳　４２００円
エウリピデス　悲劇全集　3　丹下和彦訳　４６００円
エウリピデス　悲劇全集　4　丹下和彦訳　４８００円

ガレノス　解剖学論集　坂井建雄・池田黎太郎・澤井　直訳　3100円
ガレノス　自然の機能について　種山恭子訳　3000円
ガレノス　ヒッポクラテスとプラトンの学説　1　内山勝利・木原志乃訳　3200円
クセノポン　キュロスの教育　松本仁助訳　3600円
クセノポン　ギリシア史　1　根本英世訳　2800円
クセノポン　ギリシア史　2　根本英世訳　3000円
クセノポン　小品集　松本仁助訳　3200円
クセノポン　ソクラテス言行録　1　内山勝利訳　3200円
セクストス・エンペイリコス　ピュロン主義哲学の概要　金山弥平・金山万里子訳　3800円
セクストス・エンペイリコス　学者たちへの論駁　1　金山弥平・金山万里子訳　3600円
セクストス・エンペイリコス　学者たちへの論駁　2　金山弥平・金山万里子訳　4400円
セクストス・エンペイリコス　学者たちへの論駁　3　金山弥平・金山万里子訳　4600円
ゼノン他　初期ストア派断片集　1　中川純男訳　3600円
クリュシッポス　初期ストア派断片集　2　水落健治・山口義久訳　4800円
クリュシッポス　初期ストア派断片集　3　山口義久訳　4200円

クリュシッポス　初期ストア派断片集 4　中川純男・山口義久訳　3500円
クリュシッポス他　初期ストア派断片集 5　中川純男・山口義久訳　3500円
テオクリトス　牧歌　古澤ゆう子訳　3000円
テオプラストス　植物誌 1　小川洋子訳　4700円
テオプラストス　植物誌 2　小川洋子訳　5000円
ディオニュシオス／デメトリオス　修辞学論集　木曾明子・戸高和弘・渡辺浩司訳　4600円
ディオン・クリュソストモス　トロイア陥落せず――弁論集 2　内田次信訳　3300円
デモステネス　弁論集 1　加来彰俊・北嶋美雪・杉山晃太郎・田中美知太郎・北野雅弘訳　5000円
デモステネス　弁論集 2　木曾明子訳　4500円
デモステネス　弁論集 3　北嶋美雪・木曾明子・杉山晃太郎訳　3600円
デモステネス　弁論集 4　木曾明子・杉山晃太郎訳　3600円
トゥキュディデス　歴史 1　藤縄謙三訳　4200円
トゥキュディデス　歴史 2　城江良和訳　4400円
ピロストラトス／エウナピオス　哲学者・ソフィスト列伝　戸塚七郎・金子佳司訳　3700円
ピロストラトス　テュアナのアポロニオス伝 1　秦　剛平訳　3700円

ピンダロス　祝勝歌集／断片選　内田次信訳　4400円
フィロン　フラックスへの反論／ガイウスへの使節　秦　剛平訳　3200円
プラトン　エウテュデモス／クレイトポン　朴　一功訳　2800円
プラトン　饗宴／パイドン　朴　一功訳　4300円
プラトン　ピレボス　山田道夫訳　3200円
プルタルコス　英雄伝　1　柳沼重剛訳　3900円
プルタルコス　英雄伝　2　柳沼重剛訳　3800円
プルタルコス　英雄伝　3　柳沼重剛訳　3900円
プルタルコス　モラリア　1　瀬口昌久訳　3400円
プルタルコス　モラリア　2　瀬口昌久訳　3300円
プルタルコス　モラリア　3　松本仁助訳　3700円
プルタルコス　モラリア　5　丸橋　裕訳　3700円
プルタルコス　モラリア　6　戸塚七郎訳　3400円
プルタルコス　モラリア　7　田中龍山訳　3700円
プルタルコス　モラリア　8　松本仁助訳　4200円

プルタルコス　モラリア　9　伊藤照夫訳　3400円
プルタルコス　モラリア　10　伊藤照夫訳　2800円
プルタルコス　モラリア　11　三浦　要訳　2800円
プルタルコス　モラリア　13　戸塚七郎訳　3400円
プルタルコス　モラリア　14　戸塚七郎訳　3000円
プルタルコス／ヘラクレイトス　古代ホメロス論集　内田次信訳　3800円
ヘシオドス　全作品　中務哲郎訳　4600円
ポリュビオス　歴史　1　城江良和訳　3700円
ポリュビオス　歴史　2　城江良和訳　3900円
ポリュビオス　歴史　3　城江良和訳　4700円
ポリュビオス　歴史　4　城江良和訳　4300円
マルクス・アウレリウス　自省録　水地宗明訳　3200円
リバニオス　書簡集　1　田中　創訳　5000円
リュシアス　弁論集　細井敦子・桜井万里子・安部素子訳　4200円
ルキアノス　食客——全集　3　丹下和彦訳　3400円

ルキアノス　偽預言者アレクサンドロス──全集４　内田次信・戸田和弘・渡辺浩司訳　３５００円

【ローマ古典篇】

ウェルギリウス　アエネーイス　岡　道男・高橋宏幸訳　４９００円
ウェルギリウス　牧歌／農耕詩　小川正廣訳　２８００円
ウェレイユス・パテルクルス　ローマ世界の歴史　西田卓生・高橋宏幸訳　２８００円
オウィディウス　悲しみの歌／黒海からの手紙　木村健治訳　３８００円
クインティリアヌス　弁論家の教育　１　森谷宇一・戸高和弘・渡辺浩司・伊達立晶訳　２８００円
クインティリアヌス　弁論家の教育　２　森谷宇一・戸高和弘・渡辺浩司・伊達立晶訳　３５００円
クインティリアヌス　弁論家の教育　３　森谷宇一・戸田和弘・吉田俊一郎訳　３５００円
クルティウス・ルフス　アレクサンドロス大王伝　谷栄一郎・上村健二訳　４２００円
スパルティアヌス他　ローマ皇帝群像　１　南川高志訳　３０００円
スパルティアヌス他　ローマ皇帝群像　２　桑山由文・井上文則・南川高志訳　３４００円
スパルティアヌス他　ローマ皇帝群像　３　桑山由文・井上文則訳　３５００円
スパルティアヌス他　ローマ皇帝群像　４　井上文則訳　３７００円

セネカ　悲劇集 1　小川正廣・高橋宏幸・大西英文・小林　標訳　3800円
セネカ　悲劇集 2　岩崎　務・大西英文・宮城徳也・竹中康雄・木村健治訳　4000円
トログス／ユスティヌス抄録　地中海世界史　合阪　學訳　4000円
プラウトゥス　ローマ喜劇集 1　木村健治・宮城徳也・五之治昌比呂・小川正廣・竹中康雄訳　4500円
プラウトゥス　ローマ喜劇集 2　山下太郎・岩谷　智・小川正廣・五之治昌比呂・岩崎　務訳　4200円
プラウトゥス　ローマ喜劇集 3　木村健治・岩谷　智・竹中康雄・山澤孝至訳　4700円
プラウトゥス　ローマ喜劇集 4　高橋宏幸・小林　標・上村健二・宮城徳也・藤谷道夫訳　4700円
テレンティウス　ローマ喜劇集 5　木村健治・城江良和・谷栄一郎・高橋宏幸・上村健二・山下太郎訳　4900円
リウィウス　ローマ建国以来の歴史 1　岩谷　智訳　3100円
リウィウス　ローマ建国以来の歴史 3　毛利　晶訳　3100円
リウィウス　ローマ建国以来の歴史 4　毛利　晶訳　3400円
リウィウス　ローマ建国以来の歴史 5　安井　萠訳　2900円
リウィウス　ローマ建国以来の歴史 9　吉村忠典・小池和子訳　3100円